Deus,
Deuses, Divindades e Anjos

Teologia, Mitologia e Angeologia

Alexandre Cumino

Deus, Deuses, Divindades e Anjos

Teologia, Mitologia e Angeologia

MADRAS®

© 2021, Madras Editora Ltda.

Editor:
Wagner Veneziani Costa (*in memoriam*)

Produção e Capa:
Equipe Técnica Madras

Revisão:
Vera Lúcia Quintanilha
Luciana Moreira
Tania Damasceno

**Dados Internacionais de Catalogação na Publicação (CIP)
(Câmara Brasileira do Livro, SP, Brasil)**

Cumino, Alexandre
Deus, deuses, divindades e anjos: teologia,
mitologia e angeologia/Alexandre Cumino. –
São Paulo: Madras, 2021.
Bibliografia
ISBN 978-85-370-0378-7
1. Anjos 2. Deus 3. Deuses da Umbanda
4. Mitologia 5. Orixás 6. Umbanda (Culto)
I. Título.
08-06198 CDD-299.672
Índices para catálogo sistemático:
    1. Mitologia comparada: Umbanda: Religião
        299.672
    2. Teogonia universal: Umbanda: Religião
        299.672

Proibida a reprodução total ou parcial desta obra, de qualquer forma ou por qualquer meio eletrônico, mecânico, inclusive por meio de processos xerográficos, incluindo ainda o uso da internet, sem a permissão expressa da Madras Editora, na pessoa de seu editor (Lei nº 9.610, de 19.2.98).

Todos os direitos desta edição reservados pela

MADRAS EDITORA LTDA.
Rua Paulo Gonçalves, 88 – Santana
CEP: 02403-020 – São Paulo/SP
Tel.: (11) 2281-5555 – (11) 98128-7754
www.madras.com.br

Agradecimentos

*Agradeço,
A Deus, Orixás, Tronos, anjos e a todas as divindades e entidades, guias espirituais, que me auxiliaram e inspiraram para que este sonho se tornasse uma realidade...*

Ao meu irmão, amigo e mestre Rubens Saraceni, por ter me incentivado e apoiado a colocar no papel o que vínhamos estudando com sua orientação em Teologia de Umbanda Sagrada;

Ao irmão Wagner Veneziani Costa, pela paciência em esperar um livro que nunca ficava pronto, sempre havia algo a acrescentar;

À amiga e astróloga Patrícia Ungareli, pela orientação no estudo dos planetas comparados aos Tronos de Deus;

Ao amigo, professor de Teologia e cabalista Edmundo Pelizari, pelo auxílio e revisão no estudo dos anjos;

Ao amigo e professor de Yoga José Luiz Galleti, por me conduzir ao estudo do Monismo e pela paciência com que leu e me orientou na abordagem das formas de adoração do Vedanta;

Ao amigo e irmão Dario Djouk, que, além de muitas e boas conversas sobre a filosofia hindu, presenteou-me com todos os livros que precisava ler, a fim de ter o mínimo de base para não escrever bobagens, colocar "palavras ao vento" ou fazer como uma "carroça vazia", "que só faz barulho, mas não tem nada dentro".

Ao amigo e irmão, ministrante de Teologia de Umbanda Sagrada e pesquisador das religiões Fernando Sepe, por ter lido os originais, pelo incentivo e interresse neste estudo;

A Ricardo Garrafa, por ter lido e me auxiliado no processo de preparo e organização das ideias aqui expostas;

A Rodrigo Queiroz, Jorge Scritori, Mônica Berezutchi, Marcelo Berezutchi, Adriano Camargo, Mercedes Soares, Angélica Lisanti, Severino Sena, José Augusto, Deia da Jurema, Daniel Sosi, Ya Moraes, Edson Góes e tantos outros irmãos que adotaram o livro Deus, Deuses e Divindades *em seus estudos e recomendaram a seus alunos, o que tornou este livro uma "obra esgotada" em poucos meses, nos dando força e incentivo para continuar este estudo, chegando ao presente volume* Deus, Deuses, Divindades e Anjos – Teologia, Mitologia e Angeologia.

A toda a equipe de produção da Madras Editora, especialmente ao Luiz Carlos Costa e a Arlete Genari, pela atenção e tranquilidade diante das tantas alterações feitas por mim neste livro.

Agradeço a Ana Maria Feola e Fiore, pelo convite para dar aula para uma "pequena turma" de Teologia de Umbanda Sagrada, em 2001: minha primeira turma.

O amor de vocês por mim e pelos ensinamentos de Umbanda me incentivou a buscar mais informações, a fim de complementar nossos estudos.

Continuo estudando e hoje apresento este segundo e simples ensaio, acreditando que, com o tempo, o tornaremos cada vez mais completo...

Um abraço de vosso irmão em Oxalá,

Alexandre Cumino

Apresentação

Em 1996, meu amigo, irmão e Mestre, saudoso Rubens Saraceni, propôs para a primeira turma de Teologia de Umbanda Sagrada, na garagem de sua residência, um estudo comparado entre Orixás e outros Deuses e Divindades, das culturas e mitologias mais diversas. A ideia era a possibilidade de encontrar a mesma essência em outras formas de cultura, religiões e espiritualidades.

Esse estudo marcou anos de dedicação em minha vida, encantei-me com a semelhança entre divindades como Oxum, Afrodite, Vênus, Lakshimi, Freyja, Hathor, etc.

Não imaginava que um dia esse estudo poderia ser publicado, nem me imaginava escritor, o prazer era a pesquisa e a descoberta. Estudando outras divindades eu entendia melhor os Orixás, havia na época poucos textos sobre as divindades africanas negras nagô Iorubás, os Orixás.

Em 2004, a convite do também irmão, amigo e Mestre, saudoso Wagner Veneziani Costa, editor e fundador da Madras Editora, publiquei um resumo da minha pesquisa inicial na primeira versão do livro *Deus, Deuses e Divindades* com 152 páginas e 33 citações bibliográficas, um livrinho acessível à leitura e ao bolso

Em 2008, ano de nascimento de meu filho Uriel, havia passado mais quatro anos ampliando esse mesmo estudo; aumentei a quantidade dos Nomes de Deus, Sistemas Religiosos, Culturas, Filosofias, Anjos e contos relacionados a essa realidade, e o livro passou para 328 páginas e 146 títulos citados em bibliografia.

Esta segunda versão marcou o início de minha dedicação de estudo às religiões de forma comparada e me preparou para ingressar no bacharelado em Ciências das Religiões.

Estudando todas as outras religiões, tradições e espiritualidades, eu passava a entender melhor a minha religião e a espiritualidade natural humana como um processo intrínseco à experiência na carne como algo transcendente.

O *homo sapiens* se revela um *homo religiosos* na tese de Mircea Eliade, e dessa forma não há cultura humana que não experimente uma relação com o intangível por meio de espíritos, entidades e deuses vivos que se comunicam com aqueles que estão abertos e preparados para tal.

Houve apenas uma edição de cada uma das versões: a primeira muito curta e incompleta, a segunda está aqui, muito extensa, volumosa, complexa, um desafio para quem prefere livros menores e de baixo custo. No entanto, abri uma enquete nas redes sociais questionando o interesse por uma obra tão extensa, e a resposta foi muito positiva por um interesse na leitura de tantos saberes desta vasta e longa pesquisa.

Se eu fosse escrever hoje, este livro seria outro livro, meus interesses literários e visão de mundo são completamente outros, no entanto, a pesquisa e o registro desses estudos ainda é algo muito especial e interessante a quem busca estudar tradições e conceitos os mais distintos na busca de profundidade religiosa, espiritual e mitológica diversa.

Dedico este estudo à memória de Rubens Saraceni e Wagner Veneziani Costa

Aho, Axé, In Lak'ech, Ubuntu, Amém, Shalon, Glória, Namastê, Saravá, Laroyê, Amor Incondicional,

Alê Cumino

Índice

Prefácio 17
Introdução 19
Deus 21
    Existe Deus? 23
    Quem é Deus? 24
        Deus é o Papai do Céu!!! 24
        Em Deus está nossa origem e destino 29
    A Grande Invocação 30
    Os Nomes de Deus 31
        Nomes de Deus na cultura africana: 31
        Nomes de Deus nas tradições indígenas: 33
        Nomes de Deus nas culturas do antigo Mediterrâneo: .. 35
        Nomes de Deus nas tradições semita e judaica: 36
        Nomes de Deus para os muçulmanos: 43
        Nomes de Deus no Alcorão: 43
        Nomes de Deus na cultura indiana: 45
        Nomes de Deus na cultura persa: 47
        Nomes de Deus na cultura grega: 47
        Nomes de Deus na cultura chinesa: 47
        Nomes de Deus na cultura japonesa: 48
        Nome de Deus na cultura Jamaicana: 48
        Nomes de Deus em algumas culturas aborígines: 48
        Nome de Deus na cultura maçônica: 50
        Nome de Deus na "língua cristalina": 50
    Sinais de Deus 51
    O Ser Supremo 52
        Na cultura oriental, Deus está dentro de nós 53
        Na cultura ocidental, Deus está fora de nós, Ele está no alto ... 53
        Na cultura natural indígena, Deus está na natureza 53
    Deus Está em Tudo 54
    Limites do Ilimitado 56

Deus e os Dois Pássaros 58
Eu Aceito 60
Barbeiros não Existem! 61
"Ateu Graças a Deus" 62
Vês a Deus? 64
Deus Está Bordando 65
Deus é como o açúcar 67
Presença Divina 68
Questão Teológica sem a Existência do Mal 69
Deus e os Números 71
Deus por... 75
   Deus por Descartes 77
   Deus por Santo Agostinho 79
      Louvor e invocação 79
      Deus está no homem, e este, em Deus 79
      Onde está Deus? 80
      As perfeições de Deus 80
      Deus e o mal 80
      A substância de Deus 81
      ...Os louvores da criação 82
      ...Onde está o mal 82
      ...Os neoplatônicos e o caminho para Deus 83
      ...Deus antes da criação 83
   Deus por SãoTomás de Aquino 85
      Deus Existe? 85
   Deus por Baruch de Spinoza 87
   Deus por Rabino Salomão Ben Gabirol 89
   Deus por Eliphas Levi 91
   Deus por Joseph Campbell 93
      Há um Deus? 93
   Deus em Nag Hammadi 95
      1. Introdução 95
      2. O Pai 96
   Deus de Urântia 99
      I. Deidade e divindade 100
      II. Deus 101
      III. Deus, o Sétuplo 103
   Deus por Allan Kardec 104
      Deus e o Infinito 104
      Provas da existência de Deus 104
      Atributos da divindade 106
      Panteísmo 107
   Deus por Fernando Pessoa 109
   Deus por Fernando Sepe 110

Filosofia de Deus 113
  Cultura helênica 118
Não Acredite em um Deus que não Tenha Senso de Humor!!! 124
  Um xamã vai até os céus!!! 124
Religião 127
  Sistemas Religiosos 128
    Formas de Teísmo, conhecimento e adoração a Deus 128
      Mitologia 129
      Monoteísmo 129
      Politeísmo 129
      Panteísmo 130
      Totemismo 130
      Animismo 130
      Paganismo 131
      Fanatismo 131
      Gnóstico 131
      Agnóstico 132
      Fanatismo 132
  Monoteísmo 134
    Abraão 134
    O Deus Único 135
    Judaísmo 135
    Cristianismo 136
    Islã 137
  Hinduísmo 138
    Vedanta: uma visão hinduísta muito particular
    sobre o Teísmo 144
    Seja Feliz 145
  Taoísmo 146
    Eis Aqui... 146
    Confúcio e Lao-tsé 147
    Livro I: Os Princípios de Tao 148
      I. O perfeito Tao 148
  Monismo 150
    A doutrina de Shankara (686 d.C.) 150
    Dualismo 154
    Dualismo humanizado e não humanizado 155
    Monodualismo 156
  Neovedanta 159
    O Vedanta de Ramakhrisna (1836-1886) e
    Vivekananda (1863-1902) 159
    Meu Irmão, tu és Ele! 162
  Natural e Antinatural 163
  Religião Abstrata e Religião Natural 165

Palavras de um índio sobre a natureza... 166
Mística das Religiões 169
   Lao-tsé (604 a.C., séculos VI a IV a.C.) – Tao-te-King.................... 171
   Chuang Tsé (370–319 a.C.) – livro Tchuangzi, capítulo 33 172
   Anruddha, discípulo de Buda.. 172
   Suddhipanthaka, discípulo de Buda 172
   Plotino (205–270), filósofo grego... 172
   Santa Catarina de Gênova (1447–1510)... 172
   Jacob Böehme (1575–1624), protestante 173
   Carl Gustav Jung (1875–1961), psicanalista suíço........................... 173
   Místicos cristãos 173
      Ângela de Foligno (1248–1309)... 173
      Santa Rosa de Viterbo (1235–1252)... 173
      Santa Clara de Montefalco (1268–1308) 173
      São Francisco de Assis (1182–1226) 174
      Padre Pio de Pietrelcina (1887–1968).. 174
      Teresa Neumann (1898–1962) 174
      Teresa Palminota (1896–1934).. 174
      Teresa Musco (1943–1976) 174
      Santa Gema Galgani (1878–1903)... 174
   Cabala 175
   Sufismo 175
   Vedanta.. 176
   Budismo... 176
   Umbanda 176
   Candomblé 176
   Xamanismo 177
Divindades... 179
   Divindades.. 180
   Uma breve definição para divindades de Deus.............................. 180
   Natureza das divindades.. 183
      Divindades e hierarquias dos Tronos de Deus............................ 185
      Sete Mistérios... 188
      Sete Mistérios de Deus... 189
      O Número 7 190
      Sete Tronos de Deus 191
      Sete Mistérios – Sete Tronos Puros = 14 Tronos Polarizados 192
   Trono Masculino da Fé... 193
   Trono Feminino da Fé 196
   Trono Feminino do Amor.. 199
   Trono Masculino do Amor 203
   Trono Masculino do Conhecimento... 205
   Trono Feminino do Conhecimento.. 208
   Trono Masculino da Justiça 211

Trono Feminino da Justiça.. 214
Trono Masculino da Lei.. 216
Trono Feminino da Lei... 219
Trono Masculino da Evolução.. 222
Trono Feminino da Evolução 224
Trono Feminino da Geração 226
Trono Masculino da Geração 229
Outros Tronos.. 231
    Trono Masculino da Vitalidade 231
Anjos 235
    Anjos... 236
        Anjos no Judaísmo.. 255
        Anjos na Torá e no Velho Testamento católico.................... 258
        Anjos no Gênesis... 258
            Gênesis 3:22... 258
            Gênesis 5:24... 258
            Gênesis 6:2... 258
            Gênesis 16:7... 258
            Gênesis 22:11... 259
            Gênesis 28:12... 259
            Gênesis 32:24... 259
            Gênesis 48:16... 259
        Anjos no Êxodo aparecem a Moisés 259
            Êxodo 3:2 259
            Êxodo 14:19 259
            Êxodo 23:20 259
            Êxodo 25:18 260
            Êxodo 33:14 260
            Êxodo 22:31 260
            Êxodo 5:13 260
        Primeiro Livro de Reis 22:19 260
        II Macabeus 15:23 261
        Tobias 5:5 262
        Salmo 8:5 263
        Salmo 33:8 263
        Salmo 34:5 263
        Salmo 90 (Heb. 91).. 263
        Salmo 148 264
        Ezequiel 1:4 264
            Visão do Carro Divino... 264
        Daniel 7:9.. 265
        Daniel 14:32... 266
        Anjos na Cabala hebraica... 266
        Anjos no Cristianismo.. 269

Anjos no Catolicismo 270
Anjos no Novo Testamento 271
    Lucas 1:11 271
    Lucas 1:26 271
    Lucas 2:8 272
    Lucas 24:4 272
    Mateus 1:18 272
    Mateus 2:1 272
    Mateus 2:13 272
    Mateus 4:11 273
    Mateus 13:39 273
    Mateus 26:52 273
Atos dos Apóstolos 1:9 273
Atos dos Apóstolos 10:1 273
Atos dos Apóstolos 12:7 273
Epístolas de São Paulo 274
Aos Romanos (8:38) 274
Aos Gálatas (1:8) 274
Aos Colossenses (1:15) 274
Aos Hebreus (1:1) 274
Aos Coríntios 274
Apocalipse de João 275
Os coros angélicos 276
Maria e os anjos 277
Anjos proibidos 278
Quatro anjos 278
Sete anjos 278
Os Sete Grandes Arcanjos e Suas Poderosas Orações 280
    1. São Miguel Arcanjo: 280
    2. São Rafael Arcanjo: 281
    3. São Gabriel Arcanjo: 281
    4. São Baracael Arcanjo: 282
    5. São Yeadiel Arcanjo: 282
    6. São Sealtiel Arcanjo: 282
    7. São Gamael Arcanjo: 283
    Anjo da guarda 283
    Anjos no Ocultismo e na Cabala cristã 285
    Vejamos agora os "72 nomes", "72 gênios"
    ou "72 anjos": 286
Anjos no Islamismo 288
    2:30 288
    2:34 289
    2:97 289
    2:102 289

2:285 289
3:125 289
8:9 289
13:12 289
14:26 289
Anjos no Zoroastrismo 290
Anjos no Kardecismo 291
"O Céu e o Inferno" ou a justiça divina segundo o Espiritismo 291
Os Anjos segundo a Igreja 292
Os anjos segundo o Espiritismo 299
O Livro dos Espíritos 300
    Anjos e demônios 300
    Ainda em o *O Livro dos Espíritos* 302
Anjos de uma asa 306
Orixás são anjos!!! 307
Magia 309
  Magia Divina 310
    Agora vejamos algumas definições de magia: 311
    Magia 313
    As Velas 314
    Irmão: 316
  O Revelado e o Oculto 317
    O Caibalion – Hermetismo 317
Esotérico e Exotérico 319
Bibliografia 321

Prefácio

Estudar os panteões das religiões deveria ser uma das matérias oficiais dos cursos regulares porque, além de ser um assunto fascinante, desmistificaria boa parte do proselitismo religioso, acabaria com a intolerância dos sacerdotes de uma para com os das outras, fato este que tem ocasionado até guerras sangrentas e cruéis ou perseguições renhidas por praticantes de umas contra os adeptos das outras.

Boa parte dos conflitos e dos antagonismos já registrados pela história da humanidade tem como alimentador a intolerância religiosa que, ao lado do racismo, gera duas das faces mais desumanas com as quais se ocultam os aproveitadores e os prepotentes, os dominadores e os ávidos de poder.

Se escrevo isso, faço-o porque é uma verdade acerca da natureza dos seres humanos, tão volúvel quanto dualista.

E não adianta argumentarem que estou exagerando porque, aqui e agora, bem diante dos nossos olhos, isso está acontecendo, e diversas seitas evangélicas "cristãs" pregam que são as salvadoras da humanidade e todos nós, que cultuamos os sagrados Orixás, somos seres condenados às trevas.

Eles, em sua totalidade, já foram adeptos de outras religiões, mas, após se converterem por meio de alguma dessas seitas neo-coisa-nenhuma em religiosidade e humanismo, tornam-se de uma hora para a outra os guardiões das verdades divinas, e todos nós nos tornamos, para eles, almas penadas a serem salvas ou pobres diabos a serem destruídos.

Apenas não vê isso quem não quer e adota a postura de avestruz: enfia a cabeça na areia pensando que, assim, não vendo nada, nada deve temer!

Se escrevo isso no prefácio deste livro do meu amigo e irmão espiritual Alexandre Cumino, é porque, após o ler, ficou tão claro que toda a humanidade adora as mesmas divindades, que este livro deveria ser obrigatório desde o primeiro ano escolar até o último ano dos cursos superiores, para que ninguém, nem mesmo os celerados fanáticos religiosos neo-salvadores do mundo, nunca se esquecesse de que, em religião, "ninguém criou nada de novo sob o Sol ou sob a Lua desde que este mundo é mundo" e que uns têm apenas copiado os outros, nada mais.

Uns criam todo um arrazoado para explicar suas religiões e panteões e... quando vamos ver, deram somente novos nomes para mistérios e divindades já existentes e há muito cultuadas.

O estudo analógico dos panteões é fascinante e instrutivo porque desmistifica tudo e recoloca todos nos seus devidos lugares.

Orixás, santos, anjos, devas, deuses, etc... e todos com as mesmas funções e os mesmos atributos?

Claro, pois, se tudo e todos derivam do Um, que é Deus, tudo e todos nós, as divindades até, somos portadores dessa correspondência analógica fácil de ser identificada por intermédio dos arquétipos já desenvolvidos no decorrer da evolução pela Numerologia, Quiromancia, Astrologia, Filiações Divinas, Psicologia, etc.

Alexandre Cumino está de parabéns com sua estreia literária porque fez um livro que deveria ser adotado em todas as escolas.

Parabéns, Alê!

Rubens Saraceni

Introdução

"Quando sentir que é um com Deus, sentirá que é um com todas as coisas."

Provérbio hindu

Este é um livro sobre Deus e suas divindades. Tomei conhecimento, consciente, da existência das divindades de Deus por meio da Umbanda, na qual elas se manifestam como Orixás.

Aprendi a amá-las, cultuá-las e reverenciá-las. Sinto a sua presença ativa em nossa vida.

Por intermédio da religião e da magia, fortaleço a minha fé e o religar com Deus e as Suas divindades. Este material que se encontra em suas mãos, leitor, não é apenas fria teoria, mas algo que é vivido e sentido, empiricamente, por mim e por muitos outros que se dedicam, com amor e devoção, às práticas de evocação e manifestação das divindades de Deus em nossa vida.

Há alguns anos, pareciam-me um tanto confusos os conceitos correntes acerca dos Orixás, pois, se alguns os colocavam como muito humanos em suas qualidades e defeitos, outros ainda afirmavam ser eles superiores em relação às classes de divindades, atuantes em outras correntes religiosas.

Em 1995, conheci meu amigo, irmão e mestre Rubens Saraceni. Passei então a estudar com ele os ensinamentos que seus guias espirituais vinham psicografando a respeito desse vasto campo de estudos e vivência. Foi quando comecei a ter uma visão, a meu entender, mais abrangente do que são os Orixás, como divindades de Deus, atuantes em tudo e em todos, pois nada está fora do campo divino. Eles são as mesmas divindades cultuadas, com outros nomes, por gregos, romanos, celtas, incas, maias, egípcios, etc.

Aprendemos que "Deus é Um, sempre foi e sempre será, mas que muitos são os nomes pelos quais Ele é conhecido. Situação análoga acontece com as divindades, manifestadoras das qualidades de Deus, também conhecidas por nomes diferentes".

Fizemos esse estudo dentro do curso de Teologia de Umbanda Sagrada, no Colégio de Umbanda Sagrada Pai Benedito de Aruanda e no Colégio de Umbanda Sagrada Pena Branca.

Rubens Saraceni sempre nos mostrou, em suas aulas de Teologia, o quanto é palpável essa analogia e nos incentivou a estudar outras culturas para conferir o que ele vinha recebendo da espiritualidade.

Assim, muitos de nós iniciamos essa busca por nossos Orixás em outras religiões e culturas, com outros nomes. Da mesma forma, o Deus Único também aparecia com diferentes formas e a mesma essência.

Vimos que a essência é divina, e a forma, simplesmente, uma visão humana da divindade. Logo, o que procurávamos estava além das formas, estava na essência.

Fomos mais longe. Foram-nos apresentados sete fatores, sete essências, sete sentidos, sete elementos, sete vibrações, nos quais se assentam todas as divindades em qualidades, ou seja, toda divindade manifesta uma ou mais dessas sete qualidades primevas do Criador.

Podemos citá-las como fatores magnetizador, agregador, expansor, equilibrador, ordenador, transmutador e gerador; como sentido da fé, do amor, do conhecimento, da justiça, da lei, da evolução e da geração; ou ainda dos elementos-essência cristalino, mineral, vegetal, ígneo, eólico, telúrico e aquático.

Assim, reconhecemos em qualquer divindade uma ou mais dessas essências, independentemente de sua forma. Quando encontramos formas diferentes para a mesma essência, entendemos tratar-se de uma mesma manifestação divina ou manifestações em diferentes níveis da mesma parte do Todo.

Só Deus Único é em si todas as essências e sua origem, já que as gera em si e de si, assim como as divindades que n'Ele habitam e partindo d'Ele manifestam essas qualidades.

A proposta deste ensaio, despretensiosa, é apresentar essas questões de forma simples e agradável.

Desejo a todos uma boa leitura e espero que essas letras, palavras e frases ajudem a formar conceitos claros e esclarecedores, auxiliando a assentar nossa fé e crença na presença viva de Deus e suas divindades em nossa vida sempre.

Deus

Existe Deus?

Buda estava reunido com seus discípulos certa manhã, quando um homem se aproximou.
— *Existe Deus?*, perguntou.
— *Existe*, respondeu Buda.
Depois do almoço, aproximou-se outro homem.
— *Existe Deus?*, quis saber.
— *Não. Não existe*, disse Buda.
No fim da tarde, um terceiro homem fez a mesma pergunta:
— *Existe Deus?*
— *Você terá de decidir*, respondeu Buda.
— *Mestre, que absurdo!*, disse um dos seus discípulos.
— *Como o senhor dá respostas diferentes para a mesma pergunta?*
— *Porque são pessoas diferentes*, respondeu o iluminado.
E cada uma se aproximará de Deus à sua maneira: por meio da certeza, da negação e da dúvida.

Paulo Coelho, *Maktub*, Editora Rocco

Quem É Deus?

"Eu sou o alfa e o ômega, o começo e o fim."
São João (Apocalipse 21:6)

"Nem a falange dos deuses e nem mesmo os grandes sábios conhecem a minha origem, pois, em todos os aspectos, sou a fonte original, tanto dos deuses como dos sábios."
Bhagavad Gita

"Deus se apresenta, se manifesta, de forma simples nas mentes simples, de forma complexa nas mentes complexas, apenas não se apresenta ou manifesta de forma clara nas mentes confusas."
Alexandre Cumino

"Conhece-te a ti mesmo que conhecerás o Universo e os deuses."
Oráculo de Delfos

Deus é o Papai do Céu!!!

Quando uma criança nos faz esta pergunta:
– Quem é Deus?
Logo respondemos:
– Deus é o Papai do Céu.
Pai de todos nós, que de lá de cima acompanha e ajuda todos os seus filhos aqui na Terra.

Para a criança, essa resposta é suficiente, pois ela tem a mente simples e limitada aos poucos valores e informações que se resumem à realidade de um mundo infantil, em que a realidade maior é seu pai e sua mãe.

Essa criança somos nós, que na maturidade, após termos absorvido mais valores e conhecimentos acerca da realidade em que vivemos, já não nos contentamos com respostas simples e limitadas. Nossa mente não é mais tão simples, e na sua complexidade busca a utilização de todas as variáveis possíveis e existentes para construir nossos valores.

Sentimos a necessidade de usar todos os elementos possíveis adquiridos para explicar o Criador, embora saibamos que nunca alcançaremos esse objetivo nesta realidade humana, pois o Ser Supremo transcende todas as realidades.

Assim, vamos construindo respostas cada vez mais complexas, que possam satisfazer os limites humanos. Deus passa a ser muito mais que o Papai do Céu, passa a ser o Senhor do Universo, do Micro e do Macrocosmo, e assim o homem evolui em sua busca por explicar o mundo que o cerca.

O adulto crê estar muito além da criança, mas, para o Criador, que é eterno, atemporal e incriado, nossas respostas não são muito diferentes das de uma criança. Logo, Ele assume todo um contexto grandioso na mente madura, sem deixar de ser o eterno Papai do Céu.

Por mais que nos julguemos adultos ou maduros, em comparação ao Eterno, O Ancião dos Dias, somos sempre crianças. Quando reconhecemos quanto somos infantis perante Ele, nos sentimos mais à vontade para nos dirigirmos a Ele com a mesma pureza e simplicidade de nossa infância carnal.

O mestre e místico Sufi Hazrat Inayat Khan em seu livro *O Coração do Sufismo* (Editora Cultrix) conta uma história sobre Moisés:

> "Certo dia, ele estava passando por uma fazenda e viu um menino camponês sentado tranquilamente e falando para si mesmo, dizendo: 'Ó Deus, eu O amo tanto; se eu O visse aqui nesses campos, eu traria a Você macias roupas de cama e deliciosas iguarias para comer, eu cuidaria para que nenhum animal selvagem pudesse chegar perto de Você. Você me é tão querido, e eu anseio tanto por vê-Lo; se Você apenas soubesse o quanto eu O amo, tenho certeza de que Você apareceria para mim!'.
>
> Moisés ouviu isso e disse: 'Jovem, como ousa falar de Deus dessa maneira? Ele é o Deus sem forma, e nenhuma besta selvagem nem pássaro poderia injuriá-Lo, Ele que guarda e protege tudo'.
>
> O jovem curvou a cabeça tristemente e chorou. Alguma coisa se perdera para ele, que passou a se sentir totalmente infeliz. E então uma revelação veio a Moisés como uma voz interior, que lhe disse: 'Moisés, o que você fez? Você separou de Mim um amante sincero. Que importa do que Eu sou chamado ou como Eu sou chamado? Não estou em todas as formas?'".

Essa história projeta uma grande luz sobre essa questão e ensina que apenas os ignorantes acusam uns aos outros de uma concepção errada de Deus. Ela mostra quão gentis devemos ser com a fé de outra pessoa enquanto ela tiver a centelha do amor de Deus...

Cada cultura e/ou religião define o Criador de uma forma diferente. O que temos aqui é uma síntese das definições, adjetivos, atributos e atribuições com os quais o Ser Supremo tem sido apresentado.

Esperamos colaborar para um melhor entendimento, que esteja acima dos limites dessa ou daquela filosofia ou religião.

Definirmos Deus, em toda a Sua opulência, é muita pretensão, pois estamos muito aquém do Mistério Maior, Mistério dos Mistérios, o Altíssimo do Alto.

Logo abaixo, apresento algumas definições mais conhecidas, junto a outras não tão conhecidas, que se encontram nos livros e textos sagrados, bem como no coração, nas palavras e na mente dos povos. Não há povo ou cultura que desconheça o culto, a veneração e a adoração ao Ser Supremo.

Deus é o Papai do Céu.

Deus é a Mamãe do Céu.

Deus é o Todo-Poderoso.
Deus é onisciente, Aquele que tudo sabe.
Deus é onipresente, Aquele que está em todos os lugares.
Deus é onipotente, Aquele que tudo pode.
Deus é pai e mãe de todos.
Deus é o criador do Céu e da Terra.
Deus é a origem de tudo e de todos.
Deus é a essência de todas as coisas.
Deus é a causa original.
Deus é o princípio universal.

Deus é o início, o meio e o fim.
Deus é o imanifesto, onde tudo se manifesta.
Deus é o incriado, que tudo criou.
Deus é sem fim nem começo.
Deus é o Mistério Maior da criação,
do qual os outros Mistérios são suas manifestações.

É o Grande Ancestral.
É o Provedor-mor.
É Aquele do qual somos centelhas, como estrelas no céu.
É o Eterno, o que foi, é e sempre será.

É o Verbo que cria.
É a luz que tudo ilumina.
É a vontade manifesta.

É o Senhor de todas as divindades que n'Ele habitam,
"Deus dos deuses".

A Suprema Pessoa,
a Suprema Alma,
a Suprema Personalidade,
o Supremo Ser,
o Absoluto,
o Transcendental,

o Arquinatural,
além da compreensão humana, pois é o divino.

A luz das estrelas, do Sol e da Lua,
o gosto da água pura,
o aroma da terra,
o calor do fogo,
o frescor da brisa,
o poder dos poderosos,
o força dos fortes,
a inteligência dos sábios,
a iluminação dos santos.
É o sopro da vida.

É o prazer que transcende a matéria,
o estado de Buda, da iluminação ou Samádi.

Semente original de toda a existência.
Sendo o que tudo anima, é a Alma do Mundo.
O Espírito Universal.
É o que tudo contém, sem, no entanto, estar contido.
Senhor de todas as formas, sem, no entanto, ter uma forma.

Ele é tudo, por inteiro,
e tudo que existe é parte d'Ele.

Aquele em que tudo se sustenta,
como as contas de um colar se prendem ao fio.

Mente geradora do Cosmo,
Rei do Universo.

Senhor das galáxias.
Logos planetário,
onde todos os mundos habitam.

Antes d'Ele nada havia.
E, mesmo que nada exista,
ainda assim Ele existirá.
É o tudo e o nada.
Luz e trevas.
É o bem e o mal.
Nascimento e morte.
Princípio sem princípio.
Causa sem causa.
O ser e o não ser.
Feminino e masculino.
Dia e noite.

Positivo e negativo.
Distante e próximo.

Origem e destino de todos.

É o infalível, a perfeição, para onde caminhamos, em nossa evolução e aperfeiçoamento.
Aquele que é o absoluto e absolutamente simples, a unidade.
No número um é o único, no dois é a dualidade e no três é a criação, a Trindade.
Imutável e ao mesmo tempo adaptável às mentes dos homens.
É a emanação da própria existência de toda a vida.
Infinito em si mesmo.
O som e o silêncio.
Pessoal e impessoal.
Deus é a união dos opostos, que n'Ele estão manifestados em harmonia.
É toda a ordem, toda a lei, todo o amor, toda a justiça, toda a fé, todo o conhecimento, toda a evolução e toda a geração.
É o constante movimento do Universo, dos átomos aos planetas.
É a vibração por trás de tudo o que se move, no micro e no macro.
É o Senhor da dança cósmica no Universo, pois, a partir d'Ele, tudo se movimenta harmoniosamente.
Fonte de vida, poder infinito e ilimitado.
Na Física, ele é a "Teoria do Tudo", estando presente nas "Supercordas" que se "desdobram" em vibrações formadoras das partículas subatômicas, sustentadoras do Microcosmo assim como do Macrocosmo.
Na Ciência Divina, é o criador de tudo e de todos, na qual estão presentes os Tronos Maiores, geradores das "Ondas Fatorais", que se "desdobram" em vibrações formadoras dos fatores divinos presentes em tudo na criação.
Deus é energia e consciência presente em todos os lugares e mesmo assim nos entende como se fosse uma única pessoa com a atenção voltada para nós. Por isso é a Suprema Pessoa, que entende todos ao mesmo tempo como se fosse UM para cada um de nós de forma particular e coletiva ao mesmo tempo. É como alguém que para tudo o que está fazendo só para nos dar atenção. Sempre nos ouve, Ele é o mental universal, onde tudo habita.

Em Deus está nossa origem e destino

Fomos gerados puros e inconscientes como centelhas de Deus e, em nossa jornada evolutiva, desenvolvemos intuição, instinto, sentidos e agora estamos desenvolvendo a consciência e o livre-arbítrio, para que mentalmente retornemos a Ele, de forma consciente.

Deus transcende, está além de qualquer conceito que poderíamos ter sobre Ele.

É inominável, indefinível e inefável, que não se expressa em palavras. Insondável, imponderável, incognoscível.

> *Não basta escrever em um livro: Deus disse, e as coisas foram feitas. É preciso ver se as coisas que atribuímos a Deus não são contrárias às próprias leis do ser. Pois, se assim for, Deus não pode tê-las feito, Ele que não poderia fazer desmentidos à natureza sem negar a si mesmo... sendo Deus eterno, é completamente necessário que as Suas ordens sejam imutáveis como Ele.*
>
> *Uma coisa não é justa porque Deus a quer, mas Deus a quer porque é justa.*
>
> Júlio César, imperador romano

A Grande Invocação

*Do ponto de luz na mente de Deus
Flua luz às mentes dos homens
Que a luz desça à Terra.*

*Do ponto de amor no coração de Deus
Flua amor ao coração dos homens
Que o Cristo volte à Terra.*

*Do centro onde a vontade de Deus é conhecida
Guie o propósito as pequenas vontades dos homens
O propósito que os mestres conhecem e a que servem.
Do centro a que chamamos de raça dos homens
Cumpra-se o plano de amor e luz
E mure-se a porta onde mora o mal.*

*Que a luz, o amor e o poder
Restabeleçam o plano na Terra!*

A invocação ou oração acima não pertence a nenhuma pessoa ou grupo, mas a toda a humanidade. A beleza e a força dessa invocação repousam em sua simplicidade e na expressão de certas verdades centrais que todos os homens, inata e normalmente, aceitam: a verdade da existência de uma inteligência básica a quem nós vagamente damos o nome de Deus; a verdade que, por trás de toda aparência exterior, o poder motivador do Universo é o amor; a verdade que uma grande individualidade veio à Terra, chamada pelos cristãos, o Cristo, e encarnou aquele amor de modo que o pudéssemos compreender; a verdade que tanto o amor como a inteligência são efeitos do que é chamada a vontade de Deus e, finalmente, a verdade autoevidente que somente por meio da própria humanidade pode o plano divino realizar-se.

O texto acima foi extraído do livro *A Consciência do Átomo*, de Alice A. Bailey, Fundação Cultural Avatar, 2ª edição, 1985.

Os Nomes de Deus

"Em geral, nenhum dos nomes de Deus refere-se ao próprio Criador. O Criador é aludido somente mediante o título de Ên Sof, que significa o Ser Infinito ou, simplesmente, o Infinito. Os nomes usados na Escritura e em outros lugares referem-se meramente aos diversos caminhos por meio dos quais Deus manifesta a Si mesmo na criação."

Arieh Kaplan, sobre os nomes de Deus na Torá

Temos aqui alguns nomes pelos quais é conhecido o Deus Único, apenas para termos uma ideia de como o Ser Supremo assume diferentes formas e nomes nas diversas culturas.

Nomes de Deus na cultura africana:

PTAH – Egípcio, de Mênfis, Ptah é quem deu vida aos Néter (divindades). "Foi ele quem fez tudo e gerou os deuses", "graças ao desejo de seu coração e do verbo de sua língua".

ATUM (ATON) – Egípcio, de Heliópolis, poder único que se autogerou, o criador "autocriado", o tudo e o nada.

AMOM – Egípcio, de Tebas, "o que se oculta", simbolizado pelo carneiro, "a respiração vital que habita todas as coisas".

NUN – Egípcio, de Hermópolis, a fonte do Universo, aquela que é indefinível.

OLODUMARE, África, Olo (Senhor), Odu (destino), Mare (Supremo), ou seja, "Senhor Supremo de nosso destino"; também chamado de **OLORUM**, Olo (Senhor), Orum (o Além, o Alto, o Céu), "o Senhor do Céu". É o Senhor Supremo, que tudo criou, até as divindades Orixás. Não lhe erigem estátuas ou templos; é o Ser imaterial, invisível, eterno, a vontade suprema que criou e que governa todas as coisas. Pode ser chamado ainda de ELEDUMARE.

ZAMBI, ANZAMBE ou **NZAN** – África, dos bantos. É o Deus que possui grande poder, mas não costuma exercê-lo diretamente.

NSAMBE – África, entre os fangs do Congo, igual a **NZAMBI** dos bantos. É o todo-poderoso bom e justo, por isso não é cultuado nem tem uma forma material. Entre os hererós, bantos do sudoeste da África, chama-se:

NDYAMBI RUWA – África, "Sol". Para os bantos do Kilimanjaro, mais especificamente entre os *dschagga*, Deus bom e criador, guardião das leis morais, de comportamento passivo. Habita o Sol e não possui um culto, chamado apenas em situações extremas.

NYANKUPON – África, Deus para os negros de língua "tshi", Tschwis africanos.

LEZA – África, para os bailas, das tribos bantas do Vale do Kafue, é um Deus Supremo, todo-poderoso, criador e celestial.

TORÔRUT – África, Deus que é o próprio Céu para os Suks, africanos.

MAWU – África, Deus Supremo. Para a maioria da população Ewe, na África, "Wu" vem de "estender", "cobrir". O céu azul é o véu com o qual **MAWU** cobre o rosto, as nuvens são as suas vestes; o azul e o branco são as suas cores preferidas e os seus sacerdotes não usam outras cores.

EFILE MOKULO – África. Para os africanos da tribo dos Basongos.

UWOLUWO – África, Deus Supremo. Para os negros Akposo, seu nome significa "o que está no alto, as regiões superiores".

TIRAWA ATIUS – África, "pai de todas as coisas". É o criador de tudo o que existe para os índios pawni (África). Criou as estrelas para guiar os passos dos homens. Tirawa não é imaginado como uma pessoa; ele está em tudo, e ninguém conhece seu aspecto.

MULUGU – Deus dos Gyriamas, África oriental. Existe ainda um ditado que diz assim: "**MULUGU** está no alto; os manes aqui em baixo".

TSUNI-GOAN – O pai dos pais dos hotentotes.

KMVUM – Deus dos pigmeus da África equatorial que entram em contato com Ele por intermédio do arco-íris. Fazem orações ao arco-íris pedindo que intervenha a seu favor junto do Ser Supremo.

UNKULUNKULU – África, Deus Supremo na tradição Xosa e Zulu, sul da África.

No livro *A Bíblia Secreta dos Negros* (Madras Editora), o autor, Príncipe Birinda, chefe do clã Boudieguy da tribo dos Eshiras (uma importante tribo do Gabão), apresenta uma "doutrina secreta da África equatorial".

O Príncipe Birinda afirma ainda que o Gabão está para a África assim como o Tibete está para a Ásia enquanto "Centro Espiritual de Iniciação", e, no mesmo livro, na *Bíblia Negra,* ele apresenta uma gênese em que aparece alguns nomes para Deus, nessa cultura, da forma como vemos a seguir:

"Primeira Existência:

Movendo durante a noite dos mistérios que é o manto de sua existência dentro da inexistência, sua forma manifestada, o Criador do Universo, cujo nome é desconhecido, pode ser denominado de seis maneiras diferentes:

1. **Mukuku Kandja**: o Espírito dos Espíritos, o Espírito Misterioso, o Espírito-Fogo, Origem da Existência e da Não Existência, Desconhecido, Não Surpreendente.

2. **Muko na Suma**: o Eterno, o Exclusivo, o Único Existente na Inexistência, o Ancião dos Anciões, o Primeiro dos Primeiros, Mestre de tudo o que é Mestre.

3. **Givanga Vanga**: Criador que criou e recriou, sem fim nem começo, continente e conteúdo, que se produziu e reproduziu, a unidade se dividindo e se reunindo em grupos inumeráveis de partículas que são, sob diferentes aspectos de Si mesmo, as almas de Suas criaturas, da mesma essência que Ele, mas diferenciadas pelo número de átomos, pelas formas, pelas cores, pelas dimensões, etc.

4. **Muanga Bendah**: Mestre Soberano, Onipotente, Onisciente, Monarca Supremo e Sublime dos Monarcas, Pai Todo-Poderoso, Sábio, Amor e Justiça.

5. **N'tsambi Pindi**: Mestre das Moradas Misteriosas, Autor e Mestre dos destinos, que, sozinho, conhece os segredos, a duração e o futuro da existência deles.

6. **Kumu Tchengue**: Soberano Proprietário dos Mundos".

Nessa *Bíblia dos Negros*, o Príncipe Birinda discorre toda uma mitologia envolvendo esses nomes de Deus e outras divindades como Dintsouna Muatu Benga, "A Princesa Luminosa" ("A Mãe Suprema" criada por Mukuku Kandja), Filha da Noite, que traz o Sol (**Kombe**) na mão direita e a Lua (**N'gonde**), na mão esquerda.

Nomes de Deus nas tradições indígenas:

TUPÃ – Brasil. Foi o nome adotado pelos catequistas católicos para expressar Deus entre os tupi-guaranis. **TUPÃ** no guarani ou **TUPANA** no tupi. O composto Tu-pã ou Tu-pana é uma referência ao trovão, como barulho ou baque estrondeante, o que se encaixa bem em uma divindade do trovão. Para muitos, é apenas referência ao som. Há ainda uma outra interpretação de que o composto seria ainda de Tupã ou Tubã, já aqui interpretado como o "Pai Alto" ou "O Altíssimo". Essa foi a visão da catequese, e assim foi passada a todos.

TUPI – Brasil, de tu-upi, o Pai Supremo, e daí vem "tupi-nambá", por exemplo, que são os "descendentes de Tupi" ou os "filhos de Tupi".

NHAMANDU – Brasil, Deus Supremo da Criação na mitologia guarani, para algumas tribos, é o Deus Sol. É o gerador do Universo que se desdobrou como uma flor, gerando assim as demais divindades.

NHANDERUVUÇU ou **NHANDERU** – Também faz parte da mitologia guarani. É o princípio masculino ou "Pai Primeiro" que junto com **NHANDECI**, princípio feminino ou "Mãe Primeira", são a origem de tudo, são Pai e Mãe da criação.

YEH e **YAH** – Brasil, princípios masculino e feminino da criação; "Pai e Mãe" que juntos são a origem de tudo, língua abanhaenga (que deu origem ao tupi-guarani e a outras línguas usadas pelos nativos).

OMÃ – Brasil, Deus Criador para os ianomâmis.

O GRANDE PAJÉ – Brasil, assim o Senhor Supremo é chamado por muitas tribos de indígenas brasileiros.

HÕYMANAUÕ – Brasil, nome do Grande Pajé entre os xavantes.

DÀUÃSUNUSU – Brasil, Deus Criador na cosmologia nambikwara.

CHIMICHAGUA – Divindade criadora para os índios chibchas na Colômbia.

WIRACOCHA – Inca, Deus Criador, criou o Sol, a Lua, as divindades e a humanidade. É a fonte de todo o poder divino. Qualificado como "Velho Homem dos Céus", Senhor e Mestre do Mundo. Teve a sua adoração instituída pelo imperador Pachacuti.

OMETECUHTLI – Asteca, o "Senhor da Dualidade", e **OMECIUATL**, a "Senhora da Dualidade". Os astecas acreditavam que esses dois juntos formavam o casal primordial, encontrado na origem de tudo, incluindo os deuses. Viviam no 3º Céu, no topo do mundo.

ITZAMNÁ – Maias, Deus Criador, Senhor do Fogo e do Coração. Representa a morte e o renascimento da vida na natureza.

TEOTIL – México, nome que se dava ao Espírito Supremo ou Grande Espírito.

GRANDE ESPÍRITO – Norte-americano, assim chamado pelos Índios.

WAKAM TANKA – Norte-americano, para os índios sioux, é o "Grande Mistério", a força divina. Na língua dacota significa Aquele que está "por cima, no alto". Os missionários cristãos traduziram como "Senhor", o que não exprime o sentido original. Wakam Tanka é onisciente e onipotente, presente no Sol, na Lua, nos ventos e, principalmente, no relâmpago.

OKE – Norte-americano, Deus; para os iroqueses é "Aquele que está nas alturas", o Ser Supremo.

IHO – Norte-americano, Deus para os maoris, é Aquele que é "elevado", que habita o "Alto".

TANGAROA, KANALOA OU TAAORA – Oceania – Polinésia, o Criador de todas as coisas, Tangaroa, vivia sozinho na concha escura de um mexilhão, muito tempo antes do nascimento do Universo. Quando a terra e o céu se separaram, o mar cobriu tudo, e Tangaroa, saindo de sua concha, teve de criar o mundo com suas expressões naturais, os deuses e todos os seres vivos.

Tangaroa também era briguento, incapaz de perdoar ao seu irmão Tane, o deus da floresta, por ter separado o mar e o céu, e mantinha-se em constante guerra com ele.

SILA – América do Norte – Inuíte, é o "Espírito Supremo", "O Poderoso", "O Governador do Mundo". Mora em um domínio muito acima da Terra e de lá controla tudo, desde os homens e os animais até os ventos, a neve e a chuva. Sila deve ser amado e reverenciado com encantamentos e amuletos. Ele não tem forma física, se manifesta como o vento.

Nomes de Deus nas culturas do antigo Mediterrâneo:

EL – Cananeu e fenício, pai dos deuses e dos homens, criador supremo na mitologia cananeia, casou-se com as deusas **Anath** e **Asherat**, tornando-se pai dos deuses. Aparece sentado em um trono ostentando os chifres de um touro, símbolo de força e poder.

AN – Sumeriano, vem de um ideograma em forma de estrela que servia tanto para representar o "Céu" (An) como a divindade **DINGIR** (nome de Deus que se tornou desconhecido posteriormente). Seu grande significado trará um conceito de transcendência e superioridade como o "Ser Elevado". É o Deus Supremo, rei dos Céus, adorado em Uruk, no templo chamado E-an-na ("Casa do Céu"), cidade de cerca de 3000 a.C. Sem dúvida, um dos nomes mais antigos conhecidos pela história e talvez o primeiro nome do Deus Único escrito a ser registrado historicamente, por ser a escrita cuneiforme considerada a primeira manifestação da humanidade. Já **DINGIR**, que significa "Claro ou Brilhante", foi traduzido em acadiano como **ELLU**, que tem o mesmo significado.

IAO – Fenício, "alento de vida", "essência masculina de vida", "luz solar ideal", princípio físico e espiritual de todas as coisas.

TUTU – Sumeriano, nome de um Deus Criador.

APSU – Babilônico, "o início", oceano primevo de água doce que se uniu com Tiamat, o oceano de águas salgadas, para criar os deuses e deusas, onde nasceram Anu e Ea. Nudimmud: nome sumério de Ea como Deus Criador.

DINGIR e **MUL-LIL** – Deuses Criadores acadianos.

AD – Assírio, "O Pai". Em aramaico, ad significa um; aa-ad, "o um único". Ilú: assírio.

BEL – Caldeu, o título de senhor é aplicado ao deus que assume o topo do panteão local, adotado por vários deuses. Marduk na Babilônia, Assur na Assíria e Ninurta no épico Anzu, como Deus assírio substitui Anu e Enlil. Na Babilônia, fazia parte da Trindade Anu, Bel e Hea, em que Bel era considerado "Senhor do Mundo", "Pai dos Deuses", Criador e Senhor da cidade de Nipur.

NAMMU – Deusa primeira sumeriana, representa o mar, mãe que deu à luz o céu (An, deus do céu) e a terra (Ki, deusa da terra).

ANU – Babilônico, Ana da raiz "An", também chamado de An, a princípio, absorvido dos sumérios. Torna-se o chefe do panteão babilônico. Deus Supremo Celestial e Criador do Universo, o único. Encontra-se sentado em um trono e traz em si todos os atributos da soberania, representados pelo próprio trono mais o cetro, o diadema, a coifa e o bastão. Suas insígnias representam o poder da autoridade monárquica, de realeza, o que justifica a autoridade do rei como o único a ter o poder de Anu, pois apenas os soberanos poderiam invocá-lo e não os homens comuns. É o Pai dos Deuses (**ABÛ ILÂNI**), Deus do Céu (**IL SHAMÊ**), Pai dos Céus (**SHAR SHAMÊ**), literalmente o Rei dos Deuses; chamam-lhe de Pai no sentido de autoridade suprema.

No tempo de Hammurabi* (rei babilônico que criou *O Código de Hammurabi*, primeiro código de leis conhecido na história da humanidade, por volta de 2150 a.C.), as festas de ano-novo, anteriormente dedicadas a Anu, passaram a cultuar Marduk, como o que criou o mundo (a partir do corpo de Tiamat); é um Deus mais jovem e dinâmico.

Ocorre ao mesmo tempo em que **ENLIL-BEL**, "senhor do vento impetuoso" ("lil", "vento poderoso, furacão"), sobe à categoria de Deus Supremo. Enlil é filho de Anu, adorado principalmente em Nippur.

Nomes de Deus nas tradições semita e judaica:

YHVH – Hebreu, tetragrammaton; as quatro letras (yod, he, vau, he) que representam o impronunciável. É perfeito, pois mostra o que não pode ser definido com palavras, inefável. Aquele que está muito acima de qualquer definição ou qualificação. Quando "o nome" aparece na Torá, os rabinos costumam fazer uma pausa e substituí-lo por Adonai.

Os cristãos traduziram por Jehovah ou ainda Yahveh (Iave ou Ieve), "o que foi, é e será".

"O nome" pode ser ainda decomposto em uma, duas e três letras originando mais três nomes sagrados para o Deus Único, são eles: Y, Yh, Yhv.

---

* N.E.: Sugerimos a leitura de *O Código de Hammurabi*, de Hammurabi, Madras Editora.

O segundo nome é a primeira letra do tetragrammaton, yod é a décima letra do alfabeto hebraico e corresponde ao número dez, que representa o princípio e o zero, ou a circunferência com o ponto ao centro, igualmente simbolismos do Todo. Deus aqui pode ainda ser representado pela letra yod repetida três vezes, formando um triângulo, com vértice para o alto, dentro do círculo, símbolo da Trindade, daquele que sendo três é UM. Yod é ainda considerada o nome do Deus de Abraão, "Deus vivo". É o Pai ou a primeira pessoa na Trindade, produz e não é produzido; as outras duas pessoas, na Trindade, emanam d'Ele.

O terceiro nome, Iah, é composto de duas letras (yod e he). Também considerado nome do Deus Único, é o nome do Deus de Isaac, "verdadeiro Deus". É o Filho ou a segunda pessoa na Trindade. Sua faculdade é produzir, uma vez que foi produzido. Aparece nos nomes dos anjos* assim como El, para indicar a origem divina deles como "mensageiros" de Deus.

O quarto nome, Iaho, é composto de três letras (YOD, HE e VAU). Também considerado nome do Deus Único, é o nome do Deus de Jacó, "Deus Santo". É a terceira pessoa na Trindade ou o Espírito Santo.

ADONAI – Também hebreu significa "Senhor" e traduz o impronunciável tetragrama YHVH, usado para simbolizar o nome de DEUS. Um hebreu, ao ler a Torá, quando chega ao tetragrama (YHVH), interrompe a sua leitura e oralmente o substitui por Adonai.

SHEKINAH – Este nome sagrado de Deus, na cultura judaica, muito explorado, como todos os outros na Cabala, se mostra como o lado feminino de Deus. Para alguns estudiosos, Shekinah pode vir a fazer um par com Metatron ou Metraton, o mais elevado de todos os arcanjos, "aquele que está diante do trono".

EL, AL ou **AH** – Semítico, hebreu, nome que significa "Este", "O Uno" ou "Aquele que se expressa de forma única por meio de todas as coisas". Geralmente traduzido como Deus significando o Poderoso, Supremo, Divino.

A presença desse nome identifica o caráter divino em todos os nomes de anjos, arcanjos, principados, virtudes, potências, dominações, Tronos, querubins e serafins que compõem os coros de gênios e mensageiros angélicos das Teologias judaica, católica e muçulmana. Deste nome raiz também se originam outros nomes sagrados como Elat (antiga Canaã), Elohim (hebraico), Allaha (aramaico) e Allah (árabe). Uma mesma origem gerou muitos nomes; o conhecimento deste fato tão simples por si só já traria maior tolerância entre povos que lutam, em nome do mesmo Deus, uns contra os outros.

---

* N.E.: Sugerimos a leitura de *Anjos – Entrando em Contato com os Seres de Luz*, de Minami Keizi, Madras Editora.

ABBA – Aramaico, Papaizinho, um termo que torna Deus muito próximo de nós, podendo assim senti-Lo em nosso íntimo. Evoca as qualidades de amor e compaixão do Todo-Amoroso, Pai Querido Eterno e Terno, como se referia Jesus a Deus; esse termo foi assim usado por Ele no Pai-Nosso original, em aramaico.

ELOHIM – Hebreu, plural de El, mostrando a multiplicidade dos dons de Deus e sua qualidade como "O Poderoso". Ao pé da letra, podemos considerar que se refere a muitos deuses, o que teoricamente contraria o conceito de Deus Único, dentro da própria Bíblia.

Em muitos textos, encontramos referências à multiplicidade de deuses no Antigo Testamento, que é a Torá, Bíblia ou livro sagrado dos judeus.

EL SABAOTH – Hebreu, Deus dos exércitos.
EL SHADAI – Hebreu, Deus poderoso.
EL GILBORA – Hebreu, Deus forte.
ARARITA – Hebreu, imutável.
SCHEMHAMMEPHORASCH – Hebreu, Deus santo, justo e terrível.
ÊN SOF – Hebreu, o ser infinito. Um dos nomes mais importantes e que melhor traduz Aquele que não possui limites.

ALEPH – Hebreu, Aleph é a primeira letra do alfabeto hebraico; não tem som, exceto Aquele que se produz quando abrimos a boca para dizer algo. Representa a Trindade na unidade. Aleph tem ainda no canto superior direito uma marca que pouco aparece. Esta marca denota o quaternário que, desmembrado, dá a soma da unidade, mais a dualidade, mais a Trindade e o quaternário outra vez (1 + 2 + 3 + 4 = 10), chegamos as dez *sephiroth* do todo, em Cabala. Aleph representa, ao mesmo tempo, o diâmetro e a circunferência com movimento circular em dois sentidos, ascendente e descendente, para indicar a unidade do ser, do movimento e do equilíbrio. Podemos ainda dizer que Aleph aponta para o alto e para baixo.

Para cada letra do alfabeto hebraico, há um nome de Deus correspondente, muito estudado, entre outros conceitos, na Cabala judaica. Vejamos abaixo os 22 nomes correspondentes as 22 letras:

Aleph, a primeira letra do alfabeto hebraico, corresponde ao nome de Deus, *Eheieh*, interpretado como essência divina. É aquele que a vista jamais viu.

Beth, a segunda letra do alfabeto hebraico, corresponde ao nome de Deus, *Bachour* (electus juvenis).

Guimel, a terceira letra do alfabeto hebraico, corresponde ao nome de Deus, *Gadol* (magnus, grande).

Daleth, a quarta letra do alfabeto hebraico, corresponde ao nome de Deus, *Dagoul* (insignis).

He, a quinta letra do alfabeto hebraico, corresponde ao nome de Deus, *Hadour* (formosus, majestuosus, majestade de Deus).

Vau, a sexta letra do alfabeto hebraico, corresponde ao nome de Deus, ***Vezio*** *(cum splendore, com esplendor)*.

Zain, a sétima letra do alfabeto hebraico, corresponde ao nome de Deus, ***Zakai*** *(purus, mundus)*.

Heth, a oitava letra do alfabeto hebraico, corresponde ao nome de Deus, ***Hasid*** *(misericor)*.

Teth, a nona letra do alfabeto hebraico, corresponde ao nome de Deus, ***Tehor*** *(mundus, purus)*.

Iod, a décima letra do alfabeto hebraico, corresponde ao nome de Deus, ***Iah*** *(Deus)*.

Caph, a 11ª letra do alfabeto hebraico, corresponde ao nome de Deus, ***Kabir*** *(potens, poderoso)*.

Lamed, a 12ª letra do alfabeto hebraico, corresponde ao nome de Deus, ***Limmud*** *(doctus)*.

Mem, a 13ª letra do alfabeto hebraico, corresponde ao nome de Deus, ***Meborak*** *(benedictus, Deus abençoado)*.

Num, a 14ª letra do alfabeto hebraico, corresponde ao nome de Deus, ***Nora*** *(formidabiles, Deus formidável)*.

Samech, a 15ª letra do alfabeto hebraico, corresponde ao nome de Deus, ***Somek*** *(fulciens, firmans)*.

Hain, a 16ª letra do alfabeto hebraico, corresponde ao nome de Deus, ***Hazaz*** *(fortis, Deus forte)*.

Phé, a 17ª letra do alfabeto hebraico, corresponde ao nome de Deus, ***Phodeh*** *(redemptor, redentor)*.

Tsade, a 18ª letra do alfabeto hebraico, corresponde ao nome de Deus, ***Tsedek*** *(justus, Deus justo)*.

Kopk, a 19ª letra do alfabeto hebraico, corresponde ao nome de Deus, ***Kadosch*** *(sanctus, Deus santo)*.

Resch, a 20ª letra do alfabeto hebraico, corresponde ao nome de Deus, ***Rodeh*** *(imperans, Deus que impera)*.

Schin, a 21ª letra do alfabeto hebraico, corresponde ao nome de Deus, ***Schadai*** *(omnipotens, Deus Todo-Poderoso)*.

Thau, a 22ª letra do alfabeto hebraico, corresponde ao nome de Deus, ***Thechinah*** *(gratiosus, Deus da graça)*.

Existe ainda a lista das 72 potências de Deus, que alguns entendem como os 72 nomes de Deus e outros, como os 72 anjos de Deus, veja mais sobre esses nomes no capítulo sobre anjos.

Em um excelente livro sobre a Mística Judaica, *Qabalah – O Legado Místico dos Filhos de Abraão*, do autor Daniel Hale Feldman, Madras Editora, encontramos o "Livro dos Nomes" ("Sefer HaShmoth"), com uma lista de 128 nomes de Deus que está abaixo; lembro-me apenas de que na pronúncia o correto é ler como se lê em inglês.

Pronúncia	Hebraico	Número	Significado	Tanakh
AH-BAH	אבא	4	Pai	Doverim 32:6
AAH-BIR	אביר	213	Poder	B'reshith 49:24
EH-BEN	אבן	53	Pedra	B'reshith 49:24
AID	אד	5	Bruma	B'reshith 2:6
AH-DOH-N	אדון	61	Mestre	Isaías 1:24
AH-DOH-NAI	אדני	65	Meu Senhor	Isaías 6:1
AH-HAH-VAH	אהבה	13	Amor	Doverim 6:5
AY-YEH	אהיה	21	Eu Serei	Shmoth 3:14
OH-LUM	אולם	77	Sempre	B'midbar 14:21
OH-R	אור	207	Luz	B'reshith 1:3
OH-R PAH-NEH-KHAH	אור פניו	367	Luz de Sua Face	Salmos 89:15
EH-CHAD	אחד	13	Um	Shmoth 6:4
AH-CHA-RONE	אחרון	265	Último	Isaías 44:6
AH-CHA-RAI	אחרי	219	Meu Definitivo	Shmoth 33:23
AI-N	אין	61	Nada	Shmoth 33:14
AI-N PAH-NEH-KHAH	אין פני	241	Sua Face de Nada	Shmoth 30:15
I-SH	איש	311	Homem	Shmoth 15:3
AY-L	אל	31	El	B'reshith 14:1
AY-LEH	אלה	36	Estes	Isaías 40:26
AY-LOH-HAI	אלהי	46	Meu Eleh	B'reshith 28:13
AY-LOH-HIM	אלהים	86	Eloim	B'reshith 1:1
AY-LO-AH	אלוה	42	Eloah	Jó 29:2
AY-LI	אלי	41	Meu	ElShmoth 15:2
IM	אם	41	Centro	B'reshith 28:17
AH-MAH	אמא	42	Mãe	Isaías 66:13
AH-MU-NAH	אמונה	102	Fé	Shmoth 32:4
EH-MET	אמת	441	Verdade	Salmos 31:6
AH-NI	אני	61	Eu Sou	Shmoth 32:39
AH-NO-KHI	אנכי	81	Eu Sou	Shmoth 20:2
EH-TZ-BOW	אצבע	163	Dado	Shmoth 9:10
EH-REH	ארא	202	Eu Apareci	Shmoth 6:3
AH-RETZ	ארץ	291	Terra	B'reshith 1:1
AY-SH	אש	301	Fogo	Doverim 33:20
EH-SH-DOT	אשדת	705	Lei do Fogo	Doverim 33:2
AH-SHER	אשר	501	Aquilo	Shmoth 3:14
ETH	את	401	Primeiro e Último	B'reshith 1:1
BI-NAH	בינה	67	Compreensão	Ezequiel 27:18
BAH-RAH	ברא	203	Aquilo Criou	B'reshith 1:1
BAH-RAH-SHITH	בראשית	913	Aquilo Criou Seis	B'reshith 1:1
GAY-YEH	גאה	9	Exaltado	Shmoth 15:1
GAH-BUR	גבור	211	Poderoso	Isaías 10:21
GAH-BU-RAH	גבורה	216	Força, Poder	B'reshith 49:24
GAH-DOLE	גדול	43	Grande	Jeremiah 10:6
GAH-DU-LAH	גדולה	48	Misericórdia	B'reshith 49:24
DAH-AH-T	דעת	474	Percepção	Micah 6:5
HAH-AY-L	האל	36	O El	B'reshith 46:3

HA-DAH-VAR	הדבר	211	A Palavra	B'midbar 22:20
HU	הוא	12	Ele	Shmoth 32:39
HOH-D	הוד	15	Majestade	I Crônicas 29:11
HI	היא	16	Ela	Isaías 33:6
HA-TZU-R	הצור	301	A Rocha	Doverim 32:4
ZOH-TH	זות	408	Este	Shir HaShirim 6:10
ZEH	זה	12	Este	Shmoth 3:15
ZAH-HAV	זהב	14	Ouro	Ageu 2:8
ZOH-HAR	זהר	212	Esplendor	Ezequiel 8:2
ZIM-RAH-T	זמרת	647	CançãoS	hmoth 15:2
CHAI	חי	18	Vivo	B'reshith 3:22
CHAI-YI-M	חיים	68	Vida	B'reshith 3:24
CHOKH-MAH	חכמה	73	Sabedoria	Shmoth 28:3
CHEY-N	חן	58	Poder	B'midbar 14:17
CHEH-SED	חסד	72	Gentileza	Salmos 23:6
CHOH-SHEH-KH	חשך	328	Escuridão	Doverim 4:11
TOH-V	טוב	17	Bem	B'reshith 1:4
YAH-D	יד	14	Mão	Shmoth 17:15
YAH	יה	15	YH	Shmoth 17:16
YOD HAY VAV	יהו	21	Yod Heh Vav	Sefer Yetzirah 1
YOD HAY VAV HAY	יהוה	26	Ele, Ela Se Tornará	Shmoth 15:3
YEH-SOH-D	יסוד	80	Fundamento	Provérbios 24
YOH-SHER	ישר	510	Reto, Vertical	Doverim 32:4
KAH-VOH-D	כבוד	32	Glória, Honra	Salmos 24:8
KOH-AH-CH	כח	28	Poder	B'midbar 14:17
KI	כי	30	Aquilo, para	B'reshith 1:4
KAW-L	כל	50	Todo, Tudo	Doverim 32:4
KI-SAY	כס	80	Trono	Shmoth 17:16
KEH-SEF	כסף	160	Prata	Ageu 2:8
KEH-TER	כתר	620	Coroa	Ester 2:17
LAY-V	לב	32	Coração	Doverim 4:11
MAH-GAHN	מגן	93	Escudo	B'reshith 15:1
MAH	מה	45	Quê	Salmos 8:10
MI	מי	50	Quem	Isaías 40:26
MEH-L-EH-KH	מלך	90	Rei	Salmos 24:7-8
MAH-L-KHAH	מלכה	95	Rainha	Ester 1:9
MAL-KUTH	מלכות	496	Reino	Salmos 145:13
MISH-PAH-T	משפט	429	Julgamento	Doverim 1:17
NEH-EH-DAH-R	נאדר	255	Glorioso	Shmoth 15:11
NOH-RAH	נורה	257	Cheio de Temor	Shmoth 34:10
NI-SAI	נסי	120	Bandeira, Pendão	Shmoth 17:15
NAH-F-SHI	נפשי	440	Minha Alma	Vayiqra 20:11
NEH-TZACH	נצח	148	Vitória	Salmos 74:3
SOH-D	סוד	70	Segredo	Salmos 25:14
U-D	עד	74	Eternidade	Isaías 26:4
OH-LAM	עולם	146	Duradouro	Doverim 33:27
AH-ZAI	עזי	87	Minha Força	Shmoth 15:2
AH-L	על	100	OL, Sobre	Salmos 98:9
AH-L PEH-NAY	על פני	240	Face de OL	Shmoth 20:3

AH-LI	עָלִי	110	Meu OL	Doverim 32:2
AH-L-YAH-V	עָלָיו	116	OL-sobre-Ele	B'reshith 15:12
AH-L-YOH-N	עֶלְיוֹן	166	OL-nas-Alturas	B'reshith 14:20
AH-NON	עָנָן	170	Nuvem	Doverim 4:11
EH-TZ	עֵץ	160	Árvore	B'reshith 3:24
AH-RAH-FEL	עֲרָפֶל	380	Escuridão Cerrada	Doverim 4:11
PEH	פֶה	85	Boca	Doverim 8:3
PAH-NI-AY-L	פְּנִיאֵל	171	Face de El	B'reshith 32:31
PAH-NI-M	פָּנִים	180	Face(s)	Shmoth 20:3
TZUH-VAH-OH-T	צְבָאוֹת	499	Hostes	Isaías 6:3
TZAH-CH-TZAH-CHOH-T	צַחְצָחוֹת	602	Brilho	Josué 58:11
TZAH-DI-Q	צַדִּיק	204	Santo	Doverim 32:4
TZI-YOH-N	צִיוֹן	156	Sião	Isaías 52:8
QEH-DEM	קֶרֶם	144	Eterno	Doverim 33:27
QEH-DEH-SH	קֹרֶשׁ	404	Santidade	Isaías 33:27
QOH-L	קוֹל	136	Voz	B'reshith 3:8
QOH-NAH	קַנָּא	151	Ciumento	Shmoth 34:14
QEH-TZEF	קֶצֶף	270	Ira	B'midbar 18:5
ROH-SH	רֹאשׁ	501	Cabeça	B'reshith 48:14
RU-AH-CH	רוּחַ	214	Espírito	B'reshith 1:2
RAH-ZAH	רָזָא	208	Mistério	Daniel 2:18
RAH-M	רָם	240	Exaltado	Sefer Yetzirah 1:1
RAY-I-YAH	רֵעִיָּא	281	Pastor	B'reshith 49:24
RAH-TZOH-N	רָצוֹן	346	Vontade, Traça	Doverim 33:23
AY-L SHA-DAI	אֵל שַׁדַּי	245	Poderoso El	B'reshith 46:3
SHEH-KHI-NAH	שְׁכִינָה	375	Permanência, Presença	Ezequiel 33:27
SHAH-LOH-M	שָׁלוֹם	376	Paz	B'midbar 6:26
SAH-LEH-M	שָׁלֵם	370	Perfeito	B'reshith 33:18
SHEH-M	שֵׁם	340	Nome	B'reshith 49:24
SHAH-MAI-YI-M	שָׁמַיִם	390	Céu	Doverim 4:11
SHEH-MEH-SH	שֶׁמֶשׁ	640	Sol	Salmos 84:12
TAH-HOH-M	תְּהוֹם	451	Profundo	B'reshith 1:2
TUH-HI-LAH-T-KHAH	תְּהִלָּתְךָ	855	Louvores	Doverim 10:21
TOU-RAH	תּוֹרָה	611	Lei	Doverim 31:26
TAH-MI-M	תָּמִים	490	Obras	Doverim 32:4
TAH-MI-NAH-T	תְּמוּנַת	890	Semelhança	B'midbar 12:8
TI-FAH-RETH	תִּפְאֶרֶת	1081	Beleza	Isaías 62:3
MEH-SHI-ACH	מָשִׁיחַ	358	Salvador	Daniel 9:25

Nomes de Deus para os muçulmanos:

ALÁ – Muçulmano, união do artigo definido al (significa "o") com Ilah (Deus). Literalmente "o Deus", portanto único.

Nomes de Deus no Alcorão:

Logo abaixo a lista dos 99 nomes de Deus no Alcorão, uma lista muito conhecida e estudada tanto no Islã enquanto religião quanto na sua manifestação mística, o Sufismo.

A lista abaixo foi apresentada desta forma por Brandon Toropov e Padre Luke Buckles em *O Guia Completo das Religiões do Mundo*, Madras Editora.

O principal nome de Deus no Islamismo é Alá, que significa simplesmente "o Deus".

Os muçulmanos consideram que Alá tem 99 nomes. Eles são:

AR-RAHMAN: O Mais Compassivo, O Mais Gentil.
AR-RAHMIN: O Mais Misericordioso.
AL-MALIK: O Mestre, O Rei, O Monarca.
AL-QUDDUS: O Puro, O Santo.
AL-SALAAM: A Paz, A Tranquilidade.
AL-MU'MIN: O Fiel, O Confiável.
AL-MUHAYMIN: O Protetor, O Vigilante, O Controlador.
AL-'AZIZ: O Todo-Poderoso, O Poderoso.
AL-JABBAR: O Opressor, O Compelativo.
AL-MUTAKABBIR: O Altivo, O Majestoso, O Senhor.
AL-KHALIQ: O Criador.
AL-BAARI': O Inventor.
AL-MUSAWWIR: O Modelador, O Organizador, O Planejador.
AL-GHAFFAR: Aquele que Perdoa.
AL-QAHHAR: O Todo-Poderoso, O Dominante.
AL-WAHHAB: Aquele que Concede.
AR-RAZZAQ: O Provedor, O Mantenedor.
AL-FATTAH: Aquele que Abre, O Revelador.
AL-'ALIM: O Onisciente.
AL-QABID: O Contratante, O Retentor, O Receptáculo.
AL-BASIT: Aquele que Expande, Aquele que Aumenta.
AL-KHAFID: O Humilde.
AR-RAFI': Aquele que Eleva, Aquele que Exalta.
AL-MU'IZ: Aquele que Honra, Aquele que Exalta.
AL-MUZIL: O Humilde, O Subjugador.
AS-SAMI': Aquele que Tudo Ouve, O Onisciente.
AL-BASIR: Aquele que Tudo Vê, O Visionário.

AL-HAKAM: O Árbitro, O Juiz.
AL-'ADL: A Justiça, A Equidade.
AL-LATIF: O Mais Gentil, O Gracioso, Aquele Que É Terno.
AL-KHABIR: O Consciente, O Sagaz.
AL-HALIM: O Gentil, O Mais Paciente, O Benevolente.
AL-'AZIM: O Grande, O Poderoso.
AL-GHAFOOR: Aquele que Perdoa.
ASH-SHAKUR: O Agradecido.
AL-'ALIY: O Altíssimo, O Exaltado.
AL-KABIR: O Maior.
AL-HAFIZ: O Guardião, O Preservador.
AL-MUQIT: O Mantenedor, Aquele que Sustenta.
AL-HASIB: O Nobre.
AL-JALIL: O Majestoso, O Honorável, O Exaltado.
AL-KARIM: O Mais Generoso, O Abundante.
AR-RAQIB: O Guardião, O Vigilante.
AL-MUJIB: Aquele que Responde.
AL-WASI': O Enriquecedor, O Onipresente, O Onisciente.
AL-HAKIM: O Mais Sábio, O Judicioso.
AL-WADUD: Aquele que Ama, O Afeiçoado.
AL-MAJID: O Glorioso, O Exaltado.
AL-BA'ITH: O Ressuscitador, Aquele que Eleva dos Mortos.
ASH-SHAHID: A Testemunha.
AL-HAQQ: A Verdade, A Justiça.
AL-WAKIL: O Guardião, O Confiável.
AL-QAWEE: O Poderoso, O Todo-Poderoso, O Forte.
AL-MATIN: O Forte, O Firme.
AL-WALEE: Aquele que Apoia, O Amigo, O Defensor.
AL-HAMID: O Digno de Louvor.
AL-MUSHI: O Contador.
AL-MUBDI': O Iniciador, O Criador, O Originador.
AL-MU'EED: O Restaurador, O Ressuscitador.
AL-MUHYEE: Aquele que Cede, Aquele que Dá a Vida.
AL-MUMEET: Aquele que Traz a Morte, Aquele que Dá a Morte.
AL-HAYY: Aquele que Vive para Sempre.
AL-QAYYUM: O Autossubsistente, O Eterno, O Automantenedor.
AL-WAJID: Aquele que Tudo Percebe, O Abundante, Aquele que Encontra.
AL-WAHID: O Único.
AL-MAJID: O Nobre, O Ilustre.
AL-AHAD: O Único, O Uno.
AS-SAMAD: O Perfeito, O Eterno.
AL-QADIR: O Capaz, O Onipotente.
AL-MUQTADIR: O Capaz, O Todo-Poderoso.

AL-MUQADDIM: O Apresentador, Aquele que Avança, O Expedidor.
AL-MU'AKHKHIR: O Realizador.
AL-'AWWAL: O Primeiro.
AL-'AKHIR: O Último.
AZ-ZAHIR: O Aparente, O Exterior, O Manifesto.
AL-BATIN: O Oculto, O Interior, O Velado.
AL-WAALI: O Governador, O Regente, O Mestre.
AL-MUTA'ALI: O Exaltado, O Altíssimo, Aquele que Está Acima de Qualquer Reprovação.
AL-BARR: O Benfeitor, O Beneficente, O Piedoso.
AL-TAWWAB: Aquele que Aceita o Arrependimento, Aquele que Perdoa, Aquele que Abranda.
AL-MUNTAQIM: O Vingador.
AL-'AFUWW: Aquele que Perdoa.
AR-RA'UF: O Misericordioso, O Eterno Indulgente.
AL-MUQSIT: O Justo, O Equitativo.
AJ-JAMI': O Colecionador, O Abrangente, Aquele que Reúne.
AL-GHANEE: O Mais Rico, O Todo Suficiente, O Autossuficiente.
AL-MUGHNEE: O Enriquecedor, O Provedor, Aquele que Concede.
AL-MAANI': Aquele que Apoia.
AD-DAARR: O Atormentador, Aquele que Aflige, Aquele que Traz Adversidade.
AN-NAFI': O Benéfico, O Benfeitor.
AN-NUR: A Luz.
AL-HADI: O Guia.
AL-BADI': O Maravilhoso, O Criador, O Incomparável.
AL-BAQI: O Duradouro, O Eterno.
AL-WARITH: O Herdeiro.
AR-RASHID: Aquele que é Guiado Corretamente, O Consciente, O Guia.
AS-SABUR: O Mais Paciente, O Duradouro.
MALIK AL-MULK: O Regente do Reino, O Rei do Universo.
ZUL-JALALI WAL-IKRAM: Senhor de Majestade e Generosidade.

É dito que existe o nome número 100 e que quem o possui tem o poder de levar a morte e trazer a vida. Seria um nome oculto, que poucos conhecem.

Nomes de Deus na cultura indiana:

AUM – Indiano, Mantra Sagrado Indiano OM, símbolo do Criador por meio da Trindade aqui representada por três letras sagradas; representa o som divino do Criador. É também o som primordial, OM, vibração original a partir da qual todo o Universo foi criado.

DYAUS PITAR – Indo-europeu, tem origem no sânscrito div, "brilhar" ou "dia", dyaus, "Céu" ou "dia"; que revela sua ligação com o Céu sereno e brilhante. Apesar de sua posição, raramente aparece nos Vedas* (conhecimento sagrado da Índia, são suas escrituras) e na literatura pós-védica, sendo seu nome mais utilizado para designar o "Céu" ou o "dia" literalmente, talvez por sua passividade como Deus Celeste ou ainda a sua distância das questões que envolvem o povo. "Pai Divino" é facilmente encontrado na invocação ao "Céu Pai" e ao "Céu que Tudo Sabe". Suas qualidades celestiais foram sendo delegadas a **VARUNA**, "visível por toda a parte" (da raiz var/vrnoti, "cobrir") e **MITRA**, cultuados como "os dois poderosos e sublimes senhores do Céu". Varuna com o tempo adquiriu características lunares e pluviais, tornando-se uma divindade do oceano e das águas. Mitra vem a ser absorvido por muitas culturas iranianas e helênicas. **INDRA**, "o rei dos deuses", governador do Céu, muitas vezes chefiando as outras divindades, aparece como se fosse o Senhor Supremo. Não podemos descartar a hipótese de que, em algumas regiões, tenha sido adorado como tal.

BRAHMAN – Indiano, "O Absoluto", "A Suprema Realidade", da raiz "brh" (crescer ou expandir), força unificadora, alma do Universo e essência da vida, que tudo contém e que não é contido por nada. É o primeiro sem segundo, origem e fim de toda a criação. **O BRAHMAN SUPREMO** se divide em três pessoas, sua Trindade; **Brahma**, seu aspecto criador; **Vishnu**, seu aspecto mantenedor; e **Shiva**, seu aspecto destruidor; assim a criação se renova e se transforma o tempo todo. Cada uma das três pessoas se manifesta como divindades ou deuses masculinos com as suas consortes, ou shankt (parte ativa), que são, na ordem: **Sarasvat**, **Lakshimi** e **Parvat**. Todas as divindades são manifestações de **BRAHMAN**, **O SER SUPREMO**, e muitas são identificadas como manifestações ou qualidades dessas três pessoas e suas shankts.

BRAHMAN não tem forma pessoal ou humana, as três pessoas de **Brahman** (**Brahma**, **Vishnu** e **Shiva**) assumem formas qualificadas e humanizadas para se mostrarem e serem adoradas pelo povo, também são conhecidas por muitos outros nomes. Vishnu é a personificação das encarnações divinas como Rama, Krishna e Sidarta Gautama, o Buda.

PARABRAHMAN – O Senhor Supremo, Suprema Pessoa, O Grande Criador.

ISHWARA – O Controlador, O Deus Qualificado e Pessoal; Aquele que assume a forma humana, Ishwara é ao mesmo tempo Brahman e sua Trindade, manifesto no mundo de Maya. É aquele ao qual conseguimos conceber como Deus.

PARAATMAN – A Suprema Pessoa. É Deus em nós ou nós em Deus, é o Deus pessoal de cada um de nós, o que alguns chamam de nosso

---

* N.E.: Sugerimos a leitura de *Magia Indiana Atharva-Veda, Fórmulas e Práticas*, Madras Editora.

"Eu Superior", nosso espírito ou nossa alma deificada, já que todos juntos somos Deus.

NARAYANA – É Deus em seu aspecto passivo, ou seja, é Deus quando está dormente, pois Brahman é Deus "acordado" em três aspectos: Criador, Mantenedor e Destruidor. A criação se mantém em ciclos de atividade e passividade, quando Deus está acordado ou dormindo. Assim surge seu aspecto Narayana.

ADHIYAJNA – O Controlador dos Deuses.

PARAM SATYAM – Verdade Absoluta.

PARAMESVARA – A Suprema Personalidade Consciente.

VASUDEVA – "Aquele que vive em toda parte, com consciência plena e em completa posse de Sua energia completa".

KRISHNA – Para muitos considerado um avatar e encarnação de Vishnu; para os Hare Krishnas é o próprio Deus Criador, a Suprema Pessoa.

Nomes de Deus na cultura persa:

AHURA MAZDA, ORMUZD ou **MAZDEÔ** – Persa, Deus de Zoroastro, "Senhor Sabedoria", "Onisciente", Princípio Divino de Luz dos persas, "primeiro pai da ordem justa, que determinou o rumo do Sol e das estrelas", princípio independente do mal que provém de "Angra Mainyu" (Ahriman, "o impostor"), com natureza violenta e destrutiva, criou ainda os demônios e governa o inferno. Formavam o Par Supremo do Bem contra o Mal.

Nomes de Deus na cultura grega:

URANO – Grego, era o próprio Céu, que, "completamente ávido de amor", à noite, vinha cobrir a Terra (Gaia). Pouco restou das qualidades celestiais e supremas de Urano além da mitologia,* nem imagem sua não há. É a confirmação enfática da substituição do Deus Supremo Celestial e "passivo" por uma divindade "ativa" e atuante, no caso, **ZEUS**, que usurpou o trono de seu pai, **CRONOS**, que por sua vez tinha usurpado o trono de **URANO**, igualmente seu pai. Apesar de seu ostracismo, foi o "primeiro soberano do Universo", na mitologia grega.

Nomes de Deus na cultura chinesa:

TAO – Chinês, completo, abrangente e todo. Essência do Universo, realidade que transcende os conceitos intelectuais. O Tao se manifesta ainda visualmente pelo simbolismo de *Yin-Yang*, "um círculo dividido por uma

---

* N.E.: Sugerimos a leitura de *Mitologia Greco-Romana – Arquétipos dos Deuses e Heróis*, de prof. dr. Márcio Pugliese, Madras Editora.

linha sinuosa em duas metades iguais; uma escura (*Yin*), que simboliza o feminino, negativo, a morte ou a noite, e uma clara (*Yang*), que simboliza o masculino, positivo, o nascimento ou o dia; o círculo simboliza o todo ou a semente do todo (o ovo)". E assim temos em um único símbolo a unidade, a dualidade e a Trindade criadora.

PAN KU – Chinês, Deus Criador, que sai de dentro do ovo da criação após a luta entre *Yin* e *Yang*, que quebraram o ovo. Saindo do ovo, a terra e o céu se separaram e assim Pan Ku os manteve. Por 18 mil anos, trabalhou na criação, usando para isso martelo e formão, ajudado por um dragão, um unicórnio, uma fênix, um tigre e uma tartaruga. Quando Pan Ku morreu, seu hálito se transformou no vento e seus olhos, no Sol e na Lua.

CHANG-TI ou **T'IEN** – Para os antigos chineses, Chang-ti, "Soberano das Alturas", T'ien, "Deus do Céu". O imperador é "Filho do Céu", T'ien tseu, e representante de Deus na Terra.

Nomes de Deus na cultura japonesa:

IZANAGI e **IZANAMI** – Deus e deusa japoneses, Xintoísmo, que viviam nas planícies do Céu. Pararam em cima de uma ponte flutuante no Céu e com sua lança mexeram no oceano para construir as ilhas, para logo após povoá-las de deuses e homens.

OYÁ-GAMI – Japonês, Deus Único da religião Tenri-kyo, uma vertente do Xintoísmo.

Nome de Deus na Cultura Jamaicana:

JAH – Jamaicano, tem a mesma origem do Iah hebreu; por este nome é conhecido o Deus Único entre os rastafáris jamaicanos, que são um movimento religioso com doutrina e filosofia própria. Seu visual foi muito difundido por meio de Bob Marley, porém muito pouco se sabe dos reais fundamentos internos do Rastafári. O que sabemos é que tem influências africanas e católicas mais primitivas, muito próximas até de alguns conceitos judaicos, já que, com o tempo, as diferenças se fizeram maiores, mas, de forma primitiva, os conceitos judaicos eram muito mais fortes no Catolicismo.

Nomes de Deus em algumas culturas aborígines:

BAIAME – Australiano, Deus para as tribos do sudeste (Kamilaroi, wiradjuri, euahlayi), é quem recebe as almas dos inocentes. Surge sentado em um trono de cristal e tem o Sol e a Lua como filhos e mensageiros na Terra, como se fossem Seus olhos. É também o Criador autocriado, é Aquele que vê e ouve tudo.

DARAMULUN – Austrália, costa leste, tribo dos muring. Este nome é apenas comunicado aos iniciados; popularmente, mulheres e crianças o chamam de pai **(papang)** e senhor **(biambam)**. Suas imagens também são desconhecidas aos não iniciados. É dito que Daramulun esteve na Terra para ensinar os ritos de iniciação, logo após retornou ao céu, de onde se ouve a sua voz por intermédio dos trovões.

BUNDJIL – Austrália. Ser Supremo das tribos kulinna, habita o mais alto Céu acima do "Céu Sombrio", onde habita Gargomitch, divindade que intercede em favor dos homens. Bundjil criou a Terra, as àrvores, os animais e o homem. O homem foi criado com argila, e sua alma foi "soprada" pelo nariz, boca e umbigo.

PULUGA – Arquipélago andamês. Ser Supremo, cultuado entre uma das populações mais primitivas da Ásia. Habita o céu, a sua voz é o trovão e a sua respiração, os ventos. Criou para si uma esposa e teve os seus filhos. Puluga criou o mundo e o primeiro homem, chamado Tomo.

TEMAUKEL – É o impronunciável, para os caçadores nômades da Terra do Fogo. Sendo seu nome nunca pronunciado, chamam-lhe de so' ohn-haskan, o habitante do céu, e so' onk kas pémer, o que está no céu. É o eterno, onisciente e onipotente.

NGAI – Deus entre os nilóticos, é invisível e habita o céu, os seus filhos são as estrelas, assim como os seus olhos.

KARI, **KAREI** ou **TA PEDN** – Península de Malaca. Ser Supremo, para os semang, seu nome é sinônimo de raio e tempestade. Tem estatura superior a um homem e é invisível. É eterno e não criado e é Aquele que criou todas as coisas, exceto a Terra e o homem, que são obra de Plê, divindade que lhe é subordinada. Kari habita o céu e demonstra a sua cólera provocando relâmpagos.

YELAFAZ – Carolinas ocidentais. Ser Supremo Criador, nas ilhas Yap.

I-LAI – Indonésia. Divindade Suprema.

NDENGEI – Indonésia. Deus em Fiji, é o criador do mundo, onisciente e punidor do mal. Visto sob a forma de uma serpente que se esconde em uma caverna, quando se agita, a Terra treme.

YUTTOERE – Índia. "Aquele que se mantém nas alturas", aparece entre o Xamanismo natural e o culto aos espíritos, na região dos indianos Déné.

RANGI – Nova Zelândia. Cultuado pelos maoris.

NUN – Norte da Ásia. Para os samoiedos, povos nômades, seu nome significa Céu, mas não é apenas isso, é também o mar e a terra, é todo o Universo.

BUGA – Sibéria. Céu, mundo, grupo dos Iunguses. Para a maioria dos centro-asiáticos e siberianos, este Deus está tão distante que nem se interessa pelos problemas humanos, apesar de saber de tudo. Para os yakutes, chama-se **URUN AJYOTOJON** ou **AIBYT AGA** (Pai) e habita o sétimo

Céu, assentado em seu trono de mármore branco, de onde governa tudo, fazendo somente o bem e sem castigar ninguém.

TENGRI – Mongol. Supremo Criador, significa Céu. Dependendo do grupo mongol, assume ainda outros nomes, como **JUMÊ**, para os tcheremissos; **NUN-TÛREM**, "Tûrem, o Alto", ou "Tûrem, que habita as alturas", para os ostiaks; **KAIRA-KÁN**, "Khan, o misericordioso", para os Beltires; **CARCAJANY**, "criador da terra", para os tártaros de Minussinsk; **URUN AJYOTOJON**, "o Sábio Mestre Criador", para os Yakutes; **ULGAN**, "o Grande", para os tártaros do Altai. Seu trono encontra-se no ponto mais elevado do Céu ou no cume da montanha cósmica. Ele é o **KHAN**, "o Chefe", "o Dono", o Senhor de Tudo. Seus representantes terrestres também são chamados de Khan. Mangu-Khan, em sua carta ao rei da França, dizia: "Esta é a lei do Deus eterno: no Céu existe um só Deus eterno, e sobre a Terra haverá somente um Senhor: Gêngis Khan, Filho de Deus!". Ainda no selo de **Gêngis Khan** havia a inscrição: "Um Deus no Céu e o Khan na Terra. O selo do Senhor da Terra".

Nome de Deus na cultura maçônica:

Grande Arquiteto do Universo – Maçom, o nome do todo inefável, "autor de todas as coisas"; nome pelo qual é conhecido na Maçonaria, em algumas ordens esotéricas e muito provavelmente o mesmo pelo qual Pitágoras se referiria ao Deus Criador: o Eterno cria, geometrizando ou apresentando-se em formas das mais sutis às mais densas. Aquele que se manifesta como a sintonia perfeita do som e dos números, no qual o mundo é a perfeição a ser calculada. Simbolismo, um esquadro e um compasso com a letra "G" lembrando que é o simbolismo do Grande Arquiteto do Universo.

Nome de Deus na "língua cristalina":

YAYÊ – Nome mantra do Senhor Supremo para a Fraternidade dos Magos do Grande Oriente Luminoso.

São muitos nomes, mas apenas um é o Ser Supremo. Apenas uma origem para tudo e todos.

O seu Deus Criador e o Deus Criador de seu irmão são um. Chame como quiser, importante é o que sentimos.

Sinais de Deus

Conta-se que um velho árabe analfabeto orava com tanto fervor e carinho, cada noite, que, certa vez, o rico chefe de uma grande caravana chamou-o à sua presença e lhe perguntou:

– Por que oras com tanta fé? Como sabes que Deus existe, quando nem ao menos sabes ler?

O crente fiel respondeu:

– Grande senhor, conheço a existência de nosso Pai Celeste pelos sinais d'Ele.

– Como assim? – indagou o chefe, admirado.

O servo humilde explicou:

– Quando o senhor recebe uma carta de pessoa ausente, como reconhece quem a escreveu?

– Pela letra – respondeu.

– Quando o senhor recebe uma joia, como é que se informa sobre o autor dela?

– Pela marca do ourives.

O servo sorriu e acrescentou:

– Quando ouves passos de animais, ao redor da tenda, como sabes, depois, se foi um carneiro, um cavalo, um boi?

– Pelos rastros – respondeu o chefe, surpreso.

Então, o velho crente convidou-o para fora da barraca e, mostrando-lhe o céu, onde a Lua brilhava, cercada por multidões de estrelas, exclamou, respeitoso:

– Senhor, aqueles sinais lá em cima não podem ser de homens!

Nesse momento, o orgulhoso caravaneiro de olhos lacrimosos ajoelhou-se na areia e começou a orar também.

Deus, mesmo sendo invisível aos nossos olhos, deixa-nos sinais em todos os lugares: na manhã que nasce calma, no dia que transcorre, com o calor do Sol ou com a chuva que molha a relva. Ele deixa sinais quando alguém se lembra de você...

Autor desconhecido

O Ser Supremo

"Jesus disse:
'O reino de Deus está em ti e à tua volta, não em templos de madeira e pedra.
Parte um pedaço de madeira e ali estarei. Ergue uma pedra e Me encontrarás.
O reino não virá como esperado. O reino do Pai está espalhado sobre a Terra, e os homens não o veem'."

O Evangelho Gnóstico de Tomé

No Oriente, o Criador é chamado de Ser Supremo, o que implica em todo um desenvolvimento de pensamento filosófico e teológico acerca daquele que está em todos os lugares. Eles acreditam que Deus é uma energia que está presente em tudo, a energia universal que dá sustentação a tudo o que existe no mundo manifestado. Apesar de ser uma energia, Ele não é apenas a energia universal. Ele é **energia viva e universal**, que vive e pulsa em todos os lugares, e também é consciência.

Ao mesmo tempo, é uma inteligência. Ele é um ser, e todo ser é uma entidade manifestada. Mas Ele é Deus e não um ser comum ou qualquer, Ele é um ser único e se manifesta de forma única.

Quando rezamos, chamamos, clamamos, invocamos e evocamos Deus, Ele nos ouve como um ser, Ele nos ouve como alguém que para tudo o que está fazendo só para nos ouvir naquele momento. Sentimos que estamos apenas nós e Deus, nos sentimos seres únicos, unigênitos, criados de forma única por Ele e para Ele, recebidos, ouvidos e amados dessa única maneira.

Sentimo-nos assim quando somos envolvidos pela energia divina, no momento de oração silenciosa, por isso Ele é chamado de Ser Supremo – "ouve" como um ser, mas é supremo, pois, em seu poder infinito, ouve tudo e todos ao mesmo tempo, e cada um tem a impressão de que o Ser Supremo para tudo o que está fazendo só para ouvi-lo. Este é um dos mistérios do Mistério Maior, que é o Altíssimo do Alto.

Este é um conceito bem desenvolvido no mundo oriental, de cultura bem diferente da ocidental, até na forma de pensar Deus.

Na cultura oriental, Deus está dentro de nós

Onde O buscamos na introspecção, na meditação, no silêncio absoluto em que devemos ficar para ouvir a voz de Deus, falando em nosso íntimo. No Oriente, os sacerdotes são gurus que nos orientam para encontrarmos a divindade dentro de nós. Todos os seres humanos são mestres uns dos outros, pois todos têm algo a ensinar e algo a aprender.

Na cultura ocidental, Deus está fora de nós, Ele está no alto

Para onde enviamos nossas preces e pedidos. São construídos templos, igrejas, mesquitas, sinagogas, onde Ele se faz presente por meio da palavra, das bênçãos e do sacerdote, o pontífice, que faz a ponte entre Ele e os homens. O sacerdote é preparado para interpretar as Escrituras Sagradas, levar a palavra de Deus e realizar as cerimônias nas quais os fiéis o recebem.

Na cultura natural indígena, Deus está na natureza

Deus está à nossa volta e se manifesta por meio dos animais, do canto dos pássaros, do vento, da chuva, do Sol, dos rios, do fogo. Está acima, mas também está aqui em tudo o que foi por Ele criado.

Para uma visão mais abrangente, é preciso entender, estudar ou sentir Deus acima das culturas e religiões. Hoje temos a oportunidade de aprender com todas elas, pode-se até entender que Ele está fora e dentro, no alto e embaixo, à frente e atrás, à direita e à esquerda, à nossa volta ao mesmo tempo. Deus está também na natureza, em tudo o que é vivo e também no que parece não ter vida, pois toda matéria se constitui de energia viva, que é a presença do divino sustentando tudo e todos.

Podemos escolher como queremos pensar sobre Deus, qual a forma que faz mais sentido à nossa razão ou simplesmente procurar onde Ele melhor se manifesta em cada um de nós, para simplesmente senti-Lo e/ou adorá-Lo.

Deus Está em Tudo

> Conta-se que um monge havia ficado em reclusão durante 20 anos em um mosteiro na Índia, vivendo apenas para meditar, trabalhar e ler Escrituras Sagradas com o intuito de alcançar a iluminação.
>
> Após completar 20 anos de reclusão, o monge achou que havia atingido a iluminação e saiu dizendo a todas as pessoas que encontrava pelo caminho que Deus estava em tudo: nas árvores, nos animais, na terra, no céu, nas pessoas.
>
> O monge, em estado de êxtase, foi em direção à cidade com intenção de falar para o maior número de pessoas que Deus estava em tudo.
>
> Ao se encaminhar para o mercado, surge, de repente, um enorme elefante desgovernado correndo em sua direção, mas o monge ficou parado, afirmando para as pessoas que Deus estava em tudo e também estava naquele elefante, por isso ele não lhe faria nenhum mal.
>
> As pessoas que estavam no mercado gritavam para que ele saísse do caminho do elefante, mas ele permaneceu indiferente, dizendo que Deus estava no elefante e por isso não corria nenhum perigo.
>
> O dono do elefante, que estava em cima do animal desgovernado, também gritava para que o monge saísse do caminho, mas ele não deu ouvidos e permaneceu parado.
>
> Nesse instante, o animal que vinha em grande velocidade atropelou-o e deixou-o todo machucado.
>
> O monge foi levado ao médico e, após voltar a si, começou a se lamentar com a enfermeira:
>
> — Puxa que lástima, acabei de perder 20 anos da minha vida. Passei 20 anos estudando, trabalhando, lendo escrituras sagradas com intenção de alcançar a iluminação, e, quando achei que havia compreendido que Deus estava em todas as coisas, um acidente horrível aconteceu comigo. Eu achava que Deus estava em tudo, principalmente naquele elefante, mas veja só o que ele me fez. Estou desiludido, pois perdi 20 anos da minha vida ao acreditar que Deus estava em todas as coisas.

A enfermeira que ouvia tudo atentamente o interrompeu e disse:

— Eu entendo sua dor, pois sei do fato ocorrido, mas, se você parar para pensar um pouco, vai chegar à conclusão que a situação é um pouco diferente do que está dizendo.

O monge, intrigado, perguntou à enfermeira:

— Mas como? Essa eu não entendi, me explique melhor o que está querendo dizer.

A enfermeira continuou:

— Se você colocar a mão na consciência, vai acabar percebendo que Deus está em tudo. Você é que não soube perceber esse fato no momento em que o acidente ocorreu.

O monge, ainda intrigado, perguntou:

— Mas como? Isso que você está dizendo é um absurdo!

A enfermeira calmamente disse:

— Deus estava presente naquelas pessoas que estavam no mercado e gritavam para você sair do caminho e também no dono do elefante, que dizia para você sair da frente. Deus estava presente, dizendo que você saísse do caminho do elefante naquele momento, mas você não soube escutá-Lo.

Nesse momento, o monge compreendeu que Deus realmente estava em tudo e alcançou a iluminação.

Autor desconhecido

Limites do Ilimitado

Quando entendemos que Deus está muito acima de nossa compreensão, é infinito em todos os sentidos e, sendo inefável, não pode ser explicado por palavras, Ele torna-se impronunciável.

Dar um nome a Deus implica em limitá-Lo ao que esse nome expressa. O nome por si só já é uma visão parcial, pois Aquele que transcende o entendimento comum está acima de adjetivos e nomenclatura.

Veja, por exemplo, no Ocidente, costumamos chamar Deus de Pai e muitas vezes O imaginamos como uma figura masculina. Ele está acima do conceito pai ou mãe; podemos dizer que Ele é pai e mãe ao mesmo tempo e muito mais.

Expressá-Lo apenas como Pai já é uma visão parcial, o que não deixa de ser uma verdade limitada. Ele vive em nós, cada um idealiza o "seu deus". Somos o templo vivo do Criador.

A partir da manifestação das "partes do Todo" é que vão surgindo os conceitos de divindades de Deus, ou limites d'Aquele que é o ilimitado.

Para se fazer entender, Deus assume muitas formas, que nem sempre expressam Sua totalidade. Isso foi muito estudado nas "Escolas de Mistérios" egípcia, indiana, sumeriana, asteca e outras... em que as diferentes formas de Deus se manifestam como divindades unigênitas, únicas, criadas por Deus.

Assim como são dados muitos nomes ao Deus Único, também são dados muitos nomes às Suas divindades unigênitas (mistérios do Mistério Maior) manifestadas nas qualidades, atributos e atribuições do Ser Supremo.

Deus não é apenas justiça. Evocá-Lo apenas em sua qualidade justiça por si só já é um limite, mas, ao mesmo tempo, torna-se ilimitado dentro do sentido de justiça divina, que é a tradução do conceito de divindade da justiça, que geralmente aparece com raios e trovões, muitas vezes ao lado de uma balança para pesar as ações dos homens.

O poder de realização de Deus em nós e por nós também é ilimitado, o único limite que existe é o humano. Fica a critério de cada pessoa ampliar esses limites, com sua evolução e ascensão. Por isso dizemos que "a fé remove montanhas". A fé é algo divino em nós, ampliá-la é aumentar o poder de realização divina em nossa vida.

Quando se vai além dos limites humanos comuns, é que surgem os milagres. Dentro do pensamento racional, milagres são tidos como efeitos naturais decorrentes de leis naturais ainda desconhecidas, o que é bem claro para realizações no campo da Física. Um milagre torna-se inexplicável pelas limitações de visão que cada um se coloca.

Deus e os Dois Pássaros

Por Swami Vivekananda*

"Sobre uma mesma árvore há dois pássaros: um em cima, outro embaixo. O que está em cima é calmo, silencioso e majestoso, imerso em sua glória; o outro, nos troncos mais baixos, comendo ora frutas doces, ora amargas e pulando de galho em galho, fica ora feliz, ora triste. Depois de um tempo, o pássaro inferior comeu uma fruta muito amarga e não gostou. Então, ele olha para cima e vê outro pássaro, aquele maravilhoso com uma plumagem dourada, que não come frutas doces nem amargas, não é feliz nem triste, mas sim calmo, autocentrado, e nada vê além de seu *self*. O pássaro inferior deseja essa condição, mas logo a esquece e começa de novo a comer fruta. Pouco tempo depois, ele come outra fruta muito amarga, que o faz se sentir triste e, de novo, ele olha para cima e tenta chegar mais perto do pássaro superior. Mais uma vez, ele se esquece e, depois de um tempo, olha para cima e assim vai, por muitas vezes, até chegar muito perto do belo pássaro e ver o reflexo da luz de sua plumagem percorrendo todo o seu corpo; ele sente uma mudança e parece sumir. Chega ainda mais perto, e tudo à sua volta desaparece; por fim, ele entende esse fenômeno maravilhoso. O pássaro inferior era, digamos, apenas uma sombra material, um reflexo do superior; ele mesmo estava em essência no pássaro superior o tempo todo. O ato de comer as frutas, doces e amargas, e esse passarinho inferior, ora chorando, ora feliz, era uma quimera vã, um sonho; durante todo o tempo, o pássaro real estava lá em cima, calmo e silencioso, glorioso e majestoso, além da tristeza, além do sofrimento.

O pássaro superior é Deus, o Senhor desse Universo, e o pássaro inferior é a alma humana, comendo as frutas doces e amargas desse mundo. De vez em quando, vem uma grande rajada de vento para a alma. Por um tempo, ele para de comer, segue em direção ao Deus desconhecido e surge

---

* N.E: Sugerimos a leitura de *Vivekananda – Professor Mundial*, de Swami Adiswarananda, Madras Editora.

uma enchente de luz. Ele acha que esse mundo é uma exibição vã. Outra vez os sentidos o arrastam para baixo, e ele começa a comer de novo as frutas doces e amargas do mundo. De novo bate uma rajada de vento muito forte. Seu coração abre-se à luz divina. Assim, ele se aproxima de Deus de forma gradual e, à medida que chega mais perto, percebe que seu antigo *self* está desaparecendo. Quando está perto o suficiente, vê que não é mais do que o próprio Deus e exclama: 'Aquele que eu descrevi a vocês como a vida desse Universo, presente no átomo e nos Sóis e Luas, é a base de nossa vida, a alma de nossa alma. Não, vós sois isso'.

Isso é o que o Jnana Yoga ensina. Ele diz ao homem que é divino na essência. Mostra à humanidade a unidade real do ser: que cada um de nós é o Senhor Deus manifesto na Terra. Todos nós, do verme mais inferior que rasteja sob nossos pés ao ser mais superior para quem olhamos maravilhados e admirados, somos manifestações do mesmo Deus."

Eu Aceito...

Por Aretha Marcos Cumino

Eu aceito
Atravessar o véu
Eu aceito
Correr terras e céus
Eu aceito
Superar meus medos
Eu aceito
Estar no olho do mundo
Eu aceito
Me comprometer profundo
Eu aceito
Todos os rebentos
Eu aceito
O meu dom
E tudo o que tiver de ser feito
Eu aceito
Me preparar a tempo
Eu aceito
Ser apenas o seu instrumento
Eu aceito
Sorrir a todo momento
Eu aceito
Amar e ser amada
Por todos que eu cruzar na caminhada
Eu aceito
Cada tombo, cada lágrima, cada recomeço
Eu aceito
Que tudo tem um preço
Eu aceito
Em paz e harmonia
E simplesmente vivo
Porque te conheço!

Barbeiros não Existem!

Um homem, como de costume, foi ao barbeiro cortar o cabelo e fazer a barba. Como eram conhecidos, o barbeiro e o cliente, enquanto o serviço era executado, conversavam sobre diversos assuntos, até que o barbeiro comentou:
- Deus não existe!
O cliente, surpreso, perguntou:
- Como é que é? Deus não existe?
E o barbeiro argumentou:
- É isso mesmo que você ouviu. Deus não existe! Vejo todos os dias na televisão crianças passando fome, vivendo na miséria, políticos roubando impunemente, inocentes morrendo de maneira bárbara e tantas outras coisas revoltantes. Você acha que, se Deus existisse, Ele permitiria tanta injustiça? Deus não existe!
O cliente ouviu tudo muito atento. Enfim, o corte ficou pronto, a barba estava feita, o cliente levantou-se, pagou a conta e saiu refletindo a respeito de tudo o que havia escutado do barbeiro, até que se deparou com um mendigo na esquina, sentado no chão, com os cabelos embaraçados, batendo nos ombros e com a barba enorme, ainda por fazer. Vendo isso, voltou na mesma hora à barbearia e afirmou:
- Barbeiros não existem!
O barbeiro, ouvindo isso, não entendeu, mas o cliente reafirmou:
- Barbeiros não existem!
- Como não existem? Eu estou aqui, sou barbeiro. Você deve estar ficando doido. Como diz para mim que eu não existo? Sou um barbeiro.
Então, o cliente explicou:
- Chegando à esquina, vi um homem com os cabelos grandes e embaraçados e com a barba por fazer. Se o barbeiro existisse, ele não estaria assim.
- Ah, eu existo, sim! O problema é que ele nunca veio até aqui cortar o cabelo e fazer a barba.
- Pois é, disse então o cliente, Deus também existe. O problema é que as pessoas não vão até Ele, por isso sofrem. Deus está sempre de portas abertas, todos os dias, aguardando que resolvamos arrumar nossa vida.

Autor desconhecido

"Ateu Graças a Deus"

Ateu é aquele que não acredita em Deus. Mas qual Deus? Pois, para não acreditar em algo, é preciso conhecê-lo, e tomar conhecimento dele implica que ele existe.

Uma vez definido o que é Deus, pode-se aceitá-Lo ou rejeitá-Lo, mas o que se aceita ou rejeita não é Deus em essência, o Todo, pois Este não pode ser aceito nem rejeitado, Ele é e não precisa ser comprovado, apenas é.

O que se aceita ou rejeita é uma teoria sobre o que é Deus, muito provavelmente a teoria de uma religião. As religiões se tornaram políticas, são instituições com interesses próprios, que nada tem a ver com o religar-se a Deus, daí a frustração de muitos. Quantos cristãos de infância se tornam ateus ao descobrir os rumos, caminho e história daquela instituição que era para ele Deus e religião. Quantos tiveram na adolescência um professor de História que contava sobre a Inquisição com sadismo e verdadeira raiva da instituição católica, ou sobre as "guerras santas" de cristãos, judeus e muçulmanos. Quantos, ao abandonar os valores e conceitos de uma instituição, pensam que estão abandonando Deus também, pois tudo o que aprenderam é que não há Deus fora da instituição. E então pensam que é melhor ser ateu que compactuar com esses valores. Com certeza até Deus concorda. Por isso muitos podem dizer ateu graças a Deus. Não sabem ver Deus de outra forma e, quando se quebra a taça de vidro que continha o vinho inebriante da instituição, passam a questionar Deus. Mas não sabem que, no fundo do âmago, não estão questionando Deus, pois Ele é insondável, estão questionando "o Deus" da instituição e tudo o que sempre foi dito sobre Deus dentro dessa instituição, seja ela qual for.

Certa vez, ouvi uma piada (ou talvez não fosse uma piada) assim:

Um dos auxiliares diretos de Satã vinha muito preocupado avisá-lo do nascimento próximo de Jesus, enviado por Deus.

Vendo que Satã continuava calmo, seu secretário direto lhe perguntou:

– O senhor não se preocupa, afinal, com a vinda d'Ele, teremos baixas, muitos O seguirão, teremos perdas significativas, nosso prejuízo é certo, precisamos impedi-Lo, trabalhar contra Ele, evitar que tenha discípulos!

E Satã continuava sossegado...
O seu então "braço esquerdo" perguntou:
– Senhor, o que devemos fazer para impedi-Lo de criar mais uma religião?
Satã bem calmo e sereno responde:
– Não se preocupe, deixe que Ele reúna o máximo de pessoas e que criem uma religião em torno d'Ele com muitas pessoas, pois, depois que tudo estiver pronto, eu envio um dos meus, de confiança, e mando que ele institucionalize tudo para nós...

Ao abandonar os valores dogmáticos de uma instituição, o ser se sente livre, pois "o Deus" que antes o perseguia e vigiava, Aquele que antes podia puni-lo a bel-prazer, já não pode mais, porque Ele simplesmente "não existe mais", "agora sou ateu, não acredito mais em Deus, logo Ele não existe".

Alguns passam a acreditar em uma energia que simplesmente comanda o Universo, não sabem que, em outras doutrinas, teorias e religiões, Deus é apenas energia.

Outros pensam que o Universo é muito grande para se acreditar em Deus, muito menos em um que esteja nos olhando e vendo o que fazemos, mas também há doutrinas que explicam que Deus não se ocupa dos atos, e sim dos corações, e que medidas e distância são relativas, o que é grande para um é pequeno para o outro.

Se Deus existe, por que não aparece? Talvez porque tenhamos de conquistar essa visão, e, já que a vida nesse mundo é só um momento passageiro, o que aparece aqui não pode ser real, pois o que é real é eterno, e o eterno não se manifesta no passageiro, são doutrinas de religiões e filosofias diferentes.

Quando tudo parecer um simples vazio, sem sentido, pode-se procurar o sentido no vazio que tudo preenche, o vazio que dá sentido ao Universo, pois nos extremos o extremamente vazio e o extremamente cheio podem ser sinônimos. Poderia um peixe definir o que é água; talvez a defina como vazio. O ar é vazio para nós, também não o vemos, mas experimente ficar alguns segundos sem respirar. Você não precisa acreditar e nem provar que o ar existe; se não tivéssemos a liberdade de tapar o nariz e a boca, provavelmente nem saberíamos o que é respirar. Não vivemos sem o Sol, e muitos não se dão conta disso, que nos "alimentamos" do Sol, às vezes nem lembramos que ele está sempre lá.

Bem, entendo que até hoje só nos mostraram o Deus que o homem criou para justificar seus erros. Quem sabe dentro de nosso coração encontremos um outro, que não pode ser explicado, a razão da existência ou a causa original, já que tudo tem um motivo, uma origem, e qual será a causa das causas, a origem das origens? Ao que não tem nome e ao que é energia, eu chamo de Deus.

Vês a Deus?

Para descontrair um pouco...

Na sala de aula, o professor explicava a teoria da evolução aos alunos. Ele perguntou a um dos estudantes:
– Tomás, vês a árvore lá fora?
– Sim.
– Vês a grama?
– Sim.
Então o professor mandou Tomás sair da sala e lhe disse que olhasse para cima e visse se ele enxergava o céu. Tomás entrou e disse:
– Sim, eu vejo o céu.
– Vês a Deus? Perguntou o professor.
O menino respondeu que não.
O professor, olhando para os demais alunos disse:
– É disso que eu estou falando! Tomás não pode ver a Deus, porque Deus não está ali! Concluímos então que Deus não existe.
Nesse momento, Pedrinho se levantou e pediu permissão ao professor para fazer mais algumas perguntas a Tomás.
– Tomás, vês a grama lá fora?
– Sim.
– As árvores?
– Sim.
– O céu?
– Sim.
– O professor?
– Sim.
– Vês o cérebro dele?
– Não - disse Tomás.
Pedrinho então, dirigindo-se aos outros alunos, disse:
– Colegas, de acordo com o que aprendemos hoje, concluímos que o professor não tem cérebro.

Autor desconhecido

Deus Está Bordando...

Quando eu era pequeno, minha mãe costurava muito. Eu me sentava no chão, brincando, perto dela, e sempre lhe perguntava o que estava fazendo. Ela respondia que estava bordando. Todo dia era a mesma pergunta e a mesma resposta. Observava seu trabalho de uma posição abaixo de onde ela se encontrava sentada e repetia:

– Mãe, o que a senhora está fazendo?

Dizia-lhe que, de onde eu olhava, o que ela fazia me parecia muito estranho e confuso. Era um amontoado de nós e fios de cores diferentes: compridos, curtos, um grosso e outro fino. Eu não entendia nada. Ela sorria, olhava para baixo e gentilmente me explicava:

– Filho, saia um pouco para brincar, e, quando terminar meu trabalho, eu chamo você e o coloco sentado em meu colo. Deixarei que veja o trabalho da minha posição.

Mas eu continuava a me perguntar lá debaixo:

– Por que ela usava alguns fios de cores escuras e outros claros? Por que me pareciam tão desordenados e embaraçados? Por que estavam cheios de pontas e nós? Por que não tinham ainda uma forma definida? Por que demorava tanto para fazer aquilo?

Um dia, quando eu estava brincando no quintal, ela me chamou:

– Filho, venha aqui e sente em meu colo.

Eu sentei e me surpreendi ao ver o bordado. Não podia crer! Lá debaixo parecia tão confuso! E de cima vi uma paisagem maravilhosa!

Então, minha mãe me disse:

– Filho, debaixo parecia confuso e desordenado porque você não via que na parte de cima havia um belo desenho. Mas, agora, olhando o bordado da minha posição, você sabe o que eu estava fazendo...

Muitas vezes, ao longo dos anos, tenho olhado para o céu e dito:

– Pai, o que estás fazendo?
Ele parece responder:
– Estou bordando a sua vida, filho.
E eu continuo perguntando:
– Mas está tudo tão confuso... Pai, tudo em desordem! Há muitos nós, fatos ruins que não terminam e coisas boas que passam rápido. Os fios são tão escuros. Por que não são mais brilhantes? O Pai parece me dizer:
– Meu filho, ocupe-se com seu trabalho, descontraia-se, confie em Mim, e Eu farei o meu trabalho. Um dia, colocarei você em meu colo e então vai ver o plano da sua vida da minha posição... Muitas vezes não entendemos o que está acontecendo em nossa vida. As coisas são confusas, não se encaixam, e parece que nada dá certo. É que estamos vendo o avesso da vida. Do outro lado, Deus está bordando...

Autor desconhecido

Deus É como o Açúcar

Certo dia, um homem foi a uma escola falar de Deus. Chegando lá, perguntou se as crianças conheciam Deus, e elas responderam que sim. Continuou a perguntar, e elas disseram:
– Deus é o nosso pai. Ele fez a Terra, o mar e tudo que está nela; nos fez como filhos d'Ele.
O homem se impressionou com a resposta dos alunos e foi mais longe:
– Como vocês sabem que Deus existe, se nunca O viram?
A sala ficou toda em silêncio, mas Pedro, um menino muito tímido, levantou as mãozinhas e disse:
– Minha mãe me disse que Deus é como o açúcar no meu leite que ela prepara todas as manhãs: eu não vejo o açúcar que está dentro da caneca no meio do leite, mas, se ela o tira, fica sem sabor. Deus existe e está sempre no meio de nós. Não O vemos, mas, se Ele sair de perto, nossa vida fica... sem sabor.
O homem sorriu e disse:
– Muito bem, Pedro, agora eu sei que Deus é nosso açúcar e que está todos os dias adoçando nossa vida.
Deu a bênção e foi embora da escola, surpreso com a resposta daquela criança.

Autor desconhecido

Presença Divina

Um homem, ignorante ainda das leis de Deus, caminhava ao longo de enorme pomar, conduzindo um pequeno de seis anos.

Eram Antoninho e seu tio, em passeio pela vizinhança da casa em que residiam.

Contemplavam, com água na boca, as laranjas maduras e respiravam, a bom respirar, o ar leve e puro da manhã.

A certa altura da estrada, o velho depôs uma sacola sobre a grama verde e macia e começou a enchê-la com os frutos que descansavam em grandes caixas abertas, ao mesmo tempo que lançava olhares medrosos, em todas as direções.

Preocupado com o que via, Antoninho dirigiu-se ao companheiro e indagou:

– Que fazes, titio?

Colocando o indicador da mão direita nos lábios entreabertos, o velho respondeu:

– Psiu!... Psiu!

Em seguida, acrescentou em voz baixa:

– Aproveitemos agora, enquanto ninguém nos vê, e apanhemos algumas laranjas, às escondidas.

O menino, contudo, muito admirado, apontou com um dos pequenos dedos para o céu e exclamou:

– Mas o senhor não sabe que Deus está nos vendo?

Muito espantado, o velho empalideceu e voltou a colocar os frutos na caixa, de onde os havia retirado, murmurando:

– Obrigado, meu Deus, por haveres despertado a minha consciência pelos lábios de uma criança.

E, desde esse momento, o tio de Antoninho passou a ser realmente outro homem.

Texto retirado da obra *Pai Nosso*, psicografada por Francisco Cândido Xavier, ditada pelo espírito Meimei, Editora FEB.

Questão Teológica sem a Existência do Mal

Um professor ateu desafiou seus alunos com esta pergunta:
– Deus fez tudo o que existe?
Um estudante respondeu corajosamente:
– Sim, fez!
– Deus fez tudo mesmo?
– Sim, professor – respondeu o jovem.
O professor replicou:
– Se Deus fez todas as coisas, então Deus fez o mal, pois o mal existe, e, considerando-se que nossas ações são um reflexo de nós mesmos, então Deus é mal.
O estudante calou-se diante de tal resposta, e o professor, feliz, se vangloriava de haver provado uma vez mais que a fé era um mito.
Outro estudante levantou sua mão e disse:
– Posso lhe fazer uma pergunta, professor?
– Sem dúvida – respondeu-lhe o professor.
O jovem ficou de pé e perguntou:
– Professor, o frio existe?
– Mas que pergunta é essa? Claro que existe, você por acaso nunca sentiu frio?
O rapaz respondeu:
– Na verdade, professor, o frio não existe. Segundo as leis da Física, o que consideramos frio, na realidade, é a ausência de calor. Todo corpo ou objeto pode ser estudado quando tem ou transmite energia, mas é o calor e não o frio que faz com que tal corpo tenha ou transmita energia. O zero absoluto é a ausência total e absoluta de calor, todos os corpos ficam inertes, incapazes de reagir, mas o frio não existe. Criamos esse termo para descrever como nos sentimos quando nos falta o calor.

– E a escuridão existe? – continuou o estudante.
O professor respondeu:
– Mas é claro que sim.
O estudante respondeu:
– Novamente o senhor se engana, a escuridão tampouco existe. A escuridão é, na verdade, a ausência de luz. Podemos estudar a luz, mas a escuridão não. O prisma de Newton decompõe a luz branca nas várias cores de que se compõe, com seus diferentes comprimentos de onda. A escuridão não. Um simples raio de luz rasga as trevas e ilumina a superfície que a luz toca. Como se faz para determinar quão escuro está um determinado local do espaço? Apenas com base na quantidade de luz presente nesse local, não é mesmo? Escuridão é um termo que o homem criou para descrever o que acontece quando não há luz presente.

Finalmente, o jovem estudante perguntou ao professor:
– Diga, professor, o mal existe?
Ele respondeu:
– Claro que existe. Como eu disse no início da aula, vemos roubos, crimes e violência diariamente em todas as partes do mundo, essas coisas são o mal.

Então o estudante respondeu:
– O mal não existe, professor, ou ao menos não existe por si só. O mal é simplesmente a ausência de Deus. É, como nos casos anteriores, um termo que o homem criou para descrever essa ausência de Deus.

Deus não criou o mal. Não é como a fé ou o amor, que existem como existe a luz e o calor.

O mal resulta de que a humanidade não tenha Deus presente em seu coração. É como o frio que surge quando não há calor, ou a escuridão que acontece quando não há luz.

Autor desconhecido

Deus e os Números

Precisamos entender o que os números representam em relação aos mistérios do Criador ou ainda o que há de mistério por trás de cada número e seu simbolismo.

0. O número zero representa o nada, o caos que antecede a criação; também representa o Criador, pois, mesmo que nada exista, ainda assim, Ele existe, o incriado, pois nada há antes d'Ele. O zero representa ainda o espaço da criação onde tudo se concretiza. Seu símbolo é a circunferência vazia.

1. O número um representa a unidade, o Todo, Aquele que é Uno, o ponto, a origem uma de tudo e de todos, o princípio criador. Seu simbolismo é o Sol ou a circunferência (o espaço) com o ponto no centro, que representa a expansão e a concentração do Criador. O ponto estando no centro é Aquele que se mostra equidistante em toda a criação.

2. O número dois representa a dualidade na criação, é Deus polarizado, masculino/feminino, luz/trevas, dia/noite, positivo/negativo, o alfa e o ômega, o primeiro e o último. É Deus pai e mãe ao mesmo tempo, o Sol e a Lua. O dois nada mais é que o um polarizado, pois o dois está no um, tudo está no um. Aqui o um se divide para apresentar suas duas qualidades que os chineses chamam de *Yin-Yang*, simbolizado pelo Tao, a circunferência dividida em duas partes iguais.

3. O número três representa a Trindade na criação, o poder multiplicador. O três é o dois que multiplicou, é o dois que gerou o terceiro. Na Igreja Católica, é simbolizado por Pai/Filho/Espírito Santo, nas tradições mais antigas é Pai/Mãe/Filho, como podemos observar nas diversas mitologias. Esotericamente também simboliza a Trindade

corpo/mente/espírito. O número três é considerado especial também para a sustentação, pois é ideal enquanto tripé, que nunca fica em falso; mesmo em uma superfície irregular, podemos observar que o mesmo não acontece usando quatro pés. Seu simbolismo é a circunferência com o triângulo dentro, podendo ter ao centro do triângulo um ponto ou ainda o Olho que Tudo Vê, que é um dos símbolos usados na Maçonaria para representar o Grande Arquiteto do Universo.

4. O número quatro representa os quatro elementos (terra, água, ar e fogo) e também as quatro direções (norte, sul, leste e oeste), ou ainda alto, embaixo, direita e esquerda. No plano cartesiano, é o cruzamento do eixo x com o eixo y. Seu símbolo é a cruz, a circunferência com a cruz dentro. O simbolismo da cruz é vasto e adentrou no Cristianismo; no Judaísmo,* têm origem na letra Tav, que na escrita antiga era representada por uma cruz. A cruz representa ainda o cruzamento de duas realidades, a passagem e a evolução.

5. O número cinco representa os quatro elementos mais o elemento espiritual humano, o homem enquanto imagem e semelhança do Criador. Seu simbolismo é a estrela de cinco pontas que também simboliza a Estrela de Salomão,* Estrela Guia, Estrela Dalva, Estrela da Manhã, a luz e o caminho.

6. O número seis representa o equilíbrio, a balança, a justiça. Simbolizado pela estrela de seis pontas, formada por dois triângulos, um que aponta para cima e outro que aponta para baixo. O que aponta para cima representa o elemento masculino enquanto que o outro representa o elemento feminino. Esta é a Estrela de Davi, estrela da justiça que diz: "No Alto como Embaixo", nas palavras de Hermes Trismegisto.

7. O número sete é o número da perfeição que nos remete as sete vibrações originais em que o Criador se manifesta entre nós, visível nas sete cores do arco-íris (vermelho, laranja, amarelo, verde, azul, anil e violeta) e na escala musical (dó, ré, mi, fá, sol, lá, si). É o número mestre nas manifestações espirituais, pois o Criador se manifesta de modo sétuplo no homem, o que observamos por meio dos sete chacras, cada um deles em sintonia com uma das sete vibrações originais da criação. Pode-se ainda estabelecer sete elementos, de acordo com a obra psicografada por Rubens Saraceni* (terra, água,

---

* N.E.: Sugerimos a leitura de *Livro Completo sobre a História e o Legado dos Judeus*, de Julie Gutin e Richard D. Bank, e *As Chaves de Salomão – O Falcão de Sabá*, de Ralph Ellis, ambos da Madras Editora.

ar, fogo, cristal, mineral e vegetal). Ou ainda sete sentidos (fé, amor, conhecimento, justiça, lei, evolução e geração). Este número será de todo especial aqui nesta obra, pois é no mistério das sete vibrações que iremos classificar ou organizar as divindades por afinidade com esta ou aquela energia e campo de atuação. O simbolismo do número sete é uma estrela de sete pontas.

8. O número oito representa a rosa-dos-ventos, as oito direções cardeais, Deus presente na matéria, a concretização da vontade divina. Pode ser simbolizado pela cruz com o x, pelo octógono ou dois quadrados entrecruzados.

9. O número nove representa 3x3, aquele que é três vezes sagrado, três vezes trino, uma oitava superior de espiritualidade, o ápice do mistério, o Criador em si mesmo, o Santo dos Santos, o Altíssimo do Alto. Pode ser simbolizado com três triângulos entrelaçados ou uma estrela de nove pontas.

Assim podemos entender como os números se associam aos mistérios da criação, ao citar um número, já está implícito o que ele representa.

---

* N.E.: Ver *Código de Umbanda*, Rubens Saraceni, Madras Editora.

Deus por...

Deus por Descartes

Não sei se devo falar-vos das minhas primeiras meditações nesse retiro, porque são tão metafísicas e pouco comuns que talvez não agradem a todos.

Considerando que os mesmos pensamentos que temos quando acordados podem ocorrer-nos quando dormimos, sem que haja então um só verdadeiro, resolvi fingir que todas as coisas que outrora me entraram no espírito não eram mais verdadeiras do que as ilusões dos meus sonhos. Mas, logo depois, observei que, enquanto pretendia assim considerar tudo como falso, era forçoso que eu, que pensava, fosse alguma coisa. Percebi, então, que a verdade "penso, logo existo" era tão firme e certa que nem mesmo as mais extravagantes suposições dos céticos poderiam abalá-la. E, assim julgando, concluí que poderia aceitá-la sem escrúpulo, como o primeiro princípio da filosofia que buscava...

Depois, tendo refletido sobre o que duvidava e que por conseguinte meu ser não era de todo perfeito, pois, para mim, era claro que a perfeição maior do que duvidar era conhecer, deliberei procurar de onde aprendera a pensar em algo mais perfeito do que eu e conheci, com evidência, que algo devia existir de natureza mais perfeita. No que concerne aos pensamentos que tinha sobre várias outras coisas exteriores a mim, como o céu, a terra, a luz, o calor e milhares de outras, não me era tão fácil saber de onde provinham, porque, não vendo nelas nada que me parecesse torná-las superiores a mim, podia acreditar que, se eram verdadeiras, eram dependências da minha natureza, do que esta tinha de perfeição, e, se não o eram, isso significava que provinham do nada, isto é, que me haviam sido inspiradas pelo que eu tinha de falho. O mesmo, porém, não podia suceder com a ideia de um ser mais perfeito do que eu, pois era manifestamente impossível tirá-la do nada. E, uma vez que não é menos repugnante admitir o mais perfeito como resultado e dependência do menos perfeito do que admitir que do nada procede alguma coisa, tornava-se claro que tampouco de mim poderia eu tê-la recebido. Chegava, assim, à conclusão que fora em mim introduzida por uma natureza verdadeiramente mais perfeita do que eu e encerrasse em si todas as perfeições das quais pudesse eu fazer uma ideia, isto é, para explicar-me numa só palavra: Deus.

A dúvida, a inconstância, a tristeza e coisas semelhantes não podiam existir em Deus, uma vez que eu próprio me sentiria feliz se pudesse estar isento delas.

Mas, tendo observado em mim, com muita clareza, que a natureza inteligente é inversa à corporal e considerando que toda a composição é uma prova de dependência, sendo esta manifestamente um defeito, julguei que Deus não poderia ser perfeito se fosse composto dessas duas naturezas, e, por conseguinte, não era, e, se no mundo havia corpos, inteligências ou outras naturezas que não eram inteiramente perfeitas, a sua existência devia depender do poder de Deus, de maneira que não pudessem subsistir um só momento sem Ele.

Uma esfera, em que todos os seus pontos são equidistantes do centro, ou ainda mais evidentemente. Portanto, é pelo menos tão certo que Deus, esse ser perfeito, é ou existe, como pode ser qualquer demonstração da Geometria.

Mas o que leva a tantos se persuadirem de que há dificuldade em conhecer Deus e em conhecer também o que é a alma é o fato de não elevarem nunca o espírito acima das coisas sensíveis.

Em resumo, se ainda há homens que, depois das razões por mim apresentadas, não estão persuadidos da existência de Deus e da alma, quero que saibam que menos certas são as outras coisas das quais talvez se julguem mais seguros, como o fato de possuírem um corpo, ou de existirem os astros, a Terra e coisas semelhantes.

Pois, embora se tenha destas coisas uma certeza moral, que só por extravagância é possível pô-las em dúvida, quando se trata, contudo, da certeza metafísica, não se pode negar, se formos razoáveis, que é motivo suficiente para não estarmos totalmente seguros acerca do fato de se poder imaginar, dormindo, que se tem outro corpo e que se veem outros astros e outra terra, sem que isso seja verdadeiro. Com efeito, como é que se sabe que os pensamentos que nos ocorrem em sonho são mais falsos do que os outros, quando, muitas vezes, não são eles menos vivos e expressivos? Que os melhores espíritos estudem quanto quiserem; não creio que possam apresentar uma razão suficiente para dissipar essa dúvida, sem pressuporem a existência de Deus.

Texto extraído do *Discurso do Método – Regras para a Direção do Espírito*, de René Descartes, tradução de Pietro Nassetti, Editora Martin Claret.

Deus por Santo Agostinho

Quem seria responsável pelo pecado? Como pode o ser humano pecar, se ele recebe a luz divina? É que ele precisa estar aberto a ela, isto é, Santo Agostinho justifica aqui a teoria do livre-arbítrio.

...O próprio ser humano é responsável pelos seus pecados.
...Como dito, o afastamento se dá por ignorância, mas Deus, em Sua infinita bondade, concede a graça da salvação.
...O poder de salvar não é do homem, é de Deus.

Louvor e invocação

...Concede, Senhor, que eu bem saiba se é mais importante invocar-Te e louvar-Te, ou se devo antes conhecer-Te, para depois Te invocar. Mas alguém Te invocará antes de Te conhecer? Porque, Te ignorando, facilmente estará em perigo de invocar outrem. Ou, porventura, deves antes ser invocado para depois ser conhecido? Mas como invocarão Aquele em quem não creem? Ou como haverão de crer sem que alguém lhos pregue?

Deus está no homem, e este, em Deus

E como invocarei meu Deus e meu Senhor, se, ao invocá-Lo, o faria certamente dentro de mim? E que lugar há em mim para receber o meu Deus, por onde Deus desça a mim, o Deus que fez o céu e a terra? Senhor, haverá em mim algum espaço que Te possa conter? Acaso Te contêm o céu e a terra, que Tu criaste, e dentro dos quais também criaste a mim? Será, talvez, pelo fato do nada que existe sem Ti, que todas as coisas Te contêm? E, assim, se existo, que motivo pode haver para Te pedir que venhas a mim, já que não existirias se em mim não habitasses?

Ainda não estive no inferno, mas ali também estás presente, pois, se descer ao inferno, ali estarás.

Eu nada seria, meu Deus, nada seria em absoluto se não estivesses em mim; talvez fosse melhor dizer que eu não existiria de modo algum se não estivesse em Ti, de Quem, por Quem e em Quem existem todas as coisas? Assim é, Senhor, assim é. Como, pois, posso chamar-Te se já estou em Ti, ou de onde hás de vir a mim, ou a que parte do céu ou da terra me hei de recolher, para que ali venha a mim o meu Deus, Ele que me disse: "Eu encho o céu e a terra".

Onde está Deus?

Porventura o céu e a terra Te contêm, porque Os enches? Ou será melhor dizer que Os enches, mas que ainda resta alguma parte de Ti, já que eles não Te podem conter? E onde estenderás isso que sobra de Ti, depois de cheios o céu e a terra? Mas será necessário que sejas contido em algum lugar, Tu que conténs todas as coisas, visto que as enches, as ocupa contendo-as? Porque não são vasos cheios de Ti que Te tornam estável, já que, quando se quebrarem, Tu não Te derramarás; e, quanto Te derramas sobre nós, isso não o fazes porque cais, mas porque nos levantas, nem porque Te dispersas, mas porque nos recolhes.

As perfeições de Deus

Que és portanto, ó meu Deus? Que és, repito, senão o Senhor Deus? E que Senhor pode haver fora do Senhor, ou que Deus além de nosso Deus? Ó Deus sumo, excelente, poderosíssimo, onipotentíssimo, misericordiosíssimo e justíssimo.

Tão oculto e presente, formosíssimo e fortíssimo, estável e incompreensível; imutável, mudando todas as coisas; nunca novo e nunca velho; renovador de todas as coisas, conduzindo à ruína os soberbos sem que eles o saibam; sempre agindo e sempre em repouso; sempre granjeando e nunca necessitado; sempre sustentando, enchendo e protegendo; sempre criando, nutrindo e aperfeiçoando, sempre buscando, ainda que nada Te falte.

Deus e o mal

Mas eu, mesmo quando afirmava e cria firmemente que és incorruptível, inalterável, absolutamente imutável, Senhor meu, Deus verdadeiro, que não só criaste nossas almas e nossos corpos, mas todas as criaturas e todas as coisas. Todavia, faltava-me ainda uma explicação, a solução do problema da causa do mal. Qualquer que ela fosse, estava certo de que deveria buscá-la onde não me visse obrigado, por Sua causa, a julgar mutável um Deus imutável, porque isso seria transformar-se no mal que procurava.

Por isso buscava-a com segurança, certo de que era falsidade o que diziam os maniqueus; deles fugia com toda a alma, porque via suas indagações sobre a origem do mal cheias de malícia, preferindo crer que Tua substância era passível de sofrer o mal, e a deles, susceptível de o cometer.

Esforçava-me por compreender a tese que ouvira professar de que o livre-arbítrio da vontade é a causa de praticarmos o mal e de que Teu reto juízo é a causa do mal que padecemos. Mas era incapaz de entender com clareza. E, esforçando-me por afastar desse abismo os olhos de meu espírito, nele me precipitava de novo, e, tentando reiteradamente fugir dele, sempre voltava a cair.

O fato de eu ter a consciência de possuir uma vontade, como tinha consciência de minha vida, era o que me erguia para a Tua luz. Assim, quando queria ou não alguma coisa, estava certíssimo de que era eu, e não outro que queria ou não, então me convencia de que ali estava a causa do meu pecado. Quanto ao que fazia contra a vontade, notava que isso mais era padecer o mal do que praticá-lo; julgava que isso não era culpa, mas castigo, que me instava a confessar justamente ferido por Ti, considerando Tua justiça.

Mas de novo refletia: "Quem me criou? Não foi o bom Deus que não só é bom, mas é a própria bondade? De onde, então, me vem essa vontade de querer o mal e não o bem? Seria talvez para que eu sofra as penas merecidas? Quem depositou em mim e semeou em minha alma essa semente de amargura, sendo eu totalmente obra do meu dulcíssimo Deus? Se foi o Demônio que me criou, de onde procede ele? E, se este, de anjo bom se fez Demônio por decisão de sua vontade perversa, de onde lhe veio essa vontade má que o transformou em Diabo, tendo ele sido criado anjo por um Criador boníssimo?"

Tais pensamentos de novo me deprimiam e sufocavam, mas não me arrastavam até aquele abismo de erro onde ninguém Te confessa e onde se antepõe a tese de que Tu és sujeito ao mal a considerar o homem capaz de o cometer.

A substância de Deus

Empenhava-me então em descobrir as outras verdades, como havia descoberto que o incorruptível é melhor que o corruptível. E por isso confessava que Tu, qualquer que fosse Tua natureza, devias ser incorruptível. Porque ninguém pôde nem poderá jamais conceber algo melhor do que Tu, que és o sumo bem por excelência. Por isso, sendo certíssimo e inegável que o incorruptível é superior ao corruptível, o que eu já fazia, meu pensamento já poderia conceber algo melhor do que o meu Deus, se não fosses incorruptível.

...Mas por que tantas palavras para demonstrar que a substância de Deus não é corruptível, já que, se o fosse, não seria Deus?

...Em Cristo, Teu Filho e Senhor nosso...

...Os louvores da criação

E, para Ti, Senhor, não existe absolutamente o mal; e nem para a universalidade da Tua criação, porque nada existe fora dela, capaz de romper ou de corromper a ordem que Tu lhe impuseste. Todavia, em algumas de suas partes, determinados elementos não se harmonizam com outros, e estes são considerados maus. Mas, como esses mesmos elementos combinam com outros, são da mesma forma bons, e bons em si mesmos. E, mesmo esses elementos que não concordam entre si, se harmonizam com a parte inferior das criaturas que chamamos terra, com seu céu cheio de nuvens e de ventos, como lhe é conveniente.

...Onde está o mal

Entendi por experiência que não é de admirar que o pão seja enjoativo ao paladar enfermo, mesmo tão agradável para o sadio, e que olhos enfermos considerem odiosa a luz, que, para os límpidos, é tão cara. Se Tua justiça desagrada aos maus, muito mais desagrada à víbora e ao caruncho, que criaste bons e adaptados à parte inferior da Tua criação, com a qual também os maus se assemelham, tanto quanto diferem de Ti, assim como os justos se assemelham às partes superiores do mundo à medida que se assemelham a Ti.

Indaguei o que era a iniquidade, e não achei substância de Ti, meu Deus, e se inclina para as coisas baixas, derrama suas entranhas e se intumesce exteriormente.

...Amo uma luz, uma voz, um perfume, um alimento, um abraço, quando amo meu Deus, que é luz, voz, fragrância, alimento e abraço de meu homem interior, em que brilha para a minha alma uma luz sem limites, ressoam melodias que o tempo não arrebata, exalam perfumes que o vento não dissipa, provam-se iguarias que o apetite não diminui, sentem-se abraços que a saciedade não desfaz. Eis o que amo quando amo meu Deus!

Então, o que é Deus? Perguntei a terra, e ela me disse: "Eu não sou Deus". E tudo o que nela existe me respondeu o mesmo. Perguntei ao mar, aos abismos, aos répteis viventes, e eles me responderam: "Não somos teu Deus; busca-o acima de nós". Perguntei aos ventos que sopram; e todo o ar, com seus habitantes, me disse: "Anaxímenes está enganado, eu não sou Deus". Perguntei ao céu, ao Sol, à Lua e às estrelas. "Tampouco somos o Deus a quem procuras" – me responderam.

Disse então a todas as coisas que meu corpo percebe: "Dizei-me algo de meu Deus, já que não sois Deus; dizei-me alguma coisa d'Ele". E todas exclamaram em coro: "Ele nos criou". Minha pergunta era o meu olhar, e sua resposta, a sua beleza.

Dirigi-me, então, a mim mesmo e perguntei: "E tu, quem és?" E respondi: "Um homem". Para me servirem, tenho um corpo e uma alma: aquele exterior, esta interior. Por qual deles deverei perguntar pelo meu Deus?

...Por isso, minha alma, digo-te que és superior ao corpo, pois vivificas tua matéria, dando-lhe vida, como nenhum corpo pode dar a outro corpo. Mas teu Deus é também para ti a vida de tua vida.

...Os neoplatônicos e o caminho para Deus

Poderia eu encontrar alguém que me reconciliasse Contigo? Deveria eu recorrer aos anjos? E com que orações, com que ritos? Ouvi dizer que muitos dos que se esforçavam para voltar a Ti e que não conseguiam por si mesmos tentaram esse caminho e caíram na curiosidade de visões estranhas, recebendo por isso o justo castigo das ilusões.

Soberbos, procuravam-Te com o coração inchado de sua ciência arrogante e sem humildade. E atraíram para si, pela semelhança de sentimentos, os demônios do ar, que se fizeram cúmplices e aliados de sua soberba, e se tornaram iludidos de seus poderes mágicos. Procuravam um mediador para purificá-los, mas não o encontraram, senão ao Demônio transfigurado em anjo de luz, que justamente por não possuir corpo de carne, seduziu-lhes fortemente a carne orgulhosa. Eram eles mortais e pecadores, e Tu, Senhor, com quem eles procuravam com soberba reconciliar-se, és imortal e sem pecado.

Era necessário que o mediador entre Deus e o homem tivesse alguma semelhança tanto com Deus como com os homens; pois, se se assemelhasse apenas aos homens, estaria muito longe de Deus e, se assemelhando só a Deus, estaria muito longe dos homens; em ambos os casos, não poderia ser mediador.

E aquele falso mediador que é o Demônio, a quem Teus ocultos juízos permitem que iluda a soberba, tem de comum com os homens apenas uma coisa, isto é, o pecado. Finge contudo ter algum traço em comum com Deus e, como não está revestido de carne mortal, pretende ser imortal. Mas, como a morte é o salário do pecado, ele tem isso em comum com os homens: como eles, é condenado à morte.

...Deus antes da criação

Eis minha resposta à questão: "Que fazia Deus antes de criar o céu e a terra?" Não responderei jocosamente como alguém para contornar a dificuldade do problema: "Preparava o inferno para os que perscrutam esses mistérios profundos". Uma coisa é compreender, e outra é brincar. Não essa não será minha resposta. Prefiro dizer: "Não sei", pois de fato não sei, a ridicularizar quem faz pergunta tão profunda, ou louvar quem responde com sofismas.

Mas eu digo que Tu, meu Deus, és o Criador de toda a criatura; e, se por céu e terra se entende toda criatura, não temo afirmar: antes que Deus criasse o céu e a terra, nada fazia. De fato, se tivesse feito alguma coisa, o que poderia ser senão uma criatura? Oxalá eu soubesse tudo o que desejo saber, como sei que nenhuma criatura foi criada antes da criação.

Trechos extraídos de *Confissões*, de Santo Agostinho, texto integral traduzido por Alex Marins, Editora Martin Claret.

Deus por São Tomás de Aquino

Deus Existe?

Pode-se provar a existência de Deus por cinco vias.
A primeira é a mais clara parte do movimento. Nossos sentidos atestam com toda a certeza que nesse mundo algumas coisas se movem. Ora, tudo o que se move é movido por outro. Nada se move que não esteja em potência em relação ao termo de seu movimento; ao contrário, o que o move o faz enquanto se encontra em ato. Mover nada mais é, portanto, do que levar algo da potência ao ato, e nada pode ser levado ao ato senão por um ente em ato. Como algo quente em ato, por exemplo, o fogo torna a madeira em que está em potência para o calor, quente em ato, e assim a move, a altera. Ora, não é possível que a mesma coisa, considerada sob o mesmo aspecto, esteja simultaneamente em ato e potência, a não ser sob aspectos diversos: por exemplo, o que está quente em ato não pode estar simultaneamente quente em potência, mas está frio em potência. É impossível que sob o mesmo aspecto e do mesmo modo algo seja motor e movido, ou que mova a si próprio. É preciso que tudo o que se move seja movido por outro. Assim, se o que move é também movido, o é necessariamente por outro, e este por outro ainda. Ora, não se pode continuar até o infinito, pois nesse caso não haveria um primeiro motor, por conseguinte, tampouco outros motores, pois os motores segundos só se movem pela moção do primeiro motor, como o bastão, que só se move movido pela mão. É então necessário chegar a um primeiro motor, não movido por nenhum outro, e este, todos entendem: é Deus.
A segunda via parte da razão de causa eficiente. Encontramos nas realidades sensíveis a existência de uma ordem entre as causas eficientes; mas não se encontra, nem é possível, algo que seja a causa eficiente de si mesmo; o que é impossível. Ora, tampouco é possível, entre as causas eficientes, continuar até o infinito, porque entre todas as causas eficientes ordenadas, a primeira é a causa das intermediárias, e as intermediárias são a causa da última, sejam elas numerosas ou apenas uma. Por outro lado, suprimida a causa, suprime-se

também o efeito. Portanto, se não existisse a primeira entre as causas eficientes, não haveria a última, nem a intermediária. Mas, se tivéssemos de continuar até o infinito na série das causas eficientes, não haveria causa primeira; assim sendo, não haveria efeito último, nem causa eficiente intermediária, o que evidentemente é falso. Logo é necessário afirmar uma causa eficiente primeira, a que todos chamam Deus.

A terceira via é tomada do possível e do necessário. Encontramos, entre as coisas, as que podem ser ou não ser, uma vez que algumas se encontram que nascem e perecem. Consequentemente, podem ser e não ser. Mas é impossível ser para sempre o que é da natureza, pois o que pode não ser é em algum momento. Se tudo pode não ser, houve um momento em que nada havia. Ora, se isso é verdadeiro, ainda agora nada existiria; pois o que não é só passa a ser por intermédio de algo que já é. Por conseguinte, se não houve ente algum, foi impossível que algo começasse a ser; logo, hoje, nada existiria: o que é falso. Assim, nem todos os entes são possíveis, mas é preciso que algo seja necessário entre as coisas. Ora, tudo o que é necessário tem ou não a causa de sua necessidade de um outro. Aqui também não é possível continuar até o infinito na série das coisas necessárias que têm uma causa da própria necessidade, assim como entre as causas eficientes, como se provou. Portanto, é necessário afirmar a existência de algo necessário por si mesmo, que não encontra alhures a causa de sua necessidade, mas que é causa da necessidade para os outros: o que todos chamam Deus.

A quarta via se toma dos graus que se encontram nas coisas. Encontra-se nas coisas algo mais ou menos bom, mais ou menos verdadeiro, mais ou menos nobre, etc. Ora, mais e menos se dizem de coisas diversas conforme elas se aproximam diferentemente daquilo que é em si o máximo. Assim, mais quente é o que mais se aproxima do que é sumamente quente. Existe em grau supremo, pois, como se mostra no livro II da Metafísica, o que é em sumo grau verdadeiro, é ente em sumo grau. Por outro lado, o que se encontra no mais alto grau em determinado gênero é causa de tudo que é desse gênero; assim o fogo, que é quente, no mais alto grau, é causa do calor de todo e qualquer corpo aquecido, como é explicado no mesmo livro. Existe então algo que é, para todos os outros entes, causa de ser, de bondade e toda a perfeição: nós o chamamos de Deus.

A quinta via é tomada do governo das coisas. Com efeito, vemos que algumas coisas que carecem de conhecimento, como os corpos físicos, agem em vista de um fim, o que se manifesta pelo fato de que, sempre ou na maioria das vezes, agem da mesma maneira, a fim de alcançar o que é ótimo. Fica claro que não é por acaso, mas em virtude de uma intenção, que alcançam o fim. Ora, aquilo que não tem conhecimento não tende a um fim, a não ser dirigido por algo que conhece e que é inteligente, como a flecha pelo arqueiro. Logo, existe algo inteligente pelo qual todas as coisas naturais são ordenadas ao fim, e isso nós chamamos de Deus.

Suma Teológica
São Tomás de Aquino

Deus por Baruch de Spinoza

Entendo por Deus um ser absolutamente infinito, isto é, uma substância constituída por uma infinidade de atributos, cada um dos quais exprime uma essência eterna e infinita.

Digo "absolutamente infinito" e não "infinito" no seu gênero porque daquilo que é infinito somente em seu gênero nós podemos negar uma infinidade de atributos; mas, quanto ao que é absolutamente infinito, tudo aquilo que exprime uma essência e não envolve negação alguma pertence à sua essência...

Os que, com efeito, ignoram as verdadeiras causas das coisas, confundem tudo e, sem repugnância alguma da sua mente, forjam árvores falantes como homens e imaginam homens que nascem de pedras tão bem como do sêmen, e quaisquer formas transformando-se também em quaisquer outras.

Assim, igualmente os que confundem a natureza divina com a humana atribuem facilmente a Deus as paixões humanas, principalmente quando ignoram como se produzem estas...

Deus, isto é, uma substância constituída por uma infinidade de atributos, cada um dos quais exprime uma essência eterna e infinita, existe necessariamente...

Se negais isso, concebeis, se tal é possível, que Deus não existe. Sua essência não envolve, pois, a Sua existência. Ora, isso é absurdo; portanto, Deus existe necessariamente...

Para qualquer coisa deve haver uma causa, ou razão plausível, para que ela exista ou não...

Segue-se daí necessariamente aquilo para o qual não foi dada nenhuma razão ou causa que impeça a Sua existência. Portanto, se não pode ser dada nenhuma razão ou causa que impeça a existência de Deus ou a suprima, não se poderá absolutamente evitar a conclusão de que Ele existe necessariamente. Mas, para que pudesse ser dada, deveria tal razão ou causa ser contida na própria natureza de Deus ou fora dela, isto é, em uma outra substância de outra natureza. Pois, se fosse da mesma natureza, concordar-se-ia, por isso mesmo, que Deus é dado. Mas uma substância que fosse de outra natureza nada poderia ter em comum com Deus e, portanto, não poderia pôr sua existência nem tirá-la. Portanto, não se podendo dar a razão ou causa que exclua a existência divina fora da natureza de Deus, ela deverá, necessariamente, a não ser que não exista, ser contida na sua própria natureza, a qual deveria então envolver uma contradição. Ora, é absurdo afirmá-lo de um Ser absolutamente infinito e soberanamente perfeito; portanto, nem em Deus nem fora de Deus é dada razão ou causa alguma que suprima Sua existência e, por conseguinte, Deus existe necessariamente...

Poder não existir é impotência, e, ao contrário, poder existir é poder (como é evidente). Se, pois, o que existe no instante atual, necessariamente, são somente seres finitos, seres finitos serão mais poderosos do que um Ser absolutamente infinito; ora, isso (como é evidente) é absurdo; pois ou nada existe, ou um Ser absolutamente infinito existe também necessariamente. Ora, nós existimos em nós mesmos ou em outra coisa que existe necessariamente; um Ser absolutamente infinito, isto é, Deus, existe necessariamente...

Fora de Deus nenhuma substância pode ser dada e conhecida... Tudo o que existe, existe em Deus, e sem Deus nada pode existir nem ser concebido...

Há quem imagine Deus composto, como o homem, de corpo e alma, e sujeito a paixões; bastam as demonstrações precedentes para mostrar que aqueles estão afastados do verdadeiro conhecimento de Deus. Deixo-os de lado, porque os que, de qualquer modo, consideram a natureza divina estão de acordo em negar que Deus seja corpóreo....

Deus age unicamente pelas leis da Sua natureza e sem ser coagido por coisa alguma...

Que não existe causa alguma que, fora da perfeição da Sua natureza, intrínseca ou extrinsecamente incite Deus a agir...

Que só Deus é causa livre, porque só Deus existe unicamente pela necessidade da Sua natureza e age pela necessidade apenas da Sua natureza. Em consequência, só Ele é causa livre...

Deus é causa imanente de todas as coisas, e não transitiva... Deus é eterno, ou, em outras palavras, todos os atributos de Deus são eternos... A existência de Deus e Sua essência são uma só coisa...

Trechos extraídos do livro *Ética Demonstrada à Maneira dos Geômetras*, de Baruch de Spinoza, texto integral, Editora Martin Claret.

Deus por Rabino Salomão Ben Gabirol

Sois um, o início de todos os números e o alicerce de todos os edifícios; sois um, e, no segredo de Vossa unidade, os homens mais sábios se perdem, porque não Vos conhecem. Sois um, e Vossa unidade não diminui nunca, nem aumenta, nem sofre qualquer alteração. Sois um, mas não como o um do cálculo, pois Vossa unidade não admite multiplicação, nem mudança, nem forma. Sois um, ao qual nenhuma de minhas imaginações pode fixar um limite e dar uma definição; é por isso que olharei por minha conduta, preservando-me de errar pela língua. Sois um, enfim, cuja excelência é tão elevada que não pode cair de maneira alguma e não como aquele um que pode deixar de ser.

Vós existis, porém, o entendimento e a visão dos mortais não podem atingir Vossa existência, nem colocar em Vós o onde, o como e o porquê. Existis, mas em Vós mesmo, porque nenhum outro pode existir Convosco. Existis, desde antes dos tempos e sem lugar. Existis, enfim, e Vossa existência é tão oculta e profunda que ninguém pode descobrir ou penetrar Vosso segredo.

Sois vivo, mas não desde um tempo conhecido e fixo; sois vivo, mas não com um espírito ou uma alma, pois sois a alma de todas as almas. Sois vivo, e aquele que pode atingir Vossos mistérios gozará das delícias eternas e viverá perpetuamente. Sois grande, e ante a Vossa grandeza todas as grandezas se curvam e tudo o que há de mais excelente se torna defeituoso.

Sois grande acima de toda a imaginação e Vos elevais acima de todas as hierarquias celestes. Sois grande, de toda a grandeza, exaltando acima de todos os louvores.

Sois forte, e nenhuma dentre todas as Vossas criaturas realizará as obras que realizastes, nem sua força poderá ser comparada à Vossa. Sois forte e é a Vós que pertence essa força invisível que não muda nem se altera jamais. Sois forte e com Vossa magnanimidade perdoais nos momentos de Vossa mais ardente cólera e Vos mostrais paciente para com os pecadores. Sois forte, e Vossas misericórdias, que existiram em todos os tempos, se estendem sobre todas as Vossas criaturas.

Sois a luz eterna, que as almas puras verão e que a nuvem dos pecadores esconderá aos olhos dos pecadores. Sois a luz escondida nesse mundo e visível no outro, na qual a glória do Senhor se mostra.

Sois soberano, e os olhos do entendimento que desejam ver-Vos ficam espantados ao só poder atingir uma parte e jamais o todo.

Sois o Deus dos deuses, testemunham todas as Vossas criaturas; e, em honra desse grande nome, elas Vos devem todas prestar culto.

Sois Deus, e todos que foram criados são Vossos servidores e adoradores, Vossa glória não se ofusca, embora se adorem a outros porque sua intenção é dirigir-se a Vós; são como cegos, cujo objetivo é seguir o caminho principal e se perdem; um se afoga em um poço, e o outro cai em uma fossa; todos em geral acreditam ter chegado a seu destino, porém se cansaram em vão. Mas Vossos servos são como clarividentes que andam sobre um caminho seguro e que jamais se afastam nem à direita e nem à esquerda, até que entrem no adro do palácio do rei. Sois Deus, que sustentais por Vossa deidade todos os seres e que assistis por Vossa unidade todas as criaturas. Sois Deus, e não há diferença entre Vossa divindade, Vossa unidade, Vossa eternidade e Vossa existência, pois tudo faz parte de um mesmo mistério e, embora os nomes variem, tudo permanece a mesma coisa.

Sois sábio, e essa ciência, que é a fonte da vida, emana de Vós, e, em comparação com Vossa ciência, todos os homens, por mais sábios que sejam, são estúpidos. Sois sábio, e o ancião dos anciões e a ciência sempre se alimentaram junto de Vós. Sois sábio e não aprendestes a ciência com ninguém, não adquiristes de outro além de Vós. Sois sábio e, como um operário e um arquiteto, reservastes de Vossa ciência uma divina vontade, em um tempo dado, para atrair o ser do nada; da mesma forma que a luz que sai dos olhos é atraída de seu próprio centro sem nenhum instrumento nem ferramenta. Essa divina vontade cavou, traçou, purificou e fundiu; ordenou ao nada que se abrisse, ao ser que se aprofundasse e ao mundo que se estendesse. Ela mediu os céus com a palma, com seu poder reuniu o pavilhão das esferas, com os laços de seu poder cerrou as cortinas das criaturas do Universo e, tocando com sua força a borda da cortina da criação, uniu a parte superior à inferior.

Este texto encontra-se no livro da Madras Editora, *A Chave dos Grandes Mistérios*, de Eliphas Levi, tradução de Julia Vidili, 2005, no qual o autor o cita como *Trecho das Orações de Kippur*, invocação emprestada da liturgia israelita. É uma página de *Kether-Malkhut*, poema cabalístico do rabino Salomão, filho de Gabirol.

Deus por Eliphas Levi

Deus só pode ser definido pela fé; a ciência não pode nem negar nem afirmar que Ele existe.

Deus é o objeto absoluto da fé humana. No infinito, é a inteligência suprema e criadora da ordem. No mundo, é o espírito de caridade.

Seria o Ser universal uma máquina fatal, que esmaga eternamente as inteligências ocasionais, ou uma inteligência providencial que dirige as forças para a melhora dos espíritos?

A primeira hipótese repugna a razão, é desesperadora e imoral. A ciência e a razão devem, portanto, inclinar-se diante da segunda.

Sim, Proudhon, Deus é uma hipótese, tão necessária que, sem ela, todos os teoremas se tornam absurdos e duvidosos.

Para os iniciados na Cabala, Deus é a unidade absoluta que cria e anima os números.

A unidade de inteligência humana demonstra a unidade de Deus. A chave dos números é a mesma dos símbolos, porque os sintomas são as figuras analógicas da harmonia que vem dos números.

As matemáticas não poderiam demonstrar a fatalidade cega, uma vez que são a expressão da exatidão, que é o caráter da mais suprema razão.

A unidade demonstra a analogia dos contrários; é o princípio, o equilíbrio e o fim dos números. O ato de fé parte da unidade e retorna à unidade.

Vamos esboçar uma explicação da Bíblia pelos números, porque a Bíblia é o livro das imagens de Deus.

I – A Unidade

A unidade é o princípio e a síntese dos números, é a ideia de Deus e do homem, é a aliança da razão e da fé.

Deus é, necessariamente, o mais desconhecido de todos os seres, uma vez que só é definido no sentido inverso de nossas experiências. Ele é tudo o que não somos, é o infinito oposto ao finito pela hipótese contraditória.

Para afirmar sem disparate que Deus existe ou não, é preciso partir de uma definição sensata ou disparatada de Deus. Ora, essa definição, para ser sensata, deve ser hipotética, analógica e negativa do finito conhecido. Podemos negar um deus qualquer, mas um Deus absoluto não é mais negável do que provável, apenas O supomos racionalmente e acreditamos nisso.

Não é preciso desesperar-se ao ver o Deus de nossos bárbaros pais se tornar o Diabo de nossos filhos mais esclarecidos. Transformamos em diabos os deuses refugados; Satanás é tão incoerente e disforme porque é feito de todos os cacos das antigas teogonias, é a esfinge sem palavra, é o enigma sem solução, é o mistério sem verdade, o absoluto sem realidade e sem luz.

O homem é o filho de Deus porque o Deus manifesto, realizado e encarnado sobre a Terra se chamou o Filho do Homem.

O homem é a forma do pensamento divino, e Deus é a síntese idealizada do pensamento humano. Assim, o Verbo de Deus é o revelador do homem, e o verbo do homem é o revelador de Deus.

O homem é o Deus do mundo, e Deus é o homem do Céu.

Trechos extraídos do livro *A Chave dos Grandes Mistérios*, de Eliphas Levi, Madras Editora.

Deus por Joseph Campbell

Há um Deus?

Se a palavra Deus significasse alguma coisa, deveria significar nada. Deus não é um fato. Um fato é um objeto no campo de tempo e espaço, uma imagem no campo dos sonhos. Deus não é um sonho, Deus não é um fato. Deus é uma palavra que nos remonta a algo além do que possa ser concebido ou nomeado. Entretanto, as pessoas pensam em seu Deus como alguém que tem sentimentos como nós, que gosta mais desse povo do que daquele e estabelece certas regras para suas vidas.

Veja a coisa por este ângulo: Deus é a fonte ou é uma maneira humana de conceber a força e a energia que sustentam o mundo? Em nossa tradição, Deus é uma figura masculina. Essa diferenciação entre masculino e feminino é feita, no entanto, dentro do campo de tempo e espaço, o campo da dualidade. Se Deus está além da dualidade, você não pode dizer que Deus é um Ele. Tampouco pode dizer que é um Ela.

Pense nas luzes elétricas em uma sala. Você pode dizer: "As luzes – no plural – estão acesas". Pode dizer: "A luz – no singular – está acesa". São duas maneiras de dizer exatamente a mesma coisa. Em um caso, você está enfatizando o veículo da luz: "As luzes estão acesas". No outro, dá maior ênfase àquilo sobre o que está realmente falando: a luz.

Uma das coisas mais interessantes da Bíblia é que todos os principais temas mitológicos do Velho Testamento foram encontrados por nossos pesquisadores modernos no complexo sumério-babilônico mais antigo: o deus serpente, a árvore no jardim da vida imortal, a criação da humanidade a partir do barro, o dilúvio e muitos outros. Penso, porém, no que aconteceu como resultado: mitos que originalmente apontavam para a deusa como fonte suprema agora apontam para um deus!

Diz São Tomé em Suma contra Gentiles *(livro I, cap. 5): "E só assim conheceremos Deus verdadeiramente, quando acreditarmos que Ele está acima de tudo que o homem pode conceber como Deus"; o que certamente indica que não é apropriado pensar que aquilo que supera todo pensamento humano é masculino ou feminino. Em nossa tradição, o problema é agravado pela imagem de um Deus masculino sem esposa, de modo que nem sequer podemos conceber uma divindade transcendendo ou subsumindo os opostos sexuais. Essa imagem do divino é psicológica e socialmente importante. Como sabemos muito bem agora, essa representação enfaticamente desbastada do mistério de Deus foi arquitetada para sustentar a afirmação de superioridade dos conquistadores patriarcais sobre as vítimas matriarcais.*

Tu És Isso, Joseph Campbell, Madras Editora.

Deus em Nag Hammadi

São muito conhecidos e polêmicos os textos apócrifos do Cristianismo primitivo encontrados em Nag Hammadi no ano de 1945. Por vários motivos, eles podem tanto incomodar como despertar o interesse do estudioso, pois apresentam filosofias e doutrinas até então esquecidas do Cristianismo e muitas que em uma primeira vista podem parecer contrárias ao Cristianismo. De Nag Hammadi, vem textos como O Evangelho de Tomé, O Apócrifo de João, O Evangelho de Felipe, O Evangelho de Maria, O Apocalipse de Pedro e outros. São textos muito importantes para se ter uma visão mais aberta sobre o Cristianismo e esses grupos chamados de gnósticos.

A Editora Madras publicou, em 2006, *A Biblioteca de Nag Hammadi – A Tradução Completa das Escrituras Gnósticas,* que se constitui das traduções dos originais encontrados em Nag Hammadi. Os textos originais estão em manuscritos feitos em papiro do século IV, consistem em 12 códices, oito páginas de um 13º e 52 tratados separados.

Em razão de a maioria dos tratados da biblioteca derivar de grupos helenistas, atualmente chamados de gnósticos, e sobreviver nas traduções coptas, ela ficou conhecida como A Biblioteca Gnóstica Copta.

Entre os textos de Nag Hammadi, há um que se chama Tratado Tripartido por ser uma dissertação teológica sem título e que está dividida em três segmentos, também não é identificada a autoria; no entanto, é certo sua origem e que o que expressa faz parte do mesmo grupo de textos encontrados. Nesse Tratado Tripartido está uma definição sobre o Pai, abaixo coloco este texto mais a introdução do Tratado.

1. Introdução

O que podemos dizer sobre as coisas que foram exaltadas, o que é apropriado é que comecemos pelo Pai, que é a raiz da totalidade, Aquele de quem recebemos a graça para falar sobre Ele.

2. O Pai

Ele existiu antes de qualquer coisa que não fosse a sua própria existência. O Pai é único, como um número, pois Ele é o primeiro e Aquele que é somente Ele mesmo. Ainda assim, Ele não é um indivíduo solitário. Caso contrário, como Ele poderia ser o Pai? Sempre que há um pai, segue o nome de filho. Entretanto, o único, Aquele que exclusivamente é o Pai, é como uma raiz, com árvore, galhos e frutos. Tem sido dito que Ele é um pai no sentido próprio, por ser inimitável e imutável. Por causa disso, Ele é único no sentido próprio, e é um Deus, porque ninguém é Deus para Ele, como ninguém é um pai para Ele. Ele não foi gerado, não havendo outro que gerasse, nem alguém que criasse. Como aquele que é o pai de alguém, ou o seu criador, Ele também tem um pai e um criador. É certamente possível para Ele ser o pai e o criador daquele que veio à existência por meio d'Ele, sendo aquele que Ele mesmo criou, não sendo um pai no sentido próprio, nem um Deus, por ter alguém que o gerou e que o criou. Logo, é apenas o Pai e Deus no sentido próprio que ninguém jamais gerou. Quanto às totalidades, Ele é Aquele que as gerou e que as criou. Ele é sem começo e fim.

Não é apenas sem fim que Ele é – é imortal por esse motivo, o de não ter sido gerado –, mas é também invariável em Sua eterna existência, em Sua identidade, naquilo que Ele estabeleceu e naquilo pelo qual é grandioso. Ele não irá se remover daquilo que é, como também não forçará ninguém a produzir um fim que Ele jamais tenha desejado. Não teve alguém que iniciasse a sua própria existência. Consequentemente, Ele é por si mesmo inalterado, sendo que ninguém poderá retirar-Lhe da Sua própria existência, da Sua identidade, aquela na qual é Ele, e Sua grandeza, para que não possa ser alcançado; assim como não é possível que alguém mude para uma forma diferente, ou reduza, ou altere ou diminua – desde que assim é no sentido completo da verdade –, Aquele que é inalterável, imutável, com a imutabilidade que o veste.

Ele não é apenas chamado de sem um início e sem um fim pelo fato de não ter sido gerado e de ser imortal; porém, assim como não possui um começo e nem um fim como Ele é, é inatingível na Sua grandeza, impenetrável na Sua sabedoria, incompreensível no Seu poder e incomensurável na Sua bondade.

No sentido próprio, Ele sozinho – o bondoso, o não gerado Pai e Aquele perfeitamente completo – é Aquele repleto com todas as Suas progênies, cada virtude e tudo o que é de valor. E possui mais, isto é, a falta de qualquer malícia, para que possa ser descoberto que quem quer que seja tem obrigação com Ele, porque é Ele que nos oferece, sendo por si mesmo inatingível e incansável por aquilo que nos oferece, pois é rico nos presentes que concede e é confortante nos favores que presta.

Ele é de tal bondade, forma e imensa magnitude que ninguém jamais tem estado com Ele desde o início; nem em lugar algum que estivesse, ou do *qual tenha vindo, ou para onde irá; não há uma forma primordial que utiliza como modelo enquanto trabalha; não há qualquer tipo de dificuldade que o acompanhe naquilo que faz; como não há material que esteja ao Seu dispor, do qual Ele cria o que cria; nem qualquer tipo de substância dentro d'Ele da qual gera o que gera; nem companheiros trabalhando com Ele nas coisas que faz. Dizer qualquer coisa desse tipo é ignorância. Melhor seria falar d'Ele como bondoso, impecável, perfeito, completo, sendo Ele mesmo a Totalidade.*

Nenhum dos nomes que foi concebido ou falado, visto ou apreendido – nenhum deles se aplica a Ele, mesmo que sejam excessivamente gloriosos, louvados e honrados. Não obstante, é possível pronunciar esses nomes para a Sua honra e glória, de acordo com a capacidade de cada um deles em Lhe oferecer a glória. Mesmo por Ele, em Sua própria existência, em ser e forma, é impossível para a mente Lhe conceber, ser conduzido em qualquer discurso, ser visto por qualquer olhar, ou um corpo Lhe agarrar, por causa de Sua grandeza inescrutável, Sua profundeza incompreensível, Sua altura imensurável e Sua vontade ilimitável. Essa é a natureza do que não foi gerado, que não toca coisa alguma; nem se une a coisa alguma, tendo em vista que qualquer coisa é limitada. Ao contrário, Ele possui essa constituição, sem ter um rosto ou uma forma, coisas que são compreendidas por meio da percepção, da qual também vem (o epíteto) "o incompreensível". Se Ele é incompreensível, então se entende que é incognoscível, que é Aquele que é inconcebível por qualquer tipo de pensamento, invisível por qualquer coisa, inefável por qualquer palavra, intocável por qualquer mão. Ele por Si só é Aquele que conhece a Si mesmo como é, junto com a Sua forma, grandeza e magnitude. E, desde que possui a habilidade de conceber a Si mesmo, ver a Si mesmo, nomear a Si mesmo, compreender a Si mesmo, Ele sozinho é Aquele que é de Sua própria mente, Seus próprios olhos, Sua própria boca, Sua própria forma, e Ele é o que pensa, o que vê, o que fala, o que toca, Ele mesmo, Aquele que é inconcebível, inefável, incompreensível, imutável, enquanto sustém a alegria, a verdade, o encanto e a serenidade, que é aquilo que Ele concebe, que vê, que fala e tem como pensamento. Ele transcende toda a sabedoria, está acima de todo intelecto, glória, beleza, bondade, grandeza e profundidade e em qualquer altura.

Se Este, que é incognoscível em Sua natureza, a Quem pertence toda a grandeza que eu já mencionei, se, longe da abundância de Sua bondade, Ele desejar conceder o conhecimento, para que Ele possa ser conhecido, tem a capacidade de assim o fazer. Possui o Seu poder, que é a Sua vontade. Agora, entretanto, em silêncio, Se apoia em Si mesmo, Ele que é o grandioso, a causa da chegada das totalidades em Seus seres eternos.

É no sentido próprio que Ele gera a Si mesmo como inefável, sendo que sozinho é autogerado, Se concebe e é Quem é. O que é digno de Sua admiração e glória, honra e louvor, Ele produz por causa da imensidade de Sua grandeza, a impenetrabilidade de Sua sabedoria, a incomensurabilidade do Seu poder e

Sua insípida bondade. Ele é Aquele que Se projeta dessa maneira, através de gerações, tendo a glória e a admirável e amável honra; Aquele que glorifica a Si mesmo, que Se admira, Se honra e também ama; Aquele que tem um Filho que subsiste n'Ele, é silencioso em relação a Ele, o inefável no inefável, o invisível, o incompreensível, o inconcebível no inconcebível. Logo, Ele existe n'Ele para sempre. O Pai, da maneira que mencionamos anteriormente, de forma não gerada, é Aquele que conhece a Si mesmo, Se gerou tendo um pensamento, o pensamento d'Ele, isto é, a percepção d'Ele, que é (...) de Sua constituição para sempre. Assim sendo, contudo, no sentido próprio, o silêncio, a sabedoria e a graça, caso seja designada adequadamente dessa maneira.

Deus de Urântia

Existe um livro chamado *Livro de Urântia*, o qual acredita-se que foi escrito entre 1928 e 1934, em Chicago, por um grupo de pessoas que teriam entrado em contato com seres celestiais vindos de vários pontos do Universo. Os contatos com esses seres teriam iniciado em 1906 e durado até 1955. A pessoa central que serviu de organizador e/ou orientador dos questionamentos foi o dr. Willian S. Sadler, que reuniu um grupo de seis pessoas, que, durante esse período, manteve outros grupos dedicados ao estudo das revelações. A forma como esse material foi concebido é mantida em segredo; fala-se desde textos inspirados até materializações, no entanto nega-se que seja algo mediúnico.

Foi publicado pela primeira vez em 1955 pela Fundação Urântia. Já foi publicado em várias línguas, mas ainda não tem nenhuma edição em português; o que existe são versões digitais disponibilizadas pela Funda ção Urântia, que detém os direitos da obra.

Existem muitos *sites* sobre esse livro e grupos de estudos. Para mais informações a respeito, recomendo a Associação Urântia do Brasil, que pode ser acessada pelo *site* www.urantia.com.br; neste *site* também é possível ler e baixar os arquivos do *Livro de Urântia*.

A proposta da obra é de revelação sobre muitos assuntos pertinentes a Deus, ao homem e a esse planeta, além de uma extensa abordagem sobre Jesus.

O *Livro de Urântia* tem 2.097 páginas divididas em quatro partes, mais uma introdução:

- Introdução
- Parte I – O Universo Central e os Superuniversos
- Parte II – O Universo Local
- Parte III – A História de Urântia
- Parte IV – A Vida e os Ensinamentos de Jesus

São muitos os temas abordados nessas quatro partes do livro, o que o torna muito interessante a qualquer pessoa que se interesse pelo estudo de religião; embora não tenha uma proposta de criar uma religião, toda a sua abordagem é filosoficamente voltada às questões religiosas.

Urântia é o nome desse nosso planeta, e os seres que escreveram esse livro conhecem toda a sua história. São muitos os que se fizeram comunicar, e interessante também são os nomes e/ou títulos pelo qual se identificaram como: Conselheiro Divino, Perfeccionador da Sabedoria, Censor Universal, Mensageiro Poderoso, Um Alto em Autoridade, Chefe dos Arcanjos, Filho Vorondadeque, Brilhante Estrela Vespertina, Melquisedeque, Arcanjo, Lanonandeque Secundário, Portador da Vida, O Chefe dos Serafins, Chefe das Criaturas Intermediárias, Um Mensageiro Solitário, Comissão de Seres Intermediários e outros.

Na introdução e no primeiro capítulo do livro são dadas uma atenção direta e focada em Deus, o que muito nos interessa para o presente estudo; colocarei aqui apenas algumas passagens extraídas do *site* www.urantia.com.br.

Logo na introdução do livro temos a seguinte apresentação:

Nas mentes dos mortais de Urântia – este sendo o nome do vosso mundo – existe uma grande confusão a respeito dos significados de termos como Deus, divindade e deidade. Os seres humanos encontram-se mais confusos e inseguros ainda a respeito das relações entre as personalidades divinas designadas por esses diversos nomes. Em vista dessa pobreza conceitual, somada à imensa confusão de ideias, fui orientado a formular essa exposição introdutória, com o fito de explicar os significados que deveriam corresponder a certos símbolos verbais, do modo como deverão ser utilizados a seguir nesses documentos, os quais o corpo de reveladores da verdade de Orvonton foi autorizado a traduzir para o idioma inglês de Urântia.

I. Deidade e divindade

O Universo dos Universos apresenta fenômenos de atividades de deidade nos diversos níveis de realidades cósmicas, de significados da mente e de valores do espírito; mas todas essas ministrações – pessoais ou de outras naturezas – são divinamente coordenadas.

A deidade funciona em níveis pessoais, pré-pessoais e suprapessoais. A deidade total é funcional nos sete níveis seguintes:

1. Estático – A deidade contida em si própria e existente em si.

2. Potencial – A deidade volitiva em si própria e com propósito em si.

3. Associativo – A deidade personalizada em si mesma e divinamente fraternal.

4. *Criativo* – *A deidade distributiva de si mesma e divinamente revelada.*
5. *Evolucionário* – *A deidade expansiva por si mesma e identificada com a criatura.*
6. *Supremo* – *A deidade que experiencia a si mesma e que é unificadora de criatura e Criador. Esta deidade funciona no primeiro nível de identificação com a criatura, como supracontroladora no tempo-espaço do grande Universo, às vezes, designada como a supremacia da deidade.*
7. *Último* – *A deidade que se projeta a si mesma e transcende o tempo e o espaço. Deidade onipotente, onisciente e onipresente. Esta deidade funciona no segundo nível da expressão da divindade unificadora, como supracontroladora eficaz e sustentadora absoluta do Universo-Mestre. Comparada ao ministério das deidades no grande Universo, essa função absoluta, no Universo-Mestre, equivale ao supracontrole e à suprassustentação universal, algumas vezes denominada ultimidade da deidade.*

A deidade é a fonte de tudo aquilo que é divino. A deidade é característica e invariavelmente divina, mas nem tudo o que é divino é deidade necessariamente, ainda que esteja coordenado com a deidade e tenha a tendência de estar, em alguma fase, em unidade com a deidade – espiritual, mental ou pessoalmente.

Divindade é a qualidade característica, unificadora e coordenadora da deidade.

A divindade é inteligível, pela criatura, como verdade, beleza e bondade. Ela encontra sua correspondência na personalidade como amor, misericórdia e ministração. E ela é revelada, nos níveis impessoais, como justiça, poder e soberania.

II. Deus

As criaturas mortais em evolução possuem uma necessidade irresistível de simbolizar seus conceitos finitos de Deus.

A consciência cósmica implica o reconhecimento de uma Causa Primeira, a realidade una e única não causada. Deus, o Pai Universal, funciona em três níveis de personalidade-deidade, de valor subinfinito e de expressão relativa de divindade.

1. *Pré-pessoal* – *Como na ministração dos fragmentos do Pai, tais como os Ajustadores do Pensamento.*
2. *Pessoal* – *Como na experiência evolucionária dos seres criados e procriados.*
3. *Suprapessoal* – *Como nas existências manifestadas de certos seres absonitos e semelhantes.*

Deus é uma palavra-símbolo que designa todas as personalizações da deidade. O termo requer uma definição diferente para cada nível pessoal de função da deidade e deve ainda, futuramente, ser redefinido dentro de cada um desses níveis, pois esse termo pode ser usado para designar as personalizações diversas, coordenadas e subordinadas, da deidade, como por exemplo: os Filhos Criadores do Paraíso – os pais dos Universos locais.

O termo Deus, do modo como o usamos, pode ser compreendido:
Por designação – Como Deus, o Pai.

Pelo contexto – Como quando é usado na argumentação a respeito de uma associação de deidades ou um nível da deidade. Quando houver dúvida sobre a interpretação exata da palavra Deus, será aconselhável referirmo-nos à pessoa do Pai Universal.

O termo Deus sempre denota personalidade. Deidade pode referir-se ou não às personalidades da divindade.

A palavra Deus é usada, nesses documentos, com os seguintes significados:

1. Deus, o Pai – Criador, Controlador e Sustentador. O Pai Universal, a Primeira Pessoa da Deidade.

2. Deus, o Filho – Criador Coordenado, Controlador do Espírito e Administrador Espiritual. O Filho Eterno, a Segunda Pessoa da Deidade.

3. Deus, o Espírito – Agente Conjunto, Integrador Universal e Outorgador da Mente. O Espírito Infinito, a Terceira Pessoa da Deidade.

4. Deus, o Supremo – O Deus do tempo e do espaço, em factualização e em evolução. A Deidade Pessoal que associativamente alcança a realização experiencial da identidade criatura-Criador no tempo-espaço. O Ser Supremo está pessoalmente experienciando a realização da unidade da Deidade, como o Deus evolutivo e experiencial das criaturas evolucionárias do tempo e do espaço.

5. Deus, o Sétuplo – É a personalidade da deidade, funcionando de modo factual em todos os lugares, no tempo e no espaço. São as deidades pessoais do Paraíso e os seus coligados criadores, funcionando dentro e além das fronteiras do Universo central e que estão personalizando o poder como Ser Supremo, no primeiro nível da criatura, para a revelação unificadora da deidade, no tempo e no espaço. Esse nível, o grande Universo, é a esfera na qual as personalidades do Paraíso fazem sua descensão, no tempo-espaço, em associação recíproca com a ascensão, no espaço e no tempo, das criaturas evolucionárias.

6. Deus, o Último – O Deus em processamento corrente, do supratempo e do espaço transcendido. O segundo nível experiencial de manifestação da deidade unificadora. Deus, o Último, implica a realização adquirida dos valores sintetizados absonitos-suprapessoais, dos valores de espaço e tempo transcendidos e dos valores experienciais em processamento (factualizados), coordenados nos níveis criadores finais da realidade da deidade.

7. Deus, o Absoluto – O Deus que se experiencializa, dos valores suprapessoais transcendidos e dos significados da divindade, tornando-se agora existencial como o Absoluto da Deidade. Este é o terceiro nível da expressão e da expansão da deidade unificadora. Neste nível supracriador, a deidade experiencia a exaustão do potencial personalizável, encontra a sua completude de divindade, passando pelo esvaziamento da capacidade da revelação de si nos níveis sucessivos e progressivos de personalização no outro. A deidade agora alcança o Absoluto Inqualificável, impinge-se nele, encontra-se nele e com ele experiencia a identidade.

III. Deus, o Sétuplo

Para compensar a criatura pela sua finitude de status e pelas suas limitações de conceito, o Pai Universal estabeleceu, para a criatura evolucionária, um modo sétuplo de entendimento da deidade e de sua aproximação:
1. *Os Filhos Criadores do Paraíso.*
2. *Os Anciães dos Dias.*
3. *Os Sete Espíritos Mestres.*
4. *O Ser Supremo.*
5. *Deus, o Espírito.*
6. *Deus, o Filho.*
7. *Deus, o Pai.*

A existência de Deus não pode jamais ser comprovada pela experiência científica, nem pela razão pura com uma dedução lógica. Deus só pode ser compreendido no âmbito da experiência humana; contudo, o verdadeiro conceito da realidade de Deus é razoável para a lógica, plausível para a filosofia, essencial para a religião e indispensável a qualquer esperança de sobrevivência da personalidade.

Ainda no *Livro de Urântia* são abordados muitos outros aspectos interessantes sobre Deus, como o Pai Universal, O Nome do Pai, A Realidade de Deus, Deus É um Espírito Universal, O Mistério de Deus, A Personalidade do Pai Universal, Natureza de Deus, A Infinitude de Deus, A Perfeição Eterna do Pai, Justiça e Retidão, A Misericórdia Divina, O Amor de Deus, A Bondade de Deus, Verdade e Beleza Divinas, Os Atributos de Deus, A Onipresença de Deus, O Poder Infinito de Deus, O Conhecimento Universal de Deus, Relação de Deus com o Universo, A Relação de Deus com o Indivíduo e outros assuntos importantes para serem pensados e estudados por nós que nos dedicamos ao entendimento do Mistério Maior e de Seus mistérios.

Deus por Allan Kardec

Allan Kardec também se ocupou em apresentar uma visão de Deus segundo o Espiritismo, que filosoficamente trata das mesmas questões de todas as religiões.
Coloco abaixo um texto de *O Livro dos Espíritos*, de Allan Kardec, traduzido por Guillon Ribeiro, Editora FEB.

Deus e o infinito

1. *Que é Deus?*
"Deus é a inteligência suprema, causa primária de todas as coisas."
2. *Que se deve entender por infinito?*
"O que não tem começo nem fim: o desconhecido; tudo que é desconhecido é infinito."
3. *Poder-se-ia dizer que Deus é o infinito?*
"Definição incompleta. Pobreza da linguagem humana, insuficiente para definir o que está acima da linguagem dos homens."

Deus é infinito em Suas perfeições, mas o infinito é uma abstração. Dizer que Deus é o *infinito* é tomar o atributo de uma coisa pela coisa mesma, é definir uma coisa que não está conhecida por uma outra que não está mais do que a primeira.

Provas da existência de Deus

4. *Onde se pode encontrar a prova da existência de Deus?*
"Em um axioma que aplicais às vossas ciências. Não há efeito sem causa. Procurai a causa de tudo o que não é obra do homem, e a vossa razão responderá."

Para crer-se em Deus, basta que se lance o olhar sobre as obras da criação. O Universo existe, logo tem uma causa. Duvidar da existência de Deus é negar que todo efeito tem uma causa e avançar que o nada pôde fazer alguma coisa.

5. *Que dedução se pode tirar do sentimento instintivo, que todos os homens trazem em si, da existência de Deus?*
"A de que Deus existe; pois, de onde lhes viria esse sentimento, se não tivesse uma base? É ainda uma consequência do princípio - não há efeito sem causa."

6. *O sentimento íntimo que temos da existência de Deus não poderia ser fruto da educação, resultado de ideias adquiridas?*
"Se assim fosse, por que existiria nos vossos selvagens esse sentimento?"
Se o sentimento da existência de um ser supremo fosse tão somente produto de um ensino, não seria universal e não existiria senão nos que houvessem podido receber esse ensino, conforme se dá com as noções científicas.

7. *Poder-se-ia achar nas propriedades íntimas da matéria a causa primária da formação das coisas?*
"Mas, então, qual seria a causa dessas propriedades? É indispensável sempre uma causa primária."
Atribuir a formação primária das coisas às propriedades íntimas da matéria seria tomar o efeito pela causa, porquanto essas propriedades são, também elas, um efeito que há de ter uma causa.

8. *Que se deve pensar da opinião dos que atribuem a formação primária a uma combinação fortuita da matéria, ou, por outra, ao acaso?*
"Outro absurdo! Que homem de bom senso pode considerar o acaso um ser inteligente? E, demais, que é o acaso? Nada."
A harmonia existente no mecanismo do Universo patenteia combinações e desígnios determinados e, por isso mesmo, revela um poder inteligente. Atribuir a formação primária ao acaso é insensatez, pois o acaso é cego e não pode produzir os efeitos que a inteligência produz. Um acaso inteligente já não seria acaso.

9. *Em que é que, na causa primária, se revela uma inteligência suprema e superior a todas as inteligências?*
"Tendes um provérbio que diz: 'Pela obra se reconhece o autor'. Pois bem! Vede a obra e procurai o autor. O orgulho é que gera a incredulidade. O homem orgulhoso nada admite acima de si. Por isso é que ele denomina a si mesmo de espírito forte. Pobre ser, que um sopro de Deus pode abater!"
O poder de uma inteligência se julga pelas obras. Não podendo nenhum ser humano criar o que a natureza produz, a causa primária é, conseguintemente, uma inteligência superior à humanidade.
Quaisquer que sejam os prodígios que a inteligência humana tenha operado, ela própria tem uma causa e, quanto maior for o que opere, tanto maior há de ser a causa primária. Aquela inteligência superior é que é a causa primária de todas as coisas, seja qual for o nome que lhe deem.

Atributos da divindade

10. *Pode o homem compreender a natureza íntima de Deus?*
"Não; falta-lhe para isso o sentido."

11. *Será dado um dia ao homem compreender o mistério da divindade?*
"Quando não mais tiver o espírito obscurecido pela matéria. Quando, pela sua perfeição, se houver aproximado de Deus, ele O verá e compreenderá."

A inferioridade das faculdades do homem não lhe permite compreender a natureza íntima de Deus. Na infância da humanidade, o homem O confunde muitas vezes com a criatura, cujas imperfeições lhe atribui; mas, à medida que nele se desenvolve o senso moral, seu pensamento penetra melhor no âmago das coisas; então, faz ideia mais justa da divindade e, ainda que sempre incompleta, conforme à sã razão.

12. *Embora não possamos compreender a natureza íntima de Deus, podemos formar ideia de algumas de Suas perfeições?*
"De algumas, sim. O homem as compreende melhor à proporção que se eleva acima da matéria. Entrevê-as pelo pensamento."

13. *Quando dizemos que Deus é eterno, infinito, imutável, imaterial, único, onipotente, soberanamente justo e bom, temos ideia completa de Seus atributos?*
"Do vosso ponto de vista, sim, porque credes abranger tudo. Sabei, porém, que há coisas que estão acima da inteligência do homem mais inteligente, as quais a vossa linguagem, restrita às vossas ideias e sensações, não tem meios de exprimir. A razão, com efeito, vos diz que Deus deve possuir em grau supremo essas perfeições, porquanto, se uma Lhe faltasse, ou não fosse infinita, já Ele não seria superior a tudo, não seria, por conseguinte, Deus. Para estar acima de todas as coisas, Deus tem de se achar isento de qualquer vicissitude e das imperfeições que a imaginação possa conceber."

Deus é *eterno*. Se tivesse tido princípio, teria saído do nada, ou, então, também teria sido criado por um ser anterior. É assim que, de degrau em degrau, remontamos ao infinito e à eternidade.

É *imutável*. Se estivesse sujeito a mudanças, as leis que regem o Universo nenhuma estabilidade teriam.

É *imaterial*. Isso quer dizer que sua natureza difere de tudo o que chamamos matéria. De outro modo, Ele não seria imutável, porque estaria sujeito às transformações da matéria.

É *único*. Se muitos deuses houvesse, não haveria unidade de vistas, nem unidade de poder na ordenação do Universo.

É *onipotente*. Ele o é, porque é único. Se não dispusesse do soberano poder, algo haveria mais poderoso ou tão poderoso quanto Ele, que então não teria feito todas as coisas. As que não houvesse feito seriam obra de outro Deus.

É soberanamente justo e bom. A sabedoria providencial das leis divinas se revela, nas mais pequeninas coisas, como nas maiores, e essa sabedoria não permite duvidar nem da justiça nem da bondade de Deus.

Panteísmo

14. *Deus é um ser distinto, ou será, como opinam alguns, a resultante de todas as forças e inteligências do Universo reunidas?*

"Se fosse assim, Deus não existiria, porquanto seria efeito e não causa. Ele não pode ser ao mesmo tempo uma e outra coisa.

"Deus existe; disso não podeis duvidar e é o essencial. Crede-me, não vades além.

Não vos percais em um labirinto de onde não lograríeis sair. Isso não vos tornaria melhores, antes um pouco mais orgulhosos, pois que acreditaríeis saber, quando na realidade nada saberíeis. Deixai, consequentemente, de lado todos esses sistemas; tendes bastantes coisas que vos tocam mais de perto, a começar por vós mesmos. Estudai as vossas próprias imperfeições, a fim de vos libertardes delas, o que será mais útil do que pretenderdes penetrar no que é impenetrável."

15. *Que se deve pensar da opinião segundo a qual todos os corpos da natureza, todos os seres, todos os globos do Universo seriam partes da divindade e constituiriam, em conjunto, a própria divindade, ou, por outra, que se deve pensar da doutrina panteísta?*

"Não podendo fazer-se Deus, o homem quer ao menos ser uma parte de Deus."

16. *Pretendem os que professam esta doutrina achar nela a demonstração de alguns dos atributos de Deus: sendo infinitos os mundos, Deus é, por isso mesmo, infinito; não havendo o vazio, ou o nada em parte alguma, Deus está por toda parte; estando Deus em toda parte, pois que tudo é parte integrante de Deus, Ele dá a todos os fenômenos da natureza uma razão de ser inteligente. Que se pode opor a este raciocínio?*

"A razão. Refleti maduramente e não vos será difícil reconhecer-lhe o absurdo."

Esta doutrina faz de Deus um ser material que, embora dotado de suprema inteligência, seria em ponto grande o que somos em ponto pequeno. Ora, transformando-se a matéria incessantemente, Deus, se fosse assim, nenhuma estabilidade teria; achar-se-ia sujeito a todas as vicissitudes, mesmo a todas as necessidades da humanidade; faltar-Lhe-ia um dos atributos essenciais da divindade: a imutabilidade. Não se podem aliar as propriedades da matéria à ideia de Deus, sem que Ele fique rebaixado ante a nossa compreensão, e não haverá sutilezas de sofismas que cheguem a resolver o problema da Sua natureza íntima. Não sabemos tudo o que Ele é, mas sabemos o que Ele não pode deixar de ser, e o sistema de que tratamos está em contradição com as suas mais essenciais propriedades. Ele confunde o Criador com a criatura, exatamente como o faria quem pretendesse que engenhosa máquina fosse parte integrante do mecânico que a imaginou.

A inteligência de Deus se revela em Suas obras como a de um pintor no seu quadro; mas as obras de Deus não são o próprio Deus, como o quadro não é o pintor que o concebeu e executou.

Deus por Fernando Pessoa

*Deus costuma usar a solidão
para nos ensinar sobre a convivência.
Às vezes, usa a raiva,
para que possamos compreender
o infinito valor da paz.
Outras vezes usa o tédio,
quando quer nos mostrar a importância da
aventura e do abandono.*

*Deus costuma usar o silêncio para nos
ensinar sobre a responsabilidade
do que dizemos.*

*Às vezes usa o cansaço,
para que possamos compreender
o valor do despertar.*

*Outras vezes usa a doença,
quando quer nos mostrar
a importância da saúde.*

*Deus costuma usar o fogo, para nos ensinar
sobre a água.*

*Às vezes, usa a terra,
para que possamos compreender o valor do ar.*

*Outras vezes usa a morte,
quando quer nos mostrar
a importância da vida.*

Deus por Fernando Sepe

    Eu poderia achar um título mais inovador para esse pequeno texto, mas achei por bem chamá-lo de Deus. Sabe como é: Olorum, Zambi, Brahman, Tao, Natureza, Jeová, Infinito, Absoluto, são muitos os nomes que O designam. Talvez (pense comigo) todas as palavras se refiram a Ele, já que Ele é o todo, não? Nesse caso, essa questão de nome perde um pouco o sentido, além de muitas vezes limitar a concepção do infinito por determinada época e cultura. Mas, para simplificar, vou seguir o conselho do velho Jung e chamar Deus de... Deus! É mais fácil e acessível a todos! Mas que fique claro: poderia chamá-lo de Banana, Elefante, Papel ou Cadeira, daria no mesmo...
    Para ser sincero, não gostaria de discutir os nomes do Grande Arquiteto. Muito menos se é Arquiteto ou Arquiteta. Tampouco discorrer sobre suas qualidades, defeitos, atributos, belezas e malvadezas, seria por demais extenso. Provar Sua existência? Nem pensar! Até o célebre Descartes acabou naufragando ao tentar isso, apesar de toda a sua genialidade...
    Gostaria apenas de falar sobre Deus, livremente, sem a prensa das religiões, sem o peso dos debates filosóficos. Não sou especialista n'Ele! Como diria o célebre Riobaldo, o sertanejo mais pós-socrático do Brasil: "Eu quase que nada não sei. Mas desconfio de muita coisa". Frase célebre e inteligente por meio da pena de Guimarães Rosa - o autor mais atordoado por espíritos depois de Chico Xavier.
    Esse texto é assim. Eu não sei, mas desconfio... Desconfio que às vezes Deus seja uma pessoa transcendente, um Super-Humano, Todo-Poderoso, cercado por uma hierarquia de anjos. E eu estou no sopé da escada. Ela é tão alta! Mas minha oração tem um destino, e Deus me dá força. Lá vou eu, galgando degrau após degrau. Um dia chego lá. Não tem pressa. Afinal, foi o tal Allan Kardec, ou os Rishis dos Upanishads que falaram de reencarnação? Não sei, mas desconfio que talvez tenha sido Jesus em seu diálogo com Zaqueu,

ou quem sabe o Buda* Gautama, quando explicava sobre suas outras vidas. Tanto faz, o importante é que tenho um tempo além do tempo para subir a escada toda e chegar ao topo.

Porém, tem vezes que estou tão de bem comigo mesmo, que essa escada me parece desanimadora. Poxa, Deus poderia estar aqui, agora, exatamente nesse momento, entre nós! Na natureza, na ordem das coisas, na dinâmica do Universo. Deus sive natura – Deus ou natureza, tanto faz!, diria Benedictus de Spinoza no século XVII. Mas como seria "maledictus" por causa disso. Excomungado, caluniado, humilhado. Porém, quem liga para a honra dos homens, quando em união com a natureza por meio do intelecto liberto? A natureza toda dança. É viva e está aqui. Eu também sou parte dela. É um Deus, como posso dizer... Tão imanente! Sim, está em mim, na árvore, na pedra, nos animais...

Isso me lembra Jesus falando por meio do apócrifo. Mas me lembra também os "primitivos" paganistas e animistas. Talvez exista uma verdade em suas crenças. Não sei, mas desconfio... e muito!

O problema é que, como não sei, fico como uma gangorra, perdido entre a imanência do divino e a altura da escada do Todo-Poderoso. Quando a época é de crise, o Deus lá em cima é confortante, não vou negar. Mas, aqui, na beira de um lago, tranquilo da vida, poderia jurar que Deus está tanto nessa laranja, como nesse peixe que estou tentando pescar...

Aliás, pescar é bom, mas dá um sono! Só falta eu dormir e sonhar com borboletas, como fez certa vez o velho imortal do Tao, Chuang Tsé. Aquele papo de ser a borboleta que sonha, ou o homem que sonha ser borboleta sempre me pareceu uma loucura. Mas é de uma incrível poesia. Nesse papo todo sobre Deus, ilusão e consciência são fundamentais. Alguns dizem que só Deus é real, o resto é ilusão. A busca por Deus é a renúncia da ilusão. Modernamente, principalmente depois que as traduções de um tal de Freud ficaram conhecidas, a palavra ego entrou em moda. Não sei, mas desconfio que isso não foi muito bom, pois logo muitos gurus indianos que falavam sobre o eu – usando termos específicos e diferentes – foram traduzidos como ego também. E isso deu confusão! Porque o ego do Freud é um, e o ego dos gurus é outro! E o psicanalista diz para fortalecer o ego, e o guru, para matá-lo, pois só o matando você escapa da ilusão e pode, finalmente, encontrar Deus...

Aqui já não desconfio, mas tenho certeza de que essa falácia é complicada. A discussão é longa, mas serei breve. Isso é assunto para outra conversa, porém, perceba que o ego dos gurus relaciona-se com orgulho e egoísmo. Já o ego de Freud é uma estrutura psíquica fundamental ao eu. Logo, matá-lo, seria o equivalente a matar um terço de sua mente, ou talvez mais. Nada bom.

---

* N.E.: Sugerimos a leitura de Buda – O Mito e a Realidade, de Heródoto Barbeiro, Madras Editora.

Nada boa também é essa ideia de ilusão. Maya parece terrível, mas talvez não seja tanto assim. Eu assumo que não sei, mas, se existiu alguém que soube, esse foi Ramakrishna. E ele dizia que Maya também é Deus, pois o Todo está em tudo, não? Ok! Então quem sou eu para discutir...

E é por isso que aqui, entre minhas laranjas e meus peixes, acho que o melhor seria transcender o tal do ego. Em termos "gurujísticos" acabo não negando e reprimindo meu egoísmo, encaro-o, entendo-o como parte de mim e sigo em frente. Em termos mais transpessoais, depois de estruturar bem o "meu eu", mergulho em um "eu mais coletivo". Junto disso, a ideia de real e não real já não é tão importante. Homem ou borboleta, vou seguindo em frente...

Nossa, esse papo de consciência e ilusão foi uma tremenda digressão. Será o fantasma de Machado de Assis influenciando meu estilo de escrever? Não sei, mas humildemente, desconfio que não...

Já é hora de ir embora. E a gangorra continua! Pra lá e pra cá. Entre o topo da escada e a imanência de Deus. Desisto! Não tenho "a" resposta! Mas sabe que, sentado aqui, pensando, comecei a desconfiar que isso não deva importar tanto para Deus. Talvez Ele esteja no topo da escada. Talvez esteja em cada degrau da escada. Ele é a base, os degraus e o topo. O caminho inteiro e o fim. Por esse raciocínio, sei lá, talvez Ele possa ser até... O CAMINHANTE e o MATERIAL do qual a escada é construída. E os Peixes e as Laranjas do Caminho. E até o Pescador que fica pensando n'Ele, dentro dele mesmo.

Xi, que confusão! Como disse, não sei de nada, mas desconfio de muita coisa. Uma das mentes mais brilhantes da nossa época, o "carequinha" Ken Wilber, diz que Deus pode ser visto como um Ser Supremo, um Deus Imanente ou ainda o Grande Eu. Mas ele diz mais: que as três formas são verdadeiras e importantes, e, em vez de discutir, provar e ter especializações, o melhor é você escolher a visão que mais lhe agradar. E, se você for um pouco esperto, ficará indeciso. E, nessa indecisão, flutuará entre elas...

Não sei, mas desconfio que essa seja uma boa saída... E vocês, o que acham?

Fernando Sepe – texto dedicado ao amigo Alexandre Cumino, escrito depois de assistir a um trecho de sua aula sobre Deus e religiões.

Filosofia de Deus

No início dos tempos, as questões existências sobre o homem (quem sou eu? De onde vim? Para onde vou?) eram respondidas por intermédio de mitos e mitologias, quem se ocupava dessas respostas e das respostas acerca de Deus e a natureza eram apenas as religiões e os sistemas religiosos.

Na cultura oriental indiana, suas lendas e mitos foram registrados a partir de 1300 a.C. na literatura védica, que traz mitologia, religião e filosofia védica.

Na cultura ocidental, Homero e Hesíodo foram os primeiros a registrar por escrito a mitologia grega em torno de 700 a.C. e é nesta cultura que surge formalmente a Filosofia (ou, se preferir, a Filosofia ocidental).

Filosofia quer dizer "amor à sabedoria", filósofos são "amantes da sabedoria"; a Filosofia busca, além das questões existenciais, perguntar e responder sobre tudo o que nos cerca buscando um sentido ou uma razão para a vida. Um filósofo é alguém que não se acomoda, capaz de se surpreender como uma criança, é um observador, um buscador.

E os muitos filósofos encontraram respostas diferentes para perguntas iguais, como a origem das coisas e o sentido da vida e até mesmo sobre o que ou quem é Deus, qual a nossa relação com Deus.

Os primeiros filósofos são os pré-socráticos ou "filósofos da natureza", que são assim chamados por se ocuparem de tentar entender e explicar a natureza mediante a razão, não mais por intermédio da mitologia. Para eles, tudo está na natureza, logo a busca pela origem de tudo também está na natureza, já não há mais deuses, mitos ou lendas, apenas uma origem natural para uma vida natural. São pensadores que conseguiram ver a razão de tudo na natureza e se encantar com ela, falam da natureza como se fala de Deus, estudam esta natureza como uma doutrina teológica ou simplesmente exercem em si o significado de Filosofia. A natureza é o templo, e sua Filosofia, a doutrina natural.

- **Tales de Mileto** (séculos VII e VI a.C.), considerado o primeiro filósofo grego, matemático e político, viveu em torno de 580 a.C., acreditava que todas as coisas tinham origem na água. A água era considerada a *physis*, que quer dizer a "fonte original" que coresponde à gênese. A Tales é dado o crédito (ou "descrédito") de ter sido o primeiro a procurar uma origem material para o mundo que nos cerca. É ainda atribuída a Tales uma frase que faz toda a diferença no pensar, ele teria afirmado que "tudo está cheio de deuses", difícil saber o que ele queria dizer exatamente com esta frase, quem sabe, que o divino em tudo está presente.
- **Anaximandro** acreditava em um princípio originário, em grego *arché*; este princípio é chamado de *apeíron*, o infinito em que tudo surge e se dissolve.
- **Anaxímenes** (550 – 526 a.C.) acreditava que o ar era a origem de tudo, *pneuma apeíron*, que todas as coisas eram o ar mais ou menos condensado; assim, o fogo era o ar rarefeito; a água era o ar condensado e a terra, o ar ainda mais comprimido.
- **Pitágoras** (580 – 497 a.C.), filósofo, matemático e estudioso das questões pertinentes à divindade e à sua criação, mantinha uma "Escola de Mistérios", uma "Confraria Científico-Religiosa". Pitágoras buscava a harmonia do Universo por meio dos números, das formas geométricas e da música. Graças a ele, temos conhecimento de coisas que nem nos damos conta, como o estudo dos números pares, ímpares, primos, estudo dos triângulos por meio de teoremas e das formas geométricas. Foi Pitágoras que nos trouxe a ideia de sete notas musicais. Para ele, Deus criava tudo geometrizando com números e talvez tenha sido o primeiro ocidental a ver o Criador como "O Grande Arquiteto do Universo". Pitágoras demonstrava como as formas se manifestavam por meio dos números, sendo o um o ponto, o dois a reta, o três o espaço plano, o quatro um cubo, e assim por diante.
- **Xenófanes** (580 – 485 a.C.) levou para a Magna Grécia o pensamento intelectual e filosófico sobre a concepção do Universo, da natureza e da deidade. Também acreditava em um *arché* original e divino que permeava tudo, uma única origem, uma unidade em que tudo tinha sua origem. Extremamente combativo com relação à mitologia grega, costumava dizer que um deus é o supremo entre os deuses e os homens; nem em sua forma, nem em seu pensamento é igual aos mortais.

- **Parmênides** (540 – 480 a.C.), filósofo e legislador, deixou o poema de Parmênides apresentando suas ideias. Uma delas é que nada se cria do nada, o que é, é – e não pode deixar de ser, para ele, tudo sempre existiu, e nada pode transformar-se.
- **Heráclito** (540 – 480 a.C.) comparava Deus à "Razão do Universo", o "Logos". Para ele, Deus permeava a tudo por intermédio dos opostos, dizia que "Deus é dia e noite, inverno e verão, guerra e paz, satisfação e fome; mas Ele assume formas variadas, do mesmo modo que o fogo, quando misturado a aromas, é denominado segundo os perfumes de cada um deles. É sábio escutar não a mim, mas a meu discurso (sobre o Logos), e confessar que todas as coisas são um".
- **Empédocles** (494 – 434 a.C.) trouxe a tão conhecida teoria dos quatro elementos, de que tudo é criado a partir da terra, da água, do ar e do fogo. Tudo o que existe é resultado da composição desses quatro elementos. Nenhum desses elementos é mais importante que o outro, todos são eternos e imutáveis, e tudo é formado da sua composição em maior ou menor quantidade. Não há nascimento para nenhuma das coisas mortais; não há fim pela morte funesta; há somente mistura e dissociação dos componentes da mistura. Nascimento é apenas um nome dado a esse fato pelos homens.
- **Anaxágoras** (500 – 428 a.C.) acreditava que tudo era formado por partículas muito pequenas e invisíveis ao olho humano. Dizia ainda que em cada coisa existe uma porção de cada coisa.
- **Demócrito** (460 – 370 a.C.) também acreditava que tudo era formado por pequenas partículas imutáveis chamadas átomos, que quer dizer indivisível.

  Com esses "filósofos da natureza", tem início o pensamento científico, o estudo da Física, estudo da natureza por análise, observação, lógica e razão, o que desvincula de Deus ou da mitologia a busca por respostas ao que nos cerca.
- **Sócrates** (470 – 399 a.C.) muda o foco da Filosofia, da natureza para o ser humano e a sociedade que o cerca. Sócrates é, sem dúvida, o símbolo da Filosofia, o mais conhecido e mais popular dos filósofos. São muito conhecidos os diálogos, os debates e a ironia socrática. No entanto, Sócrates não escreveu nenhuma linha sequer, tudo foi escrito por seu discípulo Platão. A vida filosófica de Sócrates começa com um oráculo,* pois um de seus

---

* N.E.: Sugerimos a leitura de *O Oráculo de Delfos – O Ancestral Mítico*, de Rubens Saraceni, Madras Editora.

amigos faz uma consulta com uma das pitonisas do então conhecido e famoso Oráculo de Delfos e, por inspiração de Apolo, lhe foi dito que Sócrates era o homem mais sábio de sua época. Sócrates não acreditou que poderia ser ele melhor que qualquer outra pessoa e assim começou a questionar tudo e todos sobre os valores da vida. Com o tempo, foi se dando conta de que as pessoas paravam pouco para pensar nessas questões filosóficas, do comportamento, da vida em sociedade, dos valores e de como ter uma vida melhor e com mais qualidade, seguindo princípios de ética e virtude ligados à sua verdade.

Este é um fato interessante: o maior dos filósofos conhecidos teve a iniciativa de se entregar a este estudo de Filosofia, de amor à sabedoria, por causa de um oráculo feito no templo de Delfos, dedicado ao Deus Apolo. Sócrates também tinha costume de ouvir e seguir conselhos de um *daimon* pessoal, um "espírito" familiar que lhe aconselhava e conduzia os passos. A ironia socrática diz respeito ao fato de que frequentemente o filósofo se fazia de desentendido sobre certo assunto para questionar alguém que se colocava como grande conhecedor de tal, e qual não era a surpresa quando Sócrates acabava, no final dos diálogos, mostrando que tinha muito mais sabedoria naquele assunto.

Também é muito firme na construção das ideias e na forma de as expor a fim de ajudar alguém a entender certa questão. Em um desses diálogos, conversa com um discípulo muito preguiçoso que só queria saber de vida boa, sombra e água fresca. Sócrates foi questionando-o acerca do que lhe agradava e, ao constatar, mostrou-lhe que, se ele gostava de uma vida tranquila, o melhor que poderia fazer era estudar muito e trabalhar para ter uma vida mais tranquila em que não precisasse se preocupar com sua sobrevivência. Caso contrário, se continuasse com aquele comportamento, logo seria tarde para estudar e trabalhar com chance de escolher o que queria fazer e teria de se submeter a qualquer trabalho para se manter, mesmo forçado e mal remunerado, e não sobraria tempo para estudar e melhorar de vida. Logo, se ele, o discípulo, gostava mesmo de tranquilidade, deveria estudar e trabalhar muito para conquistá-la. Assim são os diálogos de Sócrates que nos conduzem em seu raciocínio de uma forma deliciosa na qual aprendemos com ele valores sobre essa vida.

Sócrates sempre afirmava: "Tudo que sei é que nada sei" e dizia ser melhor ter a consciência da própria ignorância que ostentar um conhecimento que não tinha.

Buscava encontrar definições claras para o que era universalmente certo ou errado. Achava impossível alguém ser feliz, se agisse contra suas próprias convicções.

Sócrates costumava ensinar seu conhecimento, sua sabedoria e seu amor à sabedoria em praça pública e, gratuitamente, atraía um grande número de pessoas e muitos jovens, o que incomodava alguns, por isso um grupo se uniu contra ele o acusando de crime contra o Estado. Foi decretado culpado por um júri de 50 pessoas, a acusação era de não reverenciar os deuses que cultuam o Estado, introduzir extravagâncias a *daimons* (espíritos) e de corromper os jovens.

Ele poderia ter pedido perdão ou fugido de Atenas, mas Sócrates dizia que, se fosse declarado culpado, ficaria ali e cumpriria a pena em favor de suas convicções. Jamais seria hipócrita, negaria seus valores ou assumiria ter feito algo que não fez.

Preferia a morte; após o julgamento, sua cela ficou aberta para facilitar uma fuga, ainda assim, ficou ali esperando para tomar a cicuta (o veneno) que o mataria.

Depois de sua morte, Platão teria escrito todo o julgamento e também seus diálogos que o tornaram famoso.

Por muitos, Sócrates é considerado como um Cristo que morreu por seus valores; alguns ainda acreditam que ele veio para preparar a vinda de Jesus.

Allan Kardec, na introdução de *O Evangelho Segundo o Espiritismo*, considera Sócrates e Platão precursores da ideia cristã e do Espiritismo, faz uma comparação da doutrina desses filósofos gregos com a doutrina cristã e o Espiritismo, mostrando que têm valores idênticos.

- **Platão** (427 – 347 a.C.) ficou conhecido principalmente por ter colocado no papel a vida e as ideias de Sócrates na época do julgamento e desencarne de seu mestre, quando tinha apenas 29 anos. Muitos se questionam se Sócrates é Sócrates ou se Sócrates é Platão.

Platão criou sua própria escola de Filosofia em um bosque dedicado ao herói grego Academos e daí surgiu o nome academia para sua escola.

Para Platão, existiam dois mundos: este mundo em que vivemos, material e palpável, um mundo dos sentidos, perceptível por meio de nossos cinco sentidos e um outro mundo, o Mundo das Ideias, um mundo que não é material nem palpável e que tudo o que existe aqui é uma "cópia" do que existe lá. O homem também teria dois corpos: um corpo material e outro corpo não material, a alma, que se movimenta nesse outro mundo, o Mundo das Ideias.

É muito conhecida a parábola de Platão que fala sobre a caverna, na qual ele compara este mundo a uma caverna em que todos estão presos, acorrentados de costas para a sua entrada, onde crepita uma fogueira que faz projetar imagens na parede da caverna. Platão conta que seus habitantes acreditam que essas imagens são o mundo real e a realidade da caverna em que vivem. Um dos habitantes escapa e pode ver o mundo lá fora, o Sol e as estrelas, e volta à caverna para falar sobre esse mundo. Os outros habitantes o condenam por perturbar a ordem estabelecida e matam esse "visionário". É uma alegoria que mostra de forma figurada o que aconteceu com Sócrates; são ideias muito próximas às de uma religião, principalmente por seus valores. Sócrates e Platão eram religiosos e devotos aos deuses, apenas não concordavam em atribuir tudo a eles, pois o homem deve recorrer também a seu intelecto e razão para buscar a sabedoria.

- **Aristóteles** (384 – 322 a.C.), discípulo de Platão, filósofo e dedicado às mais variadas ciências. Era mais dedicado ao mundo material e à natureza que nos cerca. Criou a Lógica como ciência. Também discordava de Platão em alguns pontos, como o fato de o Mundo das Ideias preceder o mundo material. Aristótels também é conhecido por ter sido tutor e professor de Alexandre Magno, Alexandre, O Grande, da Macedônia (356 – 323 a.C.), na juventude.

Cultura helênica

Alexandre Magno muda o panorama mundial com suas conquistas que vão do Ocidente ao Oriente. Conquistou até os persas, unindo desde o Egito até a Índia e criando uma nova cultura unificada, chamada de cultura helênica, que valorizava a cultura grega. Surgiram muitas religiões e sincretismos religiosos. A cidade de Alexandria marcou a questão cultural dessa civilização, onde até hoje se fala da Biblioteca de Alexandria.

Esse panorama persiste até 50 a.C., quando Roma, como uma grande potência, passa a dominar e conquistar todos os reinos helênicos e começa até mesmo a predominar a língua latina.

Com essa cultura romana, já não temos mais nem a cultura nem os filósofos gregos.

A própria mitologia romana, que não era muito rica, acaba se unindo e sincretizando com a mitologia grega: Zeus passa a ser Júpiter, Hera agora é Juno, Hermes é Mercúrio, Hades é Plutão, Afrodite é Vênus, e assim por diante.

Não podemos nos esquecer que, enquanto isso, em outras culturas também foi desenvolvido um pensamento filosófico independente, com buscas à verdade e a uma qualidade de vida análoga a de Sócrates ou Platão, porém em outra cultura, como a indiana ou a chinesa.

Não podem, pois, serem descartados de um estudo mais aprofundado o pensamento de Confúcio,* Lao-tsé, Chuang Tsé, na China, ou mesmo de um Tagore, na Índia, ou a sabedoria védica, que, sendo religiosa por essência, compreende toda uma filosofia.

A partir do advento do Cristianismo em Roma, por ordem de Constantino, a cultura ocidental será marcada pelas religiões monoteístas.

É importante que se diga que toda religião desenvolve uma filosofia própria que podemos chamar de "Filosofia das Religiões".

Surgirão outros filósofos, alguns com valores religiosos abordando até a deidade e outros preocupados única e exclusivamente com assuntos específicos. Muitos filósofos são ateus (não acreditam em Deus) e outros, agnósticos (que não têm opinião formada sobre Deus).

No entanto, vários pensaram sobre Deus, e muitos religiosos se tornaram verdadeiros filósofos. Há de se estudar também o pensamento e desenvolvimento da filosofia religiosa semita que deu origem à cultura judaica, quando surgem os grandes profetas, como Elias e homens como Enoch, que "andou com Deus", seus valores a respeito desse mundo e da realidade de Deus. Tudo isso também é Filosofia.

Jesus desenvolveu todo um pensamento filosófico acerca de Deus e do bem viver, apresentou a todos uma nova lei: a lei do amor, a lei do perdão, "amar ao próximo como a si mesmo", a máxima.

São mudanças de valores: no ano de 529, foi fechada a Academia de Platão, em Atenas, e, no mesmo ano, foi fundada a Ordem dos Beneditinos, a primeira Grande Ordem Cristã organizada, com seus mosteiros e disciplina rígida. A partir daí, nos países cristãos, a Igreja passa a dominar o conhecimento. O Estado e a Igreja são unificados, muitos vão à força e à fogueira por pensar de forma diferente da Igreja. Isso marca profundamente o pensamento e a Filosofia nessa cultura.

A Igreja terá também grandes santos que desenvolveram o pensamento filosófico, não podemos deixar de citar Santo Agostinho, São Tomás de Aquino e São Gregório Magno, os maiores doutores da Igreja. Muitos também deixaram sua vida como o maior exemplo de filosofia de vida, como São Francisco de Assis, que é mais do que um exemplo religioso ou da Igreja, é

---

* N.E.: Sugerimos a leitura de *Aforismos de Confúcio*, de Confúcio, Madras Editora.

um exemplo de ser humano, é um exemplo vivo do que é a busca filosófica ligada à deidade.

Mohamed (Maomé) também desenvolve um novo pensar, que influenciará toda uma cultura e também as guerras religiosas que surgirão entre cristãos, judeus e muçulmanos.

Com o tempo, surgirão os protestantes, também no meio de choques, discussões filosóficas e guerras.

Esta é uma forma de acompanhar o desenvolvimento filosófico dessa nossa cultura e a "evolução" do pensar sobre todas as coisas e, claro, do pensar em e sobre Deus.

- **Santo Agostinho** (354 – 430 d.C.) estudou e buscou a origem do mal e foi fortemente influenciado pelo neoplatonismo, entendendo que toda a existência humana é divina. Para Santo Agostinho, o mal é a ausência de Deus.
- **Anselmo de Cantebury** (1033 – 1109 d.C.) foi monge beneditino, professor e arcebispo de Cantebury, o filósofo mais proeminente de sua época, procurando a distinção entre Teologia e Filosofia. Costumava dizer: "Creio no que posso entender". É autor do Argumento Ontológico que "prova" a existência de Deus, em que afirma que pensar sobre algo já pressupõe que exista. Ou seja: o fato de existir o conceito Deus pressupõe sua existência. Até um tolo ou um herege pode conceber o que é Deus. Para negar Sua existência, é preciso antes concebê-Lo, logo, Deus existe. Se a mente tão limitada do homem pode especular sobre a existência de um Ser tão perfeito, então esse Ser deve existir.
- **São Tomás de Aquino** (1225 – 1274 d.C.) se identificou mais com Aristóteles, assim como Santo Agostinho se identificava com Platão; a Igreja Romana incentivava essa união de duas culturas, a greco-romana e a judaica, que deram origem ao Cristianismo romano. São Tomás de Aquino nos legou a *Suma Teológica*, um dos maiores estudos feitos sobre religião, Teologia e Filosofia. Também postulou cinco maneiras de provar a existência de Deus, conforme vemos em *O Livro Completo da Filosofia*, de James Mannion, Madras Editora:

1. *O movimento é uma realidade, pelo menos para a percepção humana. Para cada movimento, há um impulso anterior que o colocou em movimento. Volte ao passado e encontrará o Impulso Original. Este impulso é Deus;*
2. *Similarmente, coisas novas nascem todo o tempo. Para cada um desses eventos, deve haver uma causa. Regrida causa por causa e você encontrará a primeira. Lá encontrará Deus;*

3. *Todas as coisas mudam e dependem de outras para sua existência. Eventualmente haverá algo original que não depende de nada para que exista. Nisso está Deus;*
4. *Olhe em volta e perceba que existe uma perfeição inerente na natureza das coisas, em maior ou menor grau. Deve haver algo que é puramente perfeito, do qual todas as outras coisas descendem em uma ordem perfeita. A perfeição é Deus.*
5. *A ordem existe em todos os lugares. Há uma ordem profunda no Universo. Portanto, deve existir uma inteligência responsável por essa magnífica ordenação. Essa inteligência é Deus.*

Surgiram também grandes cientistas que, ao desenvolver suas teorias e estudos, nem sempre estavam de acordo com a Igreja, que acreditava ser a Terra o centro do mundo e do Universo, a Terra plana, com seus quatro cantos, como está escrito na Bíblia.

- **Nicolau Copérnico** (1473 – 1543), astrônomo, escreveu uma obra chamada *Das Revoluções dos Mundos Celestes*, na qual afirmava que a Terra girava em torno do Sol e também de seu próprio eixo, por isso a impressão de que o Sol gira em torno da Terra. Esta é a teoria heliocêntrica. Sua teoria foi provada matematicamente por Johannes Kepler (1571 – 1630). Essa teoria vai contra a Igreja, na época, pois, para a Igreja, nosso planeta é o centro do Universo, e nós, a razão do Universo existir, assim como a Terra era considerada plana, com quatro cantos.
- **Giordano Bruno** (1548 – 1600) era um padre italiano e acreditava no questionamento filosófico, assim como Sócrates. Por tanto questionar o que estava estabelecido como certo, acabou indo ao encontro das ideias de Copérnico, que diziam que o Sol é o centro do sistema de planetas, incluindo a Terra. Adaptou suas ideias e filosofia religiosa para esse modelo, por isso foi preso pela Igreja, torturado e morto na fogueira da "Santa Inquisição".
- **Galileu Galilei** (1564 – 1642) foi de tudo um pouco; no campo da Ciência e da Matemática, desenvolveu projetos que são revolucionários até hoje. Provou a teoria heliocêntrica, mas chamado aos tribunais da "Santa Inquisição" foi proibido de ensinar essa teoria. Em 1623, publicou uma obra chamada *O Avaliador*, que apresentava a teoria heliocêntrica. Foi julgado e condenado pela Igreja e, para não ter o mesmo destino que Giordano Bruno, desmentiu sua própria teoria.
- **René Descartes** (1596 - 1650) procurou um método seguro para desenvolver o pensamento filosófico. Sua influencia é

muito grande nas ciências com o pensamento e método cartesiano. Para Descartes, tudo deveria ser "pesado e medido" por meio de cálculos e observações até que se tivesse absoluta certeza de algo antes de proferir uma sentença. Ele usa um caminho para alcançar o que chamamos de evidência, usando outros preceitos metodológicos para tal, como:
- O Preceito da Análise, que consiste em dividir cada uma das dificuldades que se apresentem em tantas parcelas quantas sejam necessárias para ser resolvidas.
- O Preceito da Síntese, que diz para conduzir com ordem os pensamentos, começando dos objetos mais simples e mais fáceis de ser conhecidos, para depois tentar gradativamente o conhecimento dos mais complexos.
- O Preceito da Enumeração, no qual se realiza enumerações de modo a verificar que nada foi omitido.

Todo esse método de Descartes é importante para todas as áreas de conhecimento e aqui para este estudo também, pois influenciará cientistas, filósofos e teólogos.

É de Descartes a famosa afirmação: "Penso, logo existo". Ele diz que tudo provém de Deus, que existem duas realidades distintas – a material e a não material, que o homem é um ser dual composto de corpo e alma.

Descartes vai mais longe e "prova" ou apresenta "provas" da existência de Deus, tendo por base o "princípio das causas" ou de "causalidade", em que Deus é a causa do existir, o ser finito e imperfeito é um efeito proveniente desta causa (Deus). A ideia de Deus inata no ser humano é algo como a "marca do artista impressa em sua obra". Em *Meditações* apresenta todo um desenvolvimento acerca do *"bom Dieu"*, do "Deus dos filósofos" e sobre a "Deusa-Razão".

- **Spinoza** (1632 – 1677) contestava se cada palavra da Bíblia era realmente a palavra literal de Deus. Chamava a atenção para que fosse observado a época e o contexto em que ela foi escrita. Spinoza tinha um pensamento refinado sobre Deus e acreditava que Ele estava em tudo e tudo estava n'Ele.
- **Isaac Newton** (1642 – 1727) descobriu e apresentou as grandes leis da Física, como a Lei da Gravidade, a Lei de Atração* e a Lei da Inércia, entre outras.

---

* N.E.: Sugerimos a leitura de *A Lei da Atração – O Poder que Você Tem, mas Nunca lhe Foi Dito*, de C. Torres e S. Zanquim, Madras Editora.

Também fez a descrição perfeita dos movimentos dos planetas em torno do Sol.

Newton mostrou que as leis da Física serviam para todo o Universo e que isso demonstrava provas da presença de Deus, por intermédio de suas leis.

- **Immanuel Kant** (1724 – 1804) escreveu a *Crítica da Razão Pura*, em que apresenta a filosofia crítica. Kant se interessava por questões metafísicas e dizia que a "alma e a existência de Deus são desconhecidas e impossíveis de provar".

Fica aqui esse breve estudo sobre alguns filósofos do mundo ocidental. Falta ainda um estudo mais aprofundado sobre eles mesmos e também sobre os filósofos orientais que, embora poucos sejam abordados e estudados em nossa cultura, alcançaram linhas de pensamento que em alguns momentos são parecidas com as ocidentais e em outros momentos nos surpreendem por ter ideias completamente diferentes.

A quem se interessar por este estudo, recomendo a leitura de *Livro Completo da Filosofia*, de James Mannion, Madras Editora; a série de livros *Os Pensadores,* Editora Nova Cultural, e o excelente livro *O Mundo de Sofia*, Jostein Gaarder, Editora Cia. Das Letras.

Não Acredite em um Deus que não Tenha Senso de Humor!!!

Um xamã vai até os céus!!!

Adaptação de um ensinamento da Irmandade de Odin,* feita pelo professor de Teologia Edmundo Pelizari.

Uma antiga história escandinava conta que um poderoso curandeiro resolveu viajar até os céus, onde moravam os mais diversos deuses e divindades do Universo.

Certa noite, ele fez suas poderosas meditações e preces, subindo como uma águia até as mansões celestiais.

Primeiro ele encontrou um grande palácio, todo fortificado e protegido pelos anjos mais terríveis e fulgurantes. Adentrando pela porta, caminhou até a sala principal, onde encontrou um deus luminoso, sentado em um magnífico trono.

Irado, o deus do trono perguntou ao xamã o que fazia ali e o ameaçou com trovões e raios.

O xamã respondeu que desejava conhecer a verdadeira natureza dos deuses e tirar suas próprias conclusões.

O deus do trono gritou, lamentou, lembrando ao mortal xamã que ali não era lugar de humanos. Depois, pediu que fosse embora dali, voltando à Terra para cumprir os deveres impostos aos seus habitantes.

---

* N.E.: Sugerimos a leitura de *As Moradas Secretas de Odin*, de Vaquíria Valhalladur, Madras Editora.

O xamã, sem perder a calma, perguntou se havia alguma vantagem em seguir os ensinamentos e os mandamentos de um deus tão bravo e exigente.

Irritado ainda mais, o deus o expulsou dali.

Tranquilamente, o xamã se despediu e foi embora. Em seguida, voando mais alto, ele avistou outro palácio celestial. Ali morava o deus do amor.

Mais uma vez, o xamã entrou sem ser anunciado, encontrando um deus afável e carinhoso, sentado em uma simples almofada.

O deus do amor, gentilmente perguntou ao xamã quem era ele e o que desejava.

O xamã respondeu que desejava conhecer a verdadeira natureza dos deuses e tirar suas próprias conclusões.

O deus tão afável ficou profundamente triste. Disse que necessitava ser amado, acarinhado, respeitado, pois sofria por todos os humanos e tinha dado tudo para a humanidade.

O xamã, sem ficar abalado, perguntou se havia alguma vantagem em seguir os ensinamentos e os mandamentos de um deus tão bom e carente.

O deus do amor abaixou os olhos e suspirou longamente.

O xamã, decepcionado, saiu do palácio. Na imensidão dos céus, dessa vez resolveu voar mais longe e mais alto ainda.

Indo além das estrelas, viu então uma fortaleza e dentro dela uma pequena cidade.

Entrou ali, andou pelas ruas e ouviu uma grande algazarra vinda de uma espécie de taverna.

Assombrado, o xamã abriu a porta e encontrou uma dezena de deuses gritando, cantando e rindo como loucos.

Subindo em cima de uma mesa, ele indagou que espécie de espelunca era aquela e que tipo de deuses eram aqueles!

Ninguém respondeu... O xamã passou a gritar cada vez mais forte, mas nada acontecia.

De repente, um jovem deus olhou para ele e o convidou para um trago.

O xamã ficou completamente atordoado com tal comportamento. Não suportando mais aquela cena, ele passou a ofender todos os que ali estavam.

Os deuses pararam a brincadeira, olharam para o xamã e caíram em uma estrondosa gargalhada.

O jovem deus tornou a olhar para o confuso xamã e disse:
– Meu filho, podemos destruí-lo quando quisermos. Mas de que adiantaria? Sente-se e junte-se a nós. Aprenda: sempre desconfie de um deus que não tenha senso de humor!

O xamã, então, virou as costas e foi embora. Descendo à Terra, ele estava satisfeito. Aprendera a verdadeira natureza dos deuses e divindades.

Religião

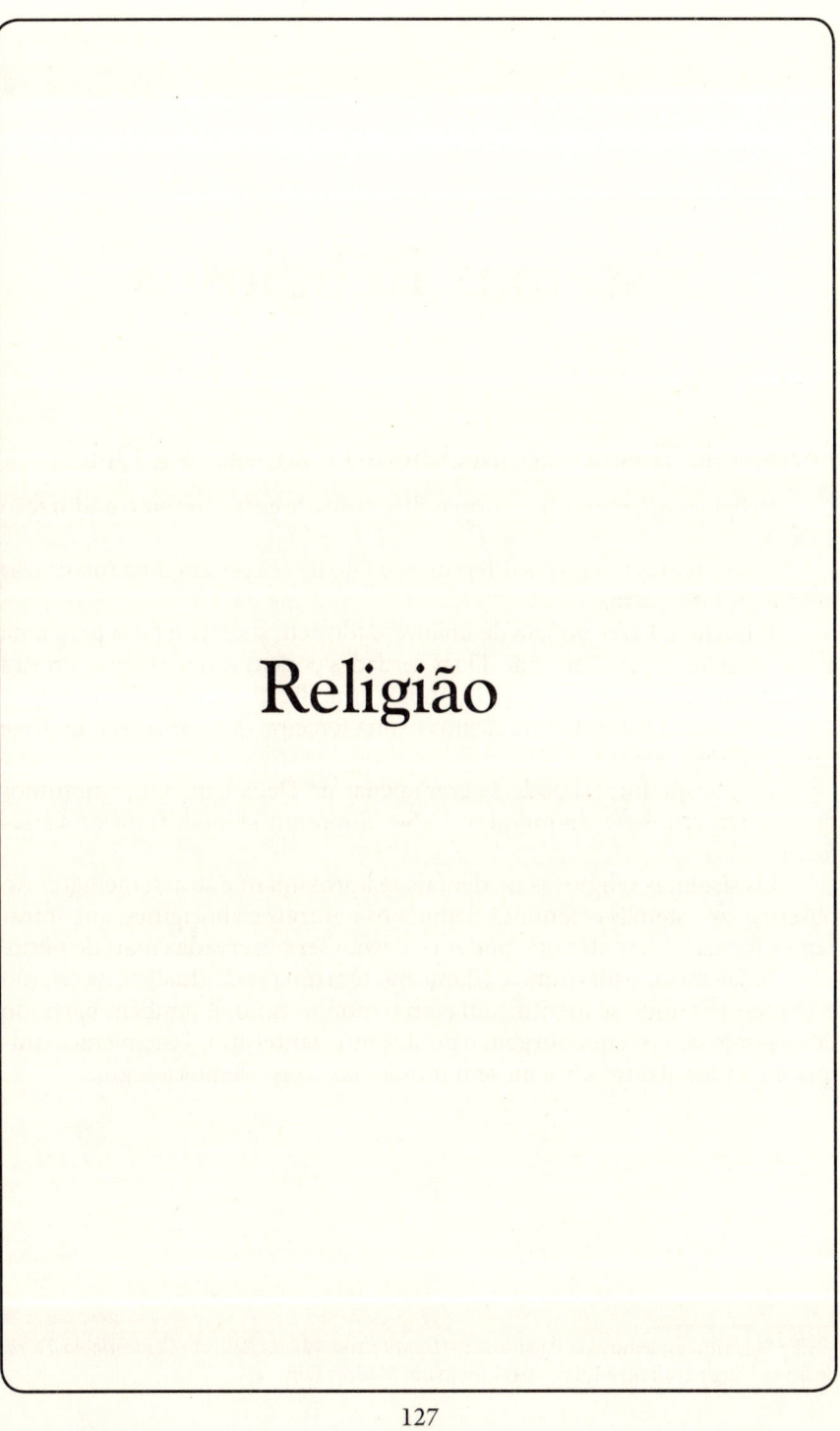

Sistemas Religiosos

Formas de Teísmo, conhecimento e adoração a Deus

Religiões diferentes têm formas diferentes de entendimento e adoração a Deus.

São sistemas religiosos diferentes; o fato de se crer em uma forma não nega o crer do outro.

Em religião, o contrário de uma verdade nem sempre é falso para uma outra religião ou para a mesma. Duas verdades podem se opor e uma terceira pode harmonizá-las, como por exemplo: uma diz que Deus está dentro de nós, outra, que Deus está fora de nós e uma terceira, que Deus está dentro e fora ao mesmo tempo.

Da mesma forma, pode-se crer apenas no Deus Único ou em muitos deuses, em anjos ou divindades. O Ser Supremo se manifesta de várias formas.

Os sistemas religiosos ocidentais se aproximam e se assemelham. Ao observar os sistemas orientais ou ainda os naturais e aborígines, encontraremos formas diferentes que podem e devem ser observadas mais de perto.

Judaísmo, Cristianismo e Islamismo têm uma visão dualista da criação e ao mesmo tempo se identificam com o monoteísmo. É também partindo deste ponto de vista que surgem o politeísmo, panteísmo, Totemismo, Animismo e Paganismo* com ou sem mitologias como vemos a seguir:

---

* N.E.: Sugerimos a leitura de *Paganismo – Uma Introdução da Religião Centrada na Terra*, de River Higginbotham e Joyce Higginbotham, Madras Editora.

Mitologia
Do grego, "mythos" = relato

Mito é um relato, portanto mistério deriva de mito. Mitologia é um relato alegórico dos mistérios, do que é oculto, haja vista que alegoria significa "dizer outra coisa", portanto tem a finalidade de explicar o sobrenatural, que encerra verdades de ordem espiritual, moral ou religiosa, de forma velada, para os que têm "olhos para ver". Costuma criar explicações para o inexplicável aos olhos leigos, de forma que nada é comprovado, aceito ou não apenas. Há melhor entendimento mediante a iniciação nos mistérios. Logo, mitologia compreende muito mais do que "contos e fábulas não aceitos pela mente do homem moderno". Mitologia explica todo o panteão (conjunto de divindades) de uma religião e se emprega esse termo para designar seu estudo.

Os mitos, as mitologias e as religiões mitológicas são as formas mais antigas de se cultuar e explicar Deus e suas divindades, os deuses e os panteões.

Monoteísmo
Do grego, "monos" = único/"Theos" = Deus

É o culto a um único Deus. Como religião, traz doutrina e teologia que não aceitam outros deuses. Em tese, é contrária à politeísta, mas precisamos de um estudo neutro e aprofundado para entender que ambas expressam a mesma verdade de formas diferentes.

Encontraremos no seio das grandes religiões monoteístas diferentes nomes para Deus, no qual cada um deles faz evocar qualidades diferentes do mesmo Deus, como "El Shadai" (Deus dos seios maternos), que evoca as qualidades feminina e maternal de Deus, ou seja, uma divindade "Mãe" de "Sabaot" (Deus dos exércitos) evoca as mesmas qualidades de uma divindade da guerra. Sem falar dos anjos e arcanjos, a religião católica encontrou nos santos a solução perfeita para preencher o espaço vago deixado pelas divindades pagãs anteriores à sua expansão.

E, sendo assim, o monoteísmo não é tão diferente do politeísmo. Claro que nomes, anjos e santos não são deuses, mas em "Politeísmo" veremos algo muito parecido para explicar a multiplicidade de deuses e a resposta será "divindades".

Politeísmo
Do grego, "polys" = muitos/"Theos" = Deus

É o culto a muitos deuses. Como religião, traz doutrina e teologia que aceita vários deuses. Em tese, é contrária à monoteísta, mas o que vamos encontrar nas grandes religiões politeístas é a aceitação de um Deus Único, inefável, acima de nossa compreensão e adorado por intermédio de suas divindades, que, em verdade, são potências desse Deus Único. Os conceitos se perdem e muitas vezes este, que aqui apreciamos, ficava restrito aos "iniciados", apresentando as divindades como verdadeiros deuses ao povo.

Logo, classificar monoteísmo e politeísmo não é algo tão simples. As religiões antigas não foram elaboradas por ignorantes como muitas vezes se acaba crendo, são crenças religiosas muito bem pensadas, que em nada deixam a dever a qualquer outra.

Panteísmo
Do grego, "pan" = todo/"Theos" = Deus

Sistema filosófico que identifica Deus com a natureza e vice-versa, e em virtude do qual a natureza é apenas o aspecto físico, a manifestação visível ou o corpo da divindade suprema ou, melhor dizendo, da Alma do Mundo, princípio infinito e onipresente, que tudo anima.

São muitas as religiões panteístas. Elas enxergam as manifestações de Deus na natureza.

Totemismo

É a religião que subordina um grupo de homens, chamado clã, a determinada espécie de seres sagrados ou coisas sagradas chamadas totens.

A palavra totem era empregada por alguns índios da América do Norte, os algonquinos. Foi encontrada pela primeira vez em um livro publicado em Londres, em 1791, por um "intérprete índio", J. Long, ao contar suas viagens.

Foi entre os índios da América do Norte que primeiro se estudaram as instituições e crenças totêmicas.

Na metade do século XIX, descobriu-se que fatos análogos tinham sido encontrados entre os "primitivos" da Austrália.

Animismo
Do latim "Anima" = o que dá vida, essência

Por Animismo pode-se entender a religião que coloca em toda a natureza espíritos mais ou menos análogos ao espírito do homem.

O Animismo foi, a princípio, chamado Fetichismo. Essa palavra foi introduzida na história das religiões no século XVII pelo presidente De Brosses (1709-1777), autor da obra *Du Culte des Dieux Fétiches*, surgida em 1760.

A palavra fetiche procede do vocábulo português feitiço, derivado do latim *facticius*; por esse termo, que significa coisa feiticeira, encantada, dotada de força mágica, os navegadores portugueses designavam os objetos de piedade e instrumentos de magia dos negros.

Paganismo
Do grego "paganus" = da natureza, do campo

O pagão é aquele que cultua suas divindades e sua religião na natureza. Por ser contra o sistema monoteísta, instituído pelo Cristianismo, foi considerado sistema e religião de "hereges". Herege (*haeresis*) significa opinião, sistema, doutrina, seita, que acabou, na Idade Média, por tomar o sentido de ser o que nega ou contraria a doutrina estabelecida (por um grupo). Ficou ainda o conceito de que aquele que não fosse batizado na fé católica automaticamente permanecia pagão.

Fanatismo
Do grego "fanus" = do templo

Chama-se fanatismo o comportamento do fanático. O fanático é aquele que "trocou" Deus pelo templo. A adoração dele já não é a Deus e sim a "coisas" do templo em si. É a pessoa apegada ao meio e não ao fim pelo qual esse meio busca alcançar. Ele se prende entre procedimentos, rituais, dogmas e tabus.

Um grande sinal de fanatismo é aquele em que a pessoa além de não pensar em outra coisa, senão no templo com suas regras, também crê que sua religião é melhor que as outras. O fanático é aquele que quer converter todas as pessoas à sua religião, chegando ao ponto de criticar de forma negativa e atacar quem pensa ou professa uma fé diferente.

O fanático, além de ser imaturo para as questões que dizem respeito à deidade, também é um "viciado religioso".

Gnóstico
Do grego "gnose" = conhecimento

Gnósticos poderiam ser definidos como aqueles que creem e formulam um pensamento sobre a natureza e a existência da deidade.

São conhecidos os Evangelhos Gnósticos, parte de textos apócrifos encontrados em Nag Hammadi; também é conhecido como gnóstico o grupo cristão ligado a esses textos e que tinha pensamentos diferentes do pensamento católico romano a respeito da divindade.

Acreditava que o Deus do Velho Testamento é um e o Deus do Novo Testamento é outro, realmente dois deuses e não apenas dois pontos de vista diferentes acerca do mesmo Deus, como creem os cristãos.

Os gnósticos pensavam que o Deus do Velho Testamento fosse um Deus de uma classe inferior e egoísta, que teria criado esse mundo para se satisfazer à custa do ser humano e que, por meio do conhecimento, "devoção" e "sacrifício", como o de Cristo, pode-se chegar ao bom Deus, o verdadeiro Deus de todo o Universo, o Senhor desse mundo.

A quem se interessa por esses textos, recomendamos o livro *A Biblioteca de Nag Hammadi – A Tradução Completa das Escrituras Gnósticas*, da Madras Editora.

O recém-encontrado Evangelho de Judas também é um texto gnóstico no qual Judas é o herói, o único dos apóstolos que teria entendido a mensagem de Cristo. Ficou a cargo de Judas a tarefa mais difícil, mal-entendida pelos outros apóstolos que também não teriam entendido a profundidade da missão de Cristo. Teria Judas, então, entregue Jesus por ordem do próprio mestre, que nesse sacrifício supremo, da crucificação, teria a oportunidade de ir ao encontro do bom Deus.

Este movimento também é chamado de gnóstico-cristão ou é tido como uma forma de Cristianismo primitivo.

Para muitos, esses são os ensinamentos secretos de Jesus a Seus discípulos, um conhecimento oculto e superior como confirma o Evangelho de Tomé: "Estes são os provérbios secretos que Jesus vivo falou e que Judas Tomé, o apóstolo, escreveu".

Agnóstico

Agnóstico é aquele que nem crê nem deixa de crer em Deus. Um agnóstico simplesmente não concebe nem formula nenhum conceito sobre Deus. O agnóstico se abstém de explicar, tentar entender ou pensar em Deus.

Fanatismo

Quatro cegos reuniram-se um dia para examinar um elefante. O primeiro tocou na perna do animal e disse: "O elefante é como uma coluna". O segundo apalpou a tromba e disse: "O elefante é como um rolo". O terceiro apalpou a barriga e disse: "O elefante é como uma grande moringa". O quarto balançou a orelha do animal e declarou: "O elefante é como um grande abano". Depois começaram a discutir. Um passante perguntou-lhes a razão da discussão, e os cegos pediram ao homem que decidisse a questão. O homem disse: "Nenhum de vocês viu direito o elefante. Ele não se parece com uma coluna, mas suas pernas são colunas; não se parece com um abano, mas suas orelhas são um leque. Ele não tem a aparência de um rolo, com exceção da tromba. Não tem também o aspecto de uma moringa, a não ser a barriga. O elefante é uma combinação de tudo isso: pernas, tromba, orelhas e barriga".

Assim discutem os que viram apenas um aspecto de Deus.

Uma rã vivia num poço. Ela morava ali há muito tempo. Tinha nascido e crescido ali. Era uma rã bem pequena. Um dia, uma outra rã que tinha vivido à beira do mar foi parar naquele poço. A primeira rã perguntou à recém-chegada:

– De onde você vem?

– Eu venho do mar.

– Do mar? É muito grande?

– Ah, é! Muito grande.

– O ar é tão grande quanto isso? – perguntou a primeira rã, estendendo suas pernas.

– Muito maior.

– É tão grande quanto o meu poço?

– Como é possível, minha querida, comparar o mar com seu poço?

– Não pode existir nada maior do que o meu poço! – exclamou a rã, furiosa. Essa malvada está mentindo, é preciso enxotá-la daqui!

O mesmo acontece com os homens de mentalidade estreita. Sentados no fundo do seu pequeno poço, imaginam que o mundo inteiro não é maior do que isso.

Quando um homem é ardente e sincero, qualquer religião pode conduzi-lo a Deus. Os vishnuístas, os shaktas, os vendantistas, os brahmajnanins, todos encontram igualmente Deus. Bem como os cristãos e os muçulmanos. Sim, todos os homens encontram Deus, contanto que sejam sinceros. Há alguns que discutem e dizem: "Não há nenhuma esperança para os outros, a não ser que adorem nosso deus Krishna". Ou então: "Não há esperança para eles, a menos que adorem nossa mãe Kali". Ou ainda: "Estão todos perdidos, se não aceitarem o Cristianismo".

Dizer que uma religião não é verdadeira e que as outras são falsas é uma prova de dogmatismo, além de ser uma atitude errada. Muitos são os caminhos que levam a Deus.

Há outros que afirmam que Deus tem uma forma, que não pode existir sem forma. E discutem muito a esse respeito. O vishnuísta discute com o advaísta.

Só podemos falar com autoridade de Deus depois que O vimos. E aquele que viu sabe perfeitamente que Deus é, ao mesmo tempo, forma e não forma e muito mais do que as palavras podem expressar.

Da mesma forma que podemos subir no alto de um telhado com uma escada, um bambu, uma corda, ou por diversos outros meios, assim também os caminhos e as maneiras de chegar a Deus são múltiplos. Cada religião aponta um caminho.

A razão é fraca. A fé é onipotente. A razão não pode ir muito longe; é obrigada a parar em determinado ponto. Diante da fé, o pecado, a injustiça, a frivolidade e a ignorância fogem.

Extraído do livro *Ramakrishna – O Louco de Deus*, Edições de Planeta, Editora Três.

Monoteísmo

Judaísmo, Cristianismo e Islamismo juntos constituem o sistema religioso de mais da metade da humanidade, algo em torno de 3 bilhões de pessoas – 2 bilhões de cristãos, 1,2 bilhão de muçulmanos e cerca de 15 milhões de judeus.

Todos os três têm em comum o patriarca Abraão, adoração ao Deus Único ("o Deus de Abraão"), uma visão dualista da deidade e o culto aos anjos de Deus.

Abraão

Abraão nasceu em Ur, na Mesopotâmia, considerada o berço da civilização, em torno de 2000 a.C., em meio a uma sociedade de cultura extremamente politeísta, cultura suméria, acadiana, assíria e babilônica.

Naquela época e naquelas culturas, as cidades tinham o culto voltado para uma divindade específica, considerada a mais importante, para a qual eram erigidos os templos locais. Em Ur, a divindade principal do panteão era Sin, o deus da Lua, mas, além da deidade principal, cada indivíduo tinha uma divindade pessoal adicional.

Embora a Bíblia não indique o motivo de o patriarca ter deixado sua terra natal, Ur dos caldeus, uma antiga história judaica preenche essa lacuna: o rei Nimrod viu nas estrelas o presságio de que um homem se levantaria contra ele e sua religião pagã. Perseguido por Nimrod, Abraão fugiu para Harã, onde Deus falou com ele pela primeira vez: "Sai da tua terra, da tua parentela e da casa de teu pai e vai para a terra que te mostrarei. De ti farei uma grande nação e te engrandecerei o nome. Sê tu uma bênção".

Na Bíblia, Abrão ouve um chamado de Deus: "Deixa para trás a vida que conheces, e um dia abençoarei o mundo todo por teu intermédio".

Deus o rebatiza com o nome de Abraão – O Pai de Muitos. Ele virá a ser o pai das três fés monoteístas: Judaísmo, Cristianismo e Islamismo.

O Deus Único

Assim, a partir de Abraão, surge um culto voltado ao Deus Único, o "Deus de Abraão", o monoteísmo clássico e dualista, em que Deus está fora e acima do homem; assim, separado do homem, Deus assume qualidades humanas divinizadas.

A diferença desse culto para aqueles que reverenciavam deuses locais é que este nega que existam outros deuses e não aceita em hipótese alguma adoração a divindades menores.

Existem muitas teorias para a forma como foi feita essa transição e uma delas é que uma parte dos demais deuses se tornou qualidades do "Deus de Abraão", uma segunda parte se tornou sua corte de anjos e uma terceira parte foi totalmente rejeitada por Abraão e pelo novo culto que no futuro se tornaria o que conhecemos por Judaísmo.

No entanto, é aceito a crença nos anjos, que não podem ser adorados, apenas cultuados em devoção.

Judaísmo

Moisés (Moché) aparece na Bíblia como um semita criado pela família real egípcia ao lado do faraó que cresceu sob esta cultura, com a oportunidade de estudar e frequentar os templos egípcios. Depois de uma briga com um soldado egípcio, em defesa de um escravo semita, Moisés fugiu pelas terras da África. Conheceu sua futura esposa e o sogro, Jetro, sacerdote etíope, com quem conviveu e estudou durante um bom tempo.

Moisés, assim, se torna profundo conhecedor da mística, da cultura e da religião de três povos profundamente ligados às práticas que hoje chamamos de magia.

Ao voltar para o Egito, Moisés se revela como profeta e mago de grandes poderes; chama a si a causa dos semitas, escravos dos egípcios, e lidera esse povo à procura de uma terra prometida, após desafiar o Deus dos egípcios. Encontrando a vitória, deixa claro que tudo foi realizado pelo poder do "Deus de Abraão", agora "seu Deus" também e "Deus de seu povo".

A partir daí, Moisés renova a fé de Abraão no povo judeu e dá novas bases ao culto.

Estudando três culturas diferentes, teve a oportunidade de somar este conhecimento teórico (doutrina) e prático (magia) com seu dom profético manifestado de várias formas como clarividência, clariaudiência e a escrita na pedra.

Moisés recebeu instruções do Senhor Deus Único e a partir delas reformulou a lei social e religiosa. Chegou a receber os Dez Mandamentos escritos por Deus de forma direta na pedra, no alto do Monte Sinai. São eles:

1. Amar Deus sobre todas as coisas.
2. Não tomar Seu santo nome em vão.
3. Guardar o dia sagrado (sabat, sábado, para judeus e domingo para católicos).
4. Honrar pai e mãe.
5. Não matar.
6. Não cometer adultério.
7. Não roubar.
8. Não levantar falso testemunho.
9. Não desejar a mulher do próximo.
10. Não cobiçar as coisas alheias.

Moisés recebia todas as instruções de Deus por meio de Seus anjos, Ele o instruiu a construir o Santo dos Santos, a Arca da Aliança, descrita na Bíblia, na qual foi depositada a pedra dos Dez Mandamentos. Ficava em um local especial do templo, onde se assentavam os querubins de Deus, os mais altos na hierarquia angélica.

Moisés era um profeta e tinha ao seu lado o irmão Aarão como o sacerdote do templo onde se assentava o Deus Único. Era apenas um "assentamento" para o "Deus de Abraão", agora "Deus de Moisés", que se materializa na Arca da Aliança, e, portanto, havia apenas um único templo, o de Jerusalém, o qual foi destruído, e a Arca da Aliança provavelmente foi saqueada. Hoje, o povo judeu não tem mais o templo; simbolicamente, ele foi substituído pelas sinagogas, locais de oração e estudo para os judeus e os seus rabinos (mestres e orientadores).

Assim nasceu o Judaísmo, dos valores de Abraão, Moisés, e mais tarde se somaram aos valores de Davi, Salomão, que ergueu o templo do Judaísmo, Enoch, Elias e dos outros profetas.

Cristianismo

Yoshua, um judeu revolucionário para sua época, com ideias bem à frente do seu tempo, como "dar a outra face", "amar o próximo como a si mesmo", "perdoar 70 vezes sete vezes", "atirar a primeira pedra quem não tiver pecados", dizia que não vinha para contrariar a lei, no entanto sua "lei do amor" e seu "Deus do amor" eram bem diferentes da Lei de Talião (olho por olho e dente por dente) e do "Deus justiceiro" de Moisés. Por isso, ele é julgado criminoso e aceita a pena de forma muito parecida como havia feito Sócrates com a cicuta, mas aqui com muito mais sofrimento e uma via-crúcis, que até os dias de hoje marcam profundamente a religião cristã nos dias de Quaresma.

Assim, nasceu uma seita judia, com 12 apóstolos de um mártir, de sua própria causa: a fé e o amor a Deus. Essa seita perdurou por aproximadamente 300 anos até se tornar religião oficial de Roma, por intermédio do imperador Constantino.

Muitos pensadores como São Paulo, Santo Agostinho e São Tomás de Aquino viriam a estruturar o pensamento cristão, mais tarde reformulado por Lutero e por tantos outros que viriam a dar suas visões particulares sobre o que os primeiros cristãos deixaram por escrito. Surgem então os cultos e as religiões "evangélicas" nas quais a Bíblia é o centro da religião, a palavra cristã substitui a imagem cristã, a imagem de Cristo.

Islã*

Uma palavra que quer dizer "submissão", "entrega", define essa religião, que tem em seu centro o culto ao Deus Único, Alá, definido por seu último profeta, Mohamed (Maomé), por meio do livro sagrado Corão ou Alcorão, escrito por inspiração do arcanjo Gabriel.

O Alcorão estabelece as bases do Islão, que possui cinco pilares para a sua fé.

A visão de Deus para essas três religiões é muito parecida, é a visão de Abraão; o que as difere é a forma, os rituais, a língua, ou seja, todo o resto. Embora se diga que o Deus de Jesus é o bom Deus e o Deus de Moisés é o Deus da justiça, ainda assim a diferença é apenas para a questão do perdoar, que surge após Jesus, o último cordeiro, aceitar sua "imolação" na cruz pelos pecados dos homens.

Não pretendo me estender nesse tema das religiões ocidentais monoteístas, e sim abrir campo para apresentar um pouco do Hinduísmo. Este sim tem ideias muito diferentes e se mostra como um outro Universo no que diz respeito a Deus e à religião.

---

* N.E.: Sugerimos a leitura de *Assassinos – A História da Seita Secreta do Islã Medieval*, de W.B. Bartlett, Madras Editora.

Hinduísmo*

Hinduísmo é muito mais que uma religião, é todo um conjunto de cultos, crenças e religiões juntas. Na Índia, convivem harmoniosamente muitos sistemas diferentes de Teísmo. Esse país já abrigou e abriga muitos remanescentes de religiões perseguidas, como os judeus fugidos do domínio romano que destruiu o templo em Jerusalém, persas seguidores de Zoroastro fugidos do Islã que dominou toda aquela região árabe e recentemente acolheu os budistas tibetanos fugidos da dominação chinesa que ocupa seu país de origem. Atualmente, o líder tibetano Dalai Lama tem sua morada fixa na Índia. Por tudo isso, podemos dizer que a Índia é muito condescendente com a fé alheia e aberta aos estrangeiros, que, com o tempo, passaram a fazer parte de sua cultura.

Mas não foi sempre assim. Por volta de 1.500 anos antes de Cristo, a região do vale do Rio Indo era dominada por um povo da raça negra identificado como drávida. Um outro povo, da raça branca, identificado como ariano, chegou montado a cavalo e com alta tecnologia marcial dominando a região. Hoje, 3.500 anos depois, boa parte da Índia se considera ariana; no entanto, todo o povo tem uma pele parda, cor de tabaco, resultado de um longo período de miscigenação de raça e cultura. Alguns remanescentes drávidas, mais puros, foram direcionados para o sul da Índia.

Assim, temos toda uma cultura ariana em essência, mas que não deixou de ser influenciada pelos drávidas, o que pode ser observado na personalidade de algumas divindades.

Há algumas teorias para essa tese. Dizem que as divindades indianas em forma animal, como Ganesh* (elefante) e Hanuman (macaco), tiveram origem nessa cultura anterior de raça negra, assim como Shiva, de pele azul, e sua esposa, Kali, de pele negra, ressaltada por seu nome que também quer dizer, na tradução literal, "A Negra".

---
* N.E.: Sugerimos a leitura de *Ganesh – O Grande Deus Hindu*, de Debjani Chatterjee, Madras Editora.

Tudo isso diz respeito a um sincretismo de culturas, o que é muito normal. Acredita-se também que os drávidas eram exímios praticantes de uma forma de Yoga* "primitiva", ou original, se preferir.

A questão é que ariano em si não é um termo que diz respeito à cor da pele, e sim à primazia dos conceitos espirituais que essa raça traz à Índia. Os arianos trouxeram também a escrita e com ela os textos sagrados da Índia chamados de Vedas, literalmente "conhecimento"; sua escrita original, o sânscrito, é uma das mais antigas que se tem notícia.

Os Vedas são divididos em quatro:

- *Rig-Veda*
- *Yajur-Veda*
- *Sama-Veda*
- *Atharva-Veda*

Dentro desse contexto de quatro Vedas são identificados:

- **Samhitas:** hinos primitivos dedicados às divindades contendo magia e invocações.
- **Brahmanas:** orientações sacerdotais para os rituais religiosos realizados pelos brâmanes.
- **Aranyakas:** são os "textos das florestas", que eram usados em segredo longe da civilização e que enfatizam que tudo está dentro de você; nesses textos, os rituais perdem a sua importância. Conduzem a uma busca interior.
- **Upanishads:** para alguns é a essência dos Vedas, são textos que têm uma grande profundidade esotérica ou metafísica. Tentam expressar o inexpressável, colocar em palavras o que é transcendente.
- **Sutras:** são textos curtos e resumidos sobre os assuntos mais variados como leis, Gramática, Astronomia, etc.
- *Mahabharata*: é o maior poema épico que se tem notícia nesse planeta. Bharata é a própria Índia, Maha quer dizer grande. O *Mahabharata* constitui-se da história da Índia. Contém a famosa guerra de Kurukshetra, na qual a família dos Pandavas, liderada por Arjuna e orientada por Krihsna, enfrentou a família dos Curavas na dominação da Índia. Essa guerra é abordada no *Bhagavad Gita*, literalmente "*Canção do Divino Mestre*", que faz parte do *Mahabharata*.
- *Ramayana*: também um poema épico, que aborda a luta de Rama contra Ravana para salvar sua companheira Sitá. Rama e Krishna são encarnações de Vishnu, a segunda pessoa da trimúrti, Trindade hindu (Brahma, Vishnu e Shiva).

---

* N.E.: Sugerimos a leitura de *Mitologia Hindu*, de Aghorananda Saraswati e *Yoga – Mente, Corpo, Emoção*, de Suely Firmino, ambos da Madras Editora.

- **Puranas:** são textos acima de tudo mitológicos acerca das divindades indianas. Um texto de origem purana e conhecido no Brasil é o *Bhagavatam*.
- **Tantras:** são textos de rituias de magia e de desenvolvimento de dons. Possuem uma parte de rituais sexuais, mas não estão inteiramente com essa conotação como mostram algumas citações que aparecem no Ocidente, onde parece haver um "frenesi" acerca do Tantra e principalmente do Tantra Yoga, que é a prática em si, muitas vezes confundida com a simples prática sexual, que é uma forma de "Maytuna", esta sim é uma parte do Tantra, e não ele por inteiro.

Baseado em todo esse conhecimento védico, o Hinduísmo se divide em "escolas" ou linhas de pensamento, também chamadas de pontos de vista a respeito do conhecimento. Existem assim as escolas ou linhagens ortodoxas e as não ortodoxas.

Os principais estudiosos citam seis escolas ortodoxas de ensino e filosofia védica, a saber:

1. Nyaya
2. Vaisesika
3. Mimansa
4. Vedanta
5. Sankhya
6. Yoga

Entre as escolas não ortodoxas, as mais conhecidas são:

- **Budismo e Jainismo**

Para enriquecimento deste nosso estudo, vamos apenas dar uma referência sobre cada uma dessas escolas e nos aprofundar um pouco mais sobre Yoga e Vedanta, que fornecem um farto material de estudo acerca das formas de Teísmo ou adoração ao Ser Supremo.

Nyaya é uma escola teísta que valoriza o pensamento racional e científico, busca atingir o Ser Supremo por meio do pensamento lógico.

Vaisesika é uma escola que estuda a origem de tudo em teorias muito parecidas com as nossas teorias atômicas do Universo, nas quais entram os elementos (terra, água, fogo, ar, éter, tempo, espaço, alma e mente) e as qualidades, gunas (cor, paladar, olfato, tato, número, extensão, individualidade, conexão, separação, prioridade, posteridade, conhecimento, prazer, dor, aversão e vontade). Atingir o Bem Supremo consiste em entender como tudo isso se encaixa na harmonia da criação, o que é alcançado quando vamos além da visão deformada e distorcida que trazemos em função de condicionamentos e sentidos apegados. A escola Vaisesika traz afinidade com a escola Nyaya, alguns se dedicam a Vaisesika-Nyaya.

Mimansa é a base sacerdotal para os brâmanes. Formam textos que visam a esclarecer todas as dúvidas acerca dessa linha de pensamento, parecida com a *Suma Teológica,* de São Tomás de Aquino. Seu sistema de Teísmo é politeísta, não aceitando que Deus possa ser um espírito supremo. A escola Mimansa se aproxima do Vedanta criando para alguns o sistema Mimansa-Vedanta.

Sankhya é uma escola que estuda a condição humana e a busca pela iluminação; propõe uma ciência que busca a análise da natureza, da vida e das atividades da mente. Aproxima-se do Yoga por afinidades, o que pode ser observado também como Sankhya-Yoga.

Yoga é uma das escolas mais populares no Ocidente, ou pelo menos o termo Yoga é bem difundido. Muitos podem não saber exatamente o que quer dizer Yoga, mas com certeza já ouviram falar e logo vem à mente a figura de uma pessoa meditando. Muitos pensam que se limita à prática da meditação, que também faz parte da escola, mas Yoga é muito mais. A começar pela própria palavra, que tem origem no sânscrito e significa unir, união, juntar. Um dos seus objetivos é libertar o ser humano do ciclo reencarnatório, que ocorre quando este se liberta da ignorância que o "prende" neste ciclo. A origem do Yoga é muito antiga; é considerada pré-védica, provavelmente, os drávidas já o praticavam antes que os Vedas fossem escritos na cultura ariana. O Yoga, entre outras coisas, está ligado também a um Xamanismo hindu, que pode ser observado também nas posturas, assanas, que têm uma relação direta com a natureza e os animais.

Dentro dessa escola de Yoga, existem muitas outras escolas e também muitas variedades de estilos no conjunto chamado Yoga. E, mais do que isso, todas as outras escolas assimilaram o Yoga criando suas próprias práticas como Yoga Budista, Yoga Jainista, Yoga Vedanta, Yoga Bramânico, e todos são unânimes em classificar também o Yoga por modalidade além das escolas, ou seja: existe um Yoga voltado ao estudo, outro, à adoração, outro, ao trabalho, ao estudo da mente e muitos outros. O próprio Vivekananda falava muito sobre o fato de que existem quatro tipos de pessoas, e, para cada um desses arquétipos de pessoas, há uma modalidade de Yoga, em que elas se realizam e promovem a união. Vejamos:

- **Karma Yoga** – Karma é uma palavra que vem do sânscrito e quer dizer ação, trabalho; o Karma Yoga é para as pessoas que se realizam em Deus, trabalhando para a deidade. São aqueles que se entregam a trabalhos voluntários como uma forma de agradecer e se unir ao Ser Supremo. Os karma iogues veem Deus em todas as pessoas e trabalham pelo próximo como se ele fosse Deus. Uma dona de casa que realiza seu trabalho com amor e dedicação à família e coloca todo o seu amor nos afazeres domésticos agradecendo a Deus a oportunidade de estar ali com sua família pratica uma forma de Karma Yoga, e, segundo a filosofia dessa prática, é possível alcançar a iluminação por esse trabalho devocional. Podemos dar um exemplo cristão de Karma Yoga na pessoa de Madre Teresa de Calcutá, que dedicou toda a sua vida a trabalhar pelo próximo; me lembro de uma história contada sobre ela na qual, ao atender uma pessoa muito doente no meio de uma situação precária e exposta a alguns riscos para a sua saúde, o doente lhe teria dito: "Madre, eu não faria este seu trabalho por dinheiro nenhum no mundo!" E ela respondeu: "Eu também não!" Isso é Karma Yoga, nele não se espera que o outro lhe agradeça, você é que agradece a oportunidade de ajudar sem nunca esperar um reconhecimento, pois o maior beneficiário é quem está praticando o Karma Yoga.

- **Bhakti Yoga** – Bhakti quer dizer amor, e o Bhakti Yoga é o Yoga da devoção, do amor incondicional ao Ser Supremo e à Sua criação. Este é o Yoga dos devotos, daqueles que vivem em devoção entregues aos rituais de culto, adoração e veneração às divindades.
- **Gnana Yoga ou Jnana Yoga** – Gnana ou Jnana quer dizer conhecimento, e este é o Yoga das pessoas que se realizam estudando, fazendo sua busca, a união, por meio do entendimento da deidade, assim o devoto vai aos poucos conquistando o entendimento do Todo e se integrando a Ele.
- **Raja Yoga*** – Este é o Yoga da perfeição, da sua busca por meio do estudo profundo da mente e seus estados de consciência com o objetivo da iluminação e do despertar.

Existem ainda outras formas de Yoga, além dessas quatro citadas por Vivekananda, a saber:

- **Hata Yoga** – Esta é uma modalidade de Yoga bem presente no Ocidente que diz respeito aos assanas ou posturas. Não é uma ginástica, mas se parece muito; para o leigo, quando vê, tem a impressão de que o praticante está fazendo uma ginástica com movimentos e posições que variam no seu grau de dificuldade. Um dos objetivos é estimular certas glândulas e pelos assanas alcançar certos níveis de consciência.
- **Mantra Yoga** – Os mantras são os sons sagrados, sendo o mais sagrado de todos o OM (AUM). Entre outras coisas, representa o Verbo que criou tudo o que existe, o som do Ser Supremo; as três letras representam a trimúrti (Brahma, Vishnu e Shiva) com sua Shankti ou parte ativa (Sarasvati, Lakshimi e Parvati), que representa o Brahman, o Todo e sua criação. Desse mantra

---

* N.E.: Sugerimos a leitura de *Raja Yoga – Quebrando Correntes*, de Suely Firmino, Madras Editora.

escreve-se em sânscrito ॐ, o que também lembra um número três, ou mesmo um tridente ligado ao círculo eterno da criação encimado por algo que lembra o olho que tudo vê. Todos os outros mantras são derivados desse; muitas orações são feitas como mantras, pois todo som feito com intenção sagrada, toda palavra dedicada ao Ser Supremo é uma forma de mantra. Os mantras são muito estudados, e existe um para cada energia à que se quer chegar, para cada situação que se passa. Os nomes das divindades são mantras poderosos quando pronunciados com amor e devoção.

- **Tantra Yoga** – É o Yoga que se ocupa do Tantra que já comentamos anteriormente, em que são presentes algumas práticas de magia e algumas práticas feitas em par.
- **Yantra Yoga** – É o estudo dos símbolos sagrados e mandalas, utilizados com vários objetivos, desde o desapego, para mandalas feitas com areia, que levam meses para ficar prontas e que, depois de acabadas, são sopradas ao vento, até símbolos utilizados para meditação ou para induzir uma certa energia em um ambiente.

São conhecidas muitas outras formas de Yoga e até outras derivações delas mesmas; todas são importantes para este nosso estudo, pois todas têm o objetivo da união.

O conceito de Yoga é muito próximo do conceito de religião, que quer dizer religar; no entanto, o Yoga não é uma religião, mas algumas religiões podem e devem se servir de algumas de suas práticas, milenarmente estudadas, atestadas e comprovadas como métodos muito eficientes, mas que exigem disciplina e determinação. Um iogue avançado tem todo um regime alimentar e comportamental; como um dos fins é o desapego, muitos iogues abandonam completamente seu ego, que é o caminho para a iluminação.

A quem se interessar por este estudo, recomendo algumas obras como *As Upanishads do Yoga*, de Carlos Alberto Tinoco, Madras Editora, 2005; *Fundamento e Técnica do Hatha Yoga*, de Antonio Blay Fontcuberta, tradução de Alcântara Silveira, Edições Loyola, 1971; *Autoperfeição com Hatha Yoga*, de professor José Hermógenes de Andrade Filho, Editora Nova Era, 1976; *Como Tornar-se Yogue*, de Swami Abhedananda, Editora Pensamento; *O Poder do Pensamento pela Yoga*, de Swami Sivananda, Editora Pensamento; e todos de Vivekananda, incluindo os já citados que podem ser vistos na bibliografia deste nosso estudo.

Vedanta: uma visão hinduísta muito particular sobre o Teísmo

No Vedanta, literalmente "Final dos Vedas", dentro da filosofia hindu, há um estudo sobre a forma como o Ser Supremo é ou se manifesta.

Este é um estudo que vai além do pensamento ocidental, dualista por natureza, em que o Criador é um Ser separado da criação.

No Vedanta, surge uma classificação diferente dos sistemas religiosos que difere Monismo de Dualismo com suas variantes a saber:

- Monismo (Advaita Vedanta)
- Dualismo (Dvaita Vedanta)
- Mono Dualismo (Visistadvaita Vedanta)

Vejamos um pouco sobre essa classificação e o que quer dizer cada um desses sistemas, que fazem parte da realidade, na cultura e religiões hinduístas. Essas formas de entendimento e adoração ao Ser Supremo podem ser levadas além da Índia para procurar entender melhor outras culturas e religiões; quando vemos o Monismo, algo nos lembra o Taoísmo de Lao-tsé e Chuang Tsé ou ainda o Budismo de Sidarta Gautama; algumas colocações de Jesus podem ser consideradas monistas, como "amar o próximo como a si mesmo" ou "Eu e o Pai somos um".

A Mística Judaica, a Cabala, tem alguns aspectos que se aproximam do Monismo, e a Mística do Islã, o Sufismo, segundo o místico Sufi El Arabi, é monista, o que não é difícil de entender, pois os místicos buscam a experiência de se integrar, de se unir com o TODO.

Nas culturas indígenas, naturais e panteístas, também encontramos a experiência do transe que visa integrar o ser com a natureza, a parte visível de Deus.

Seja Feliz

Do livro *Ilusões – As Aventuras de um Messias Indeciso*
(Editora Record – 18ª Edição – 1993)

Existe uma passagem em que as pessoas procuram um messias para lhe pedir ajuda e afirmam a ele que fariam qualquer coisa que Deus lhes pedisse.

Todos estão dispostos a sofrer pela "Causa Maior", todos se mostram preparados a dar a vida se Deus lhes pedir o sofrimento como prova de uma vida dedicada ao Senhor.

Então o messias pergunta quem está disposto a seguir a orientação do Ser Supremo.

Ao que as pessoas respondem de forma afirmativa, ele, o messias, pergunta o que elas fariam se Deus pedisse apenas que fossem felizes.

Entendo aqui uma grande lição, pois boa parte dos religiosos que procura o caminho do Céu está disposta a todos os martírios, mas poucos estão dispostos a ser feliz, e o motivo é real na própria humanidade.

O ser humano tem medo de ser feliz !!!

Tente não ser especial. Seja comum e espere no silêncio pela transmissão especial. Ela acontece. Já aconteceu antes, pode acontecer agora. É o mais fácil caminho até Deus, ao Tao, à suprema verdade.

Taoísmo

Eis Aqui...

> *Chau Chou perguntou a Nan Chuan: "O que é o Tao?"*
> *Nan Chuan respondeu: "A mente comum é Tao".*
> *Chau Chou então perguntou: "Como se pode abordá-lo?"*
> *Nan Chuan replicou: "Se você quiser abordá-lo, certamente o perderá".*
> *"Se não se pode abordá-lo, como você sabe que é o Tao?"*
> *"O Tao não é matéria de conhecimento, nem matéria de não conhecimento. Conhecer é um caminho ilusório de pensar, e não conhecer é um caminho de insensibilidade. Se a pessoa puder perceber o Tao inerroneamente, sua mente será como o espaço – vasta, vazia e limpa. Como, então, a pessoa pode considerar isso certo e aquilo errado?"*
> *Após ouvir essa ponderação, Chau Chou foi imediatamente acordado.*
> Texto extraído do excelente livro *Zen – A Transmissão Especial*, Osho, Madras Editora, 1999.

O Taoísmo surge na China por volta de 570 com o autor de *Tao Te Ching*, Lao-tsé (570 a.C.), e seu discípulo Chuang Tsé (275 a.C.).

Lao-tsé, segundo Humberto Rohden (*Tao Te Ching*, Editora Martin Claret, 2004, tradução e notas Humberto Rohden), quer dizer:

"Lao significa criança, jovem, adolescente. Tsé é o sufixo de muitos nomes chineses, indicando idoso, maduro, sábio, correspondendo ao grego presbyteros, que significa literalmente ancião, com a conotação de maduro, espiritualmente adulto.

De maneira que podemos transliterar Lao-tsé por jovem sábio, adolescente maduro".

Humberto Rohden também coloca o *Tao Te Ching* como um dos mais importantes textos sagrados da humanidade com estas palavras:

"Considerei como minha missão terrestre traduzir e explicar esses três livros máximos da humanidade (*Bhagavad Gita*, Evangelho e *Tao Te Ching*). Se eles fossem conhecidos e vividos, a vida terrestre do homem, em vez de ser um inferno de discórdias, seria um paraíso de harmonia e felicidade".

Lao-tsé viveu na corte imperial da China por cerca de 40 anos, onde trabalhou como historiador e bibliotecário. Depois desse período, ele se retirou da corte e foi viver o que é conhecido como "a segunda parte de sua vida" como um eremita, apenas estudando, meditando e aplicando o resultado de seu conhecimento e sabedoria.

É dito que, quando atingiu cerca de 80 anos, cruzou a fronteira da China onde o guarda da divisa lhe pediu um resumo de sua filosofia. Lao-tsé lhe entregou o livro de Tao, o *Tao Te Ching*. Depois desse episódio, ninguém mais teve notícias suas.

Lao-tsé viveu na mesma época de Confúcio, também um sábio chinês que se preocupava mais com valores sociais e morais. São conhecidas as histórias que envolvem Confúcio e Lao-tsé, descrevendo um possível encontro que teria havido entre os dois.

No livro *A Essência do Taoísmo*, tradução de David Jardim Júnior, Ediouro, 1985, é descrito esse encontro assim:

Confúcio e Lao-tsé

Confúcio visitou Lao-tsé e falou a respeito da caridade e do dever para com o próximo.

Disse Lao-tsé: "O farelo da joeira cega os olhos de um homem, de maneira que ele não pode ver em torno. Os mosquitos mantêm uma pessoa acordada a noite inteira com as suas picadas. E, do mesmo modo, essa conversa de caridade e dever para com o próximo quase me leva à loucura. senhor! Esforça-te para conservar o mundo em sua simplicidade original. E, do mesmo modo que o vento sopra onde lhe apraz, deixa a virtude ela própria se firmar. Para que desperdiçar tanta energia, procurando um fugitivo com um grande tambor?"

"O cisne é branco sem se banhar diariamente. O corvo é negro sem se pintar diariamente. A simplicidade original do branco e do negro está além dos limites da argumentação. A perspectiva da fama e da reputação não é digna de ampliação. Quando a lagoa seca e os peixes são deixados na terra, umedecê-los com um sopro ou molhá-los com um cuspo não se compara com deixá-los em seus rios e lagos nativos."

Regressando de sua visita a Lao-tsé, Confúcio se manteve em silêncio durante três dias. Um discípulo perguntou-lhe: "Mestre, quando viste Lao-tsé, como o advertiste?"

"*Vi um dragão*", respondeu Confúcio. "*Um dragão que pela convergência mostrava um corpo, pela radiação tornava-se cor, e, correndo para as nuvens do céu, alimentava os dois princípios da criação. Fiquei boquiaberto. Como pensas, então, que eu fosse advertir Lao-tsé?"*

Embora aqui pareça que Confúcio seja um tolo à frente de Lao-tsé, devemos nos lembrar que tolos não reconhecem homens sábios, nem se calam perante essa sabedoria, muito menos rendem homenagens a outro que não a si próprio. Confúcio é também um grande sábio, e são por demais conhecidos os Aforismos de Confúcio, nos quais muito antes que fosse dito "ame o próximo como a si mesmo", ele já pregava o que é chamado de "A Regra de Ouro", e responde à pergunta de um discípulo:

"Há uma palavra que possa servir como um princípio de conduta para toda a vida?"

Confúcio responde:

"Talvez a palavra reciprocidade sirva. Não faça aos outros o que não quer que lhe façam".

Agora deixemos Confúcio para abrir caminho ao Tao. O Taoísmo lida diretamente com conceitos essenciais que em muito lembram o Monismo hindu; a profundidade dos textos faz um contraste único com a simplicidade com que são escritos. O *Tao Te Ching* é também considerado um livro sagrado para o Taoísmo do mesmo nível de um Alcorão, da Bíblia, Torá, Zend Avesta, Vedas e outros para suas respectivas religiões.

Coloco abaixo algumas passagens do *Tao Te Ching*, extraídas do livro *A Sabedoria da China e da Índia*, Editora Irmãos Pongetti – 1959, volume II, de Lin Yutang, traduzido por Haydée Nicolussi.

Livro I: Os Princípios de Tao

I. O perfeito Tao

*O Tao de quem se pode falar
nunca será o Tao absoluto
Os nomes que podem ser dados
nunca são os verdadeiros nomes.*

*O Ignoto é a fonte do Céu e da Terra.
Porém, a mãe de todas as coisas é a designação.*

*Portanto:
Há quem se dilacere constantemente de paixão
com o intuito de surpreender o Segredo da Vida
e quem constantemente encara a vida com ânsia
a fim de provar todos os seus frutos palpáveis.*

Mas ambos (o Segredo e suas manifestações)

*no âmago são uma e a mesma coisa,
a qual se deu os nomes diversos,
conforme cada qual foi sucedendo.*

*Ambos podem ser chamados o Cósmico Mistério:
a partir do simples Mistério para o Mistério mais profundo.
Eis no que consiste a quintessência da Existência Completa.*

Monismo

A doutrina de Shankara (686 d.C.)

"Brahman – a existência, o conhecimento e a aventurança absolutos – é real. O Universo não é real. Brahman e Atman (O Espírito Humano) são unos."

Shankara

Também conhecido como Não Dualismo ou Advaita Vedanta, o Monismo (Unidade) se distingue do Dualismo (Dualidade), e essas são questões pertinentes à forma como se entende o Ser Supremo, Brahman.

No Monismo, não há o "Criador" e a Sua "criação" (Dualismo), em que o "Criador" está separado da "criação". Para o Monismo, tudo é Deus, só Deus é real e não existe distinção entre Deus e nós, não há dualidade, tudo está em uma única unidade. Deus não é distinto do ser humano, tudo é Brahman, "Deus é!"

Shankara nasceu no sul da Índia. O que se diz sobre ele é que, desde cedo, se mostrou com qualidades excepcionais. Ainda criança, em torno dos 10 anos, já dominava as escrituras védicas, escrevia comentários sobre elas e travava discussões com eruditos no assunto, que vinham de todas as localidades da Índia para conhecê-lo.

Ainda na infância, se mostrou insatisfeito pelo rumo da religião e dos religiosos em sua terra. Seu pai veio a falecer, e ele resolveu renunciar tudo pela busca espiritual e existencial. Shankara escreveu uma extensa obra literária, comentou os principais textos védicos e deixou duas obras filosóficas muito importantes para a sua doutrina, o *Upadeshasahasri* e *Viveka-Chudamani*.

A Editora Pensamento publicou o *Viveka-Chudamani* em português como *A Joia Suprema do Discernimento*. A edição traz uma introdução muito enriquecedora sobre a biografia do autor e outra sobre a filosofia do Não Dualismo, feitas por Swami Prabhavananda e Christopher Isherwood.

Para se ter uma ideia, coloco abaixo um poema e um verso de Shankara extraídos do livro citado:

> Ó Senhor, que habitais em nosso íntimo
> Vós sois a luz
> No lótus do coração.
> Om é o vosso eu,
> Om, a mais sagrada das palavras,
> Origem e fonte das escrituras.
> Não pode a lógica descobrir-vos,
> Ó Senhor, mas os iogues
> Vos conhecem na meditação.
> Em vós estão todas as faces de Deus,
> Suas formas e aspectos;
> Em vós também
> Encontramos o guru.
> Estais em todos os corações
> E, se, uma vez que seja,
> Um homem abrir
> Sua mente para receber-vos,
> Em verdade, esse homem
> Será livre para sempre.

Prostro-me diante de Govinda, o mestre perfeito, eternamente absorto no mais elevado estado de bem-aventurança. Sua verdadeira natureza não pode ser conhecida nem pelos sentidos nem pela mente. Ela só é revelada por meio do conhecimento das escrituras.

A filosofia e o pensamento de Shankara sobre Deus são extremamente profundos e complexos, para entendê-lo, é preciso estudo e meditação. Afinal, estamos falando de um mestre iluminado que dedicou a sua vida ao estudo da deidade e de nossa relação com ela.

Shankara bebeu em abundância da fonte de uma cultura milenar, profundamente dedicada a Deus e à espiritualidade, uma das mais antigas culturas vivas até os dias de hoje.

Porém, seu pensamento não foi sempre assim. Shankara foi iniciado na vida monástica por Govindapada, discípulo de Gaudapada, grande filósofo, sábio e vidente. Foi instruído no Yoga e em um curto espaço de tempo alcançou a realização mística, tornando-se um mestre também.

O mestre Shankara caminhava em direção ao Rio Ganges quando se deparou com um "Chandala", um "intocável", da mais baixa casta, acompanhado por quatro cachorros. Em uma atitude preconceituosa, Shankara ordenou, em tom de superioridade, que o "Chandala" e seus cachorros desobstruíssem o caminho. Como resposta, ouviu da boca do "Chandala":

"Se Deus é Um, como podem os homens ser diferentes?".

Shankara, envergonhado, curva-se diante do "Chandala" como um discípulo curva-se diante de seu guru. Mais tarde, ele escreveria:

"Quem aprendeu a ver em toda parte a Existência Única é o meu mestre, seja ele Brahman ou Chandala".

A partir desse momento, muda o seu pensamento e a sua filosofia, passando a crer que tudo é Deus e que não há diferenças nem qualificação que distinga partes ou valorize o que está mergulhado em Maya.

Shankara começa a desenvolver e a ensinar a filosofia do Advaita Vedanta, o Não Dualismo, o Monismo puro.

No Monismo, não há separação entre Deus, Brahman, e a "criação", é uma coisa só. No entanto, é importante entender o que isso quer dizer e como se chega a esse raciocínio ou a essa conclusão.

Shankara diz que só Deus, Brahman, é real; todo o resto é ilusão. Para definir ilusão, usa-se a palavra Maya, que se traduz de forma literal por "isto não é" ou "aquilo que não é".

"Ma" quer dizer não e "ya" quer dizer isto. Ou seja, apenas Brahman é real, todo o resto não é.

Para o Monismo de Shankara, real é apenas o que não muda e não cessa de existir. "A realidade absoluta implica a existência permanente."

Esse mundo é transitório, nossa vida corporal e material é transitória, logo toda essa "realidade transitória" é uma ilusão, é Maya.

Para figurar essa ideia de ilusão, tomo a liberdade de invocar o pensamento de um mestre Taoísta, Chuang Tsé, no qual nos apresenta com poucas palavras o que pode ser considerado a ilusão da vida ou de estar vivo para qualquer filosofia. Ele diz: "Um dia sonhei que era uma borboleta e, durante o sonho, já não sabia mais se era Chuang Tsé sonhando que era uma borboleta ou se era uma borboleta sonhando que era Chuang Tsé".

Assim é esta vida; quem nos garante que estamos aqui ou em algum lugar sonhando que estamos aqui, sonhando esta vida? Isso também é Maya.

"A realidade do sonho pode negar a vigília, assim como a vigília pode negar o sonho."

É como o filme, *Matrix,* em que pessoas vivem em uma "realidade virtual" enquanto seus corpos estão em outra realidade.

Mas, afinal, o que é realidade? Será realidade o que percebemos do mundo externo por meio de nossos cinco sentidos? Ou será a forma como nosso cérebro interpreta tudo isso em nosso mundo interno? Ou será o mundo do sonho, e o que nos parece real não passa de uma ilusão?

Para Shankara, a única realidade é Deus, em essência; além de Maya, nós fazemos parte desta realidade, somos esta realidade, daí se originam duas afirmações monistas por excelência:

"EU SOU" (Eu sou Deus) ou "TU ÉS ISTO" (Tu és Deus).

Nas duas afirmações até mesmo a palavra Deus está subentendida, já que, uma vez manifestada, estaria à parte.

Não se pensa em "DEUS" porque, se pensar em "Deus", logo estará pensando em algo que está à parte de você, imaginando como Ele é, pois Ele simplesmente é e não se define nem qualifica.

No entanto, nossa percepção da realidade está imersa em Maya. Nossos sentidos nos enganam! Assim, mergulhados em Maya, trocamos o que é ilusão pelo que é real.

Um exemplo frequente dado pelos monistas é este:

"É como se na sombra, Maya, víssemos uma corda enrolada e por estar escuro (Maya), em meio a esta penumbra (Maya), podemos pensar que a corda é uma cobra". Isso é Maya.

Assim é o mundo de Maya. Mas, quando vem a "luz", vemos o que é real, que a cobra não passa de uma corda.

Tudo que é humano é transitório, é Maya, logo, tudo que pudermos qualificar a partir de nossos sentidos, percepção e conceitos também é Maya.

Por essa linha de raciocínio, no Monismo, a Realidade, Brahman, é impessoal e sem forma e também não pode ser qualificada.

Uma vez que o qualificamos como bom, bondoso, amoroso, correto, justo ou outros adjetivos, estamos limitando-o a qualidades humanas desse mundo de Maya e Brahman, o ilimitado, não se limita, logo não se qualifica.

Alguns acreditam que a doutrina de Shankara surgiu para combater o Budismo de Nagarjuna, o Budismo Tibetano, muito combativo na época, que tem uma filosofia também impessoal sobre o "vazio" e como ir ao encontro dele, onde tudo o que nos cerca é ilusão. Para Nagarjuna, até o conhecimento era considerado ilusão.

Ambas as filosofias são muito parecidas: no Budismo, vamos ao encontro do "vazio"; no Monismo, somos o "impessoal".

No Monismo não qualificado de Shankara, algumas questões filosóficas tornam-se muito belas em sua exposição e apresentam soluções para algumas questões existenciais como, por exemplo:

- **Sobre a criação**

No Monismo, "Deus" não criou nada, nem esse mundo, nem nós, pois, se Ele houvesse criado, logo seria externo à criação, o que remete às doutrinas dualistas, em que Deus está separado da criação.

O Monismo ainda diz que Brahman não tem motivos para ter criado esse mundo, que qualquer motivo para criá-lo o colocaria como imperfeito.

Motivos são necessidades, e Brahman não tem necessidades enquanto perfeição.

Outras doutrinas dizem que Deus criou o mundo porque se sentia sozinho ou porque gostaria de Se ver refletido em Sua criação. Para o Monismo, isso é Maya.

Deus não criou nada. Nossa ignorância criou! Esse mundo não é! Deus é! Então o que é esse mundo, e essa vida?

É Maya! É apenas nossa percepção, distorcida da realidade, estamos mergulhados em Maya.

Até o Deus pessoal e qualificado é a manifestação da verdade sob o véu de Maya.

O Deus pessoal é o Deus de Maya. O Deus pessoal também é chamado de Ishwara, que é Brahman em Maya. Brahman não pode ser qualificado, qualidades são limites.

- **O bem e o mal**

Nas doutrinas dualistas pode-se questionar: "Como Deus permite a existência do mal?"

Existem muitas respostas para essa pergunta, até nas doutrinas dualistas, como: "O mal pode ser a punição de Deus por nossos pecados". "O mal pode ser uma interpretação errada do bem ou simplesmente a ausência de Deus, do bem".

Para o Monismo, tanto o bem quanto o mal são ilusão, é Maya. Podemos ainda dizer que onde não existe o mal não existe o bem e vice-versa, pois como identificar o bem se não existir o mal?

Isso é Maya. Deus não é bom nem mal, pois não pode ser qualificado. Apenas o Deus pessoal, que é o Deus de Maya, é qualificado como o "bom Deus".

- **Amar o próximo como a si mesmo!**

Nossa individualidade também é Maya, pois, se eu sou Deus, o outro também é Deus. Logo, o outro sou eu. O próximo sou eu, e amar o próximo é natural. Não existe eu, você ou Deus. Só Deus é real, tudo é Deus.

O propósito da doutrina é nos libertar de Maya. Ao alcançar a iluminação, tomamos a percepção da realidade; fora da ilusão, passamos a estar integrados, voltamos a viver Brahman em nós.

Dualismo

A origem do Dualismo se perde nos tempos...

No Dualismo (dualidade, dois), se afirma que o Criador e a criação são duas coisas completamente diferentes. O Ser Supremo é distinto dos seres criados por Ele.

São duas verdades distintas: uma é completamente independente, o Ser Supremo; a outra é completamente dependente, os seres viventes e toda a criação.

É aqui que aparece o homem como imagem e semelhança de Deus; no entanto, ele não é e nunca será Deus, pois são distintos.

Tudo depende do Senhor Supremo para existir e se manifestar. O Ser Supremo é o Criador de tudo e de todos. É a origem e o destino.

No Dualismo é que surge a ideia de qualificação direta e incisiva em que Deus é "o bom Deus".

Aqui surgem as doutrinas mais humanizadas, nas quais Deus também pode assumir uma forma humana.

Na Índia, são muito populares as encarnações de Vishnu como Rama ou Krishna, que são Deus em forma humana.

Segundo a cultura indiana, Krishna encarnou há mais de 3 mil anos, filho de uma virgem, nascido para ser rei e morto pelo inimigo...

Dualismo humanizado e não humanizado

Na cultura ocidental, as três grandes religiões (Judaísmo, Cristianismo e Islamismo) são claramente dualistas; no entanto, é no Catolicismo que, além de ser distinto, o Ser Supremo assume uma forma humana, como Cristo, cuja história é, curiosamente, muito semelhante a de Krishna na Índia, chegando a ser igual em alguns detalhes, com a diferença de que Krishna "viveu" ou "humanizou-se" muitos anos antes.

Até mesmo o Kardecismo é claramente dualista qualificado e não humanizado, pois os espíritas aceitam Cristo como mestre, mas não como Deus, que é um dogma cristão.

Tanto em algumas visões hindus quanto na católica e outras, Deus assume uma forma humana por amor a nós, Seus filhos. Logo, existe nesse Dualismo um apelo forte ao sentimento.

Mais do que isso: somos imagem e semelhança de Deus. Ele também tem forma humana.

Em uma outra leitura, podemos dizer também que somos imagem e semelhança de Deus, pois Ele é energia e consciência e nós também...

Como poderíamos amar ou querer o que não compreendemos? Como conceber um filho que seja diferente do pai e vice-versa? Como querer bem, se não ao "bem-amado"?

Mas, para a realidade ocidental, se apresentam ainda outras questões, não tão agradáveis.

Apenas um Deus separado e distinto com qualidades pode ser sensível e ao mesmo tempo se "ofender" com nossos pecados.

É no Dualismo que se dá margem à interpretação da vontade do Ser Supremo, é aqui que uns poucos podem usar a religião para manipular as pessoas, que dependem de agradar a Deus para viver em Sua graça ou ainda, o que é pior, terem de agradar aos "escolhidos de Deus", sacerdotes que podem servir-Lhe ou servir ao próprio ego, é o que vemos no mundo ocidental e é o que alimenta a atual onda de descrença nas religiões e nos religiosos.

No Islã, não se aceitam sacerdotes ou intermediários entre Alá e nós, no Judaísmo, não há mais o sacerdote, pois não há mais o único templo onde se encontrava a Arca da Aliança.

Rabinos e califas são orientadores, mas não intermediários, ainda assim, corre o risco da qualidade da orientação. Onde há interpretação humana há falhas, por isso se torna tão delicado qualificar onde o ponto de vista é sempre humano. Até mesmo nestas linhas, estou sendo tendencioso como todos que vieram antes de mim e os que virão depois, somos humanos, logo, tendenciosos e políticos (que vive na *polis*) por natureza.

As religiões também são assim como o ser humano, por mais que tenham sido inspiradas pelo divino, são concretizadas pelo humano.

O Dualismo é a mais humana das filosofias de Teísmo ou sistema religioso, é a mais simples forma de pensar sobre Deus. Ainda assim, pode assumir diferentes formas, mais ou menos humanizadas.

Monodualismo

Esta é uma doutrina que foi muito difundida na Índia por Sri Ramanujacarya (1017-1137 d.C.), que era um opositor ao Monismo de Shankara.

No Monismo, a Verdade Absoluta é a Unidade. No Dualismo, a Verdade Absoluta é a Dualidade. No Monodualismo, a Verdade Absoluta é ao mesmo tempo Unidade e Dualidade.

No Monismo, o que é UM não pode ser DOIS, no Dualismo, o que é DOIS não pode ser UM, mas, no Monodualismo, o UM também é DOIS e o DOIS é UM, pois a Verdade Absoluta, o Ser Supremo, transcende esses conceitos. Tudo faz parte de uma única unidade, tudo é o Todo Imanente, a Verdade Absoluta, o Ser Supremo e ao mesmo tempo Ele se apresenta externo a essa realidade como um Ser separado.

"A Verdade Absoluta é simultaneamente igual e diferente à Sua criação."

"Toda a criação é simultaneamente Deus e também não é Deus."

Temos como exemplo a luz do Sol, que é o Sol em sua expansão e ao mesmo tempo não é o Sol. Deus também é uma energia e consciência, logo todas as energias e consciências são Ele, são extensões d'Ele e ao mesmo tempo não são Ele. Tudo depende d'Ele para existir, mas Ele não depende de nada para existir.

Assim está escrito no *Bhagavad-Gita*:

"Em minha forma imanifesta, Eu penetro todo esse Universo. Todos os seres estão em Mim, mas eu não estou neles".

Algumas filosofias colocam aqui o conceito que Deus é ao mesmo tempo Brahman (o impessoal, o todo, a unidade), Paraatman (Deus em nós) e Bhagavan (Deus personificado e humanizado).

Como Bhagavan, podemos reconhecer muitas encarnações de Deus; na Índia, são chamadas encarnações de Vishnu (a terceira pessoa da Trindade hindu, formada por Brahma, o criador, Vishnu, o mantenedor, e Shiva, o destruidor; juntos formam o eterno ciclo da criação).

São conhecidas como encarnações de Vishnu:

Matsya – Encarnação de Vishnu como peixe que salvou a humanidade e os textos dos Vedas de um dilúvio.

Kurma – Encarnação de Vishnu como uma tartaruga que ajudou a criar o mundo e o sustentou em suas costas.

Varaha – Encarnação de Vishnu como um javali que tirou a terra de dentro da água com suas prezas.

Narasimba – Encarnação de Vishnu, metade homem e metade leão, que vence um demônio tirano que reinava nesse mundo.

Vamana – Encarnação de Vishnu, um anão que venceu também um grande demônio.

Parashurama – Encarnação de Vishnu como um brâmane.

Rama – Encarnação de Vishnu como um herói que resgata sua esposa, Sita, sua história se encontra no clássico *Ramayana*.

Krishna – Aparece como orientador de Arjuna no *Bhagavad-Gita*, que faz parte do épico *Mahabharata*; sua história é muito parecida com a de Cristo.

Sidarta Gautama – Para alguns, o Buda, também foi uma encarnação de Vishnu.

Kalki – Ainda está por vir esta encarnação, na qual ele se apresentará montado em cavalo branco, como um guerreiro.

Aqueles que defendem que Deus tem uma forma humana ou que encarnou entre nós o fazem com uma justa argumentação:

"Se Ele é Deus, por que não pode assumir uma forma humana, afinal Deus tudo pode. Ele pode estar aqui e em todo lugar ao mesmo tempo, encarnar sem deixar Seu posto de Controlador Supremo".

Ainda mais é dito, pois todos que O têm de forma humanizada entendem que isso se dá pelo amor que Ele tem por nós.

Vemos isso também no Cristianismo, em que Jesus é Deus, que aqui encarnou por amor e, mais do que isso, entregou a Sua vida e o Seu sangue para perdoar os nossos pecados. Tudo isso se resume em amor.

Muito antes de Jesus, Krishna encarnou na Índia, e são muitas as religiões hinduístas que O adoram, que adoram as Suas outras encarnações, assim como as religiões que adoram Brahma (não confundir com Brahman) ou Shiva com formas humanas.

A encarnação de Shiva também é conhecida: teria nascido em Varanasi, cidade sagrada onde os fiéis vão para passar os últimos dias de sua vida na crença de que quem desencarna na cidade santa, onde passa o Rio Ganges, vence o eterno ciclo de nascer e morrer.

Bhuvana Mohandas, discípulo direto de Srila Prabhupada e Srila Sridhar Maharaj, em seu livro *O Pensamento Vaisnava*, Editora João Scortecci, fala sobre a evolução do Teísmo, em que o mais alto grau é a adoração pessoal:

"Aqueles que estão situados em uma consciência primária têm a possibilidade de detectar-lhe a existência (de Deus) apenas nas forças controladoras da natureza e, movidos pelo medo (que nasce da ignorância), adoram Deus como sendo o raio, o trovão, o Sol, a Lua e tudo o que pressintam como mágico, por ser inexplicável ou incompreensível".

"Refinado um pouco sua consciência, começam a intuir o Brahman existente nas coisas sutis e a adorar fantasmas e espíritos do plano sutil, para onde se dirigem os antepassados falecidos".

"Indo adiante, acabam percebendo a existência dos devas ou semideuses encarregados das várias energias materiais e provedores da subsistência; adoram o deus Sol, o deus chuva, o deus rio, etc."

"Alcançando um estágio de percepção mais refinado, acabam por compreender a existência do Deus juiz de nossas ações (a ação da lei do carma – lei da ação e reação), e o medo do castigo eterno prevalece para normalizar as atividades".

"No avanço progressivo da consciência chegam, por fim, à compreensão intelectual da Virata-rupa, o aspecto universal e absoluto de Deus, que é definido dentro do conceito que abordamos sobre Brahman".

"O próprio Brahman os ilumina, concedendo-lhes uma perspectiva mais apropriada e ampla de Sua existência".

"Em todos esses variados estágios, as pessoas estão adorando o mesmo princípio do Brahman Absoluto em suas múltiplas formas de manifestação relativa".

"Bhagavan significa, literalmente, aquele que possui todas as qualidades de opulência como beleza, riqueza, poder, fama, sabedoria, renúncia, atratividade e mesmo personalidade, a opulência-mor".

"Deus é uma pessoa."

"É o próprio Absoluto Supremo quem deseja compor-se como pessoa, estabelecendo a superioridade da experiência do amor que, por sua vez, o subjuga, fazendo com que se esqueça de si, entregue ao amor de seus devotos e expandindo infinitamente para reciprocar o afeto desses seus também infinitos devotos".

Neovedanta

O Vedanta de Ramakhrisna (1836-1886) e Vivekananda (1863-1902)

O que chamamos aqui de Neovedanta é mais uma das formas de fazer a leitura do Vedanta; todas elas são maravilhosas, e esta, em particular, tem aspectos que estão além de nosso tempo ou além de Maya, quem sabe?

O Neovedanta é uma filosofia recente, comparada com as outras, e ao mesmo tempo muito atual com a realidade que costumamos chamar de "globalização".

Aqui o termo seria "globalização religiosa" se esta fosse uma palavra adequada quando abordamos uma filosofia tão refinada; acredito que o melhor mesmo seria definir o Neovedanta como uma "filosofia universalista".

O fundador do Neovedanta é Ramakrishna, nascido em Kamarpukur, próximo a Calcutá, na Índia, considerado um homem santo e grande místico, que via Deus em tudo. Uma vez que havia alcançado a iluminação, a realização espiritual, para ele, o estado de samádi fazia parte do seu dia a dia. Além do Vedanta e outras filosofias hindus, também praticou o Islã e o Cristianismo, alcançando igual realização nessas religiões e filosofias ocidentais. Por esse caminho de experimentações práticas, tornou-se um homem muito aberto a todas as formas de Teísmo, o que dá o caráter de Neovedanta à sua linguagem e filosofia. Ramakrishna teve Vivekananda como seu maior discípulo e divulgador da doutrina libertadora para o Ocidente.

Na filosofia de Ramakrishna e de seu discípulo Vivekananda, você pode escolher como pensar, conceber e adorar Deus. Para eles, não importa se você é Monista, Monista Qualificado, Dualista ou Monodualista.

Vivekananda também crê que é possível uma evolução do Teísmo e costumava dizer que o mais fácil é pensar em Deus de uma forma dualista para depois entender que Deus está em tudo, em nós também, até chegar ao pensamento que Deus está dentro e fora, que Deus é tudo e que nós e Deus também somos uma coisa só...

O próprio Vivekananda teve experiências muito fortes nesse campo, que ele mesmo cita em sua obra, muitas delas vividas com o seu mestre Ramakrishna.

Quando Vivekananda conheceu Ramakrishna, este com lágrimas nos olhos lhe chamou a um ambiente reservado de sua casa e lhe disse:

"Ah, como você demorou para chegar! Que insensível, como pode me deixar esperando por tanto tempo?... Senhor, eu Te conheço, Tu és Nara, o antigo sábio, a encarnação de Narayana. Voltou ao mundo para aliviar as tristezas da humanidade..."

Vivekananda, na época com 18 anos, achou que o homem fosse meio louco, mas, ao mesmo tempo, começou a pensar que tivesse algo de santo nessa loucura toda. Prometeu voltar à sua casa, seu *ashran*, sozinho (já que estava com amigos na primeira visita) em uma outra oportunidade. E, nessa outra visita, encontrou Ramakhrisna completamente diferente: mostrou-se dotado de um poder que Vivekananda não imaginava, convidou-o para sentar-se ao seu lado e com um toque, dado com o seu pé direito, em um simples encostar, Vivekananda entrou em transe, em samádi. Surpreendentemente esse estado terminou assim que Ramakhrisna dirigiu-se a ele e falou: "Por hoje é só. Tudo virá a seu tempo".

Vivekananda se arrastou para perto dele e fez a pergunta que, durante toda a sua vida, tinha feito a tantas outras pessoas e mestres:

– O senhor viu Deus?

Ramakrishna lhe respondeu:

– Sim, vejo-O como vejo você agora, só que é mais intenso, mais claro ainda. Deus pode ser visto, é possível falar com Ele. Mas quem se ocupa de Deus? A gente chora baldes pela esposa, filhos, dinheiro e propriedades. Mas quem verte uma só lágrima para obter a visão divina? Se alguém chorar sinceramente para ter a visão de Deus, sem dúvida alguma, poderá vê-Lo.

A partir desse momento, Vivekananda tornou-se discípulo de Ramakrishna; embora fosse muito racional e questionador, por vezes tinha dificuldades de aceitar os modos e filosofias de seu mestre, chegava a fazer gracejos e até "chacotas", o que Ramakhrisna entendia muito bem em virtude de seu amor e compreensão ao ser humano e ao ser Vivekananda.

Duas experiências de Vivekananda com Ramakrishna, sobre as formas de devoção e evolução do Teísmo, são importantes para este nosso estudo. Uma delas experiências diz respeito ao Monismo, Vivekananda dizia que nunca afirmaria: "EU SOU DEUS".

Achava um absurdo a doutrina monista afirmar que o homem é uno com Deus.

O mestre Ramakrishna assim argumentou com ele:

– Tu opinas que Deus é impessoal. Quando se realiza isso, toda a noção de pessoal se desvanece. O eu individual se transforma no Único Universal. Não é assim?

Vivekanada não tinha argumentos, mas também não conseguia aceitar. Certa vez, ele criticava o Monismo a um amigo dizendo:

– Olha que absurdo é considerar esta jarra como Deus. Este copo é Deus, e nós também somos Deus.

Ramakrishna apareceu ao seu lado, aproximou-se e tocou-o levemente. Vivekanada entrou em samádi mais uma vez e percebeu que todo o Universo estava preenchido da presença da deidade. Passou dias nesse estado vendo Deus em tudo: nas pessoas, na comida, nos objetos. Ao voltar ao estado "normal", este mundo lhe parecia mais um sonho, o sonho de Maya, então ele entendeu e aceitou também a visão monista sobre a deidade.

Outra experiência é sobre o fato de Vivekananda não aceitar uma devoção que Ramakrishna tinha pela Mãe Kali, até mesmo tendo seu culto com a imagem da Deusa, chegava a criticá-lo, pois só aceitava Deus impessoal. Um dia procurou Ramakrishna e perguntou se podia pedir a Mãe Kali que o ajudasse, pois passava dificuldades financeiras com a família. Ramakrishna respondeu que nunca havia pedido isso à Deusa, mas que ele mesmo devia entrar em seu santuário e pedir diante da imagem da Mãe.

Vivekananda, ao entrar, não viu a imagem: ao olhar para ela, viu a própria Kali, viva ali de frente para ele sorrindo, pedindo-lhe devoção, conhecimento e renúncia. Quando saiu, relatou o que viu ao mestre, que lhe perguntou se tinha feito o pedido para a sua família, e ele respondeu que havia esquecido do pedido material. Ramakrishna orientou-o a voltar e fazer o seu pedido. Mais uma ou duas vezes, ele saiu encantado, quando o mestre lhe perguntou se tinha feito seu pedido e ele respondeu que não podia fazê-lo, pois ele e a Mãe eram um só. Pediu ao mestre para fazer o pedido, e Ramakrishna respondeu:

– Muito bem, se a Mãe quiser, seus familiares terão o suficiente para o diário viver.

Assim, Vivekananda passou a ter uma devoção ao aspecto pessoal de Deus como a Mãe, entendendo que, no estado potencial, é Brahman, além do espaço e do tempo, e que, em devoção, é a Deusa, é Shakti (o lado feminino e ativo da deidade), é o Deus Pessoal.

E, sendo assim, a própria vida de Vivekananda expressa o que é a filosofia Neovedanta, tão aberta, que aceita que cada um pense de sua forma e expresse como melhor lhe convier os conceitos, o entendimento, o amor, a adoração e a devoção para com Deus. Respeito é a mensagem maior de Vivekananda para o mundo.

Em 1893, Vivekananda foi a Chicago para o Parlamento das Religiões, onde se reuniram representantes das várias religiões antigas e modernas de diferentes culturas.

Lá, surpreendeu com a sua postura de respeito e aceitação a todas as formas de devoção, afirmou que todos são divinos, que Deus está dentro de nós, lamentou que alguém pudesse crer na sobrevivência de sua religião com o fim das outras e muito mais, falou sobre o futuro das religiões, que sobrará espaço apenas para o respeito mútuo.

Vivekananda deu uma série de palestras e mostrou-se um missionário do Oriente para o Ocidente, trazendo técnicas de meditação e Yoga. Desencarnou jovem, aos 33 anos.

Para saber mais sobre Vivekananda, recomendo a leitura dos livros *Vivekananda – o Professor Mundial*, de Swami Adiswarananda, Madras Editora, e *O Que É Religião*, de Swami Vivekananda, da Editora Lótus do Saber e também visite o site <www.vedanta.org.br>.

Meu irmão, tu és Ele!

Há duas espécies de coragem. Uma é a de encarar o cânon e a outra é a da convicção espiritual.

O professor de um imperador que invadiu a Índia pediu-lhe que alguns dos sábios fossem até lá. Após uma longa busca por um, ele encontrou um homem muito velho sentado em um bloco de pedra. O imperador conversou um pouco com ele e ficou impressionado com a sua sabedoria. Ele pediu ao sábio que fossem a seu país juntos. "Não", disse o sábio, "eu estou satisfeito com a minha floresta aqui". O imperador disse: "Eu darei dinheiro a você, posição, riqueza. Eu sou o imperador do mundo". "Não", respondeu o homem, "eu não ligo para essas coisas". O imperador retrucou: "Se você não for, eu o matarei". O homem sorriu com serenidade e disse: "Essa é a coisa mais tola que você já disse, imperador. Você não pode me matar. Eu, o sol não pode secar, o fogo não pode queimar, a espada não pode matar, pois eu sou o sem-nascimento, o sem-morte, o espírito onipotente e onipresente que sempre vive". Essa é a espiritual, enquanto a outra é a coragem de um leão ou tigre.

Durante a Revolta de 1857, havia um Swami, uma grande alma, que um revoltoso muçulmano esfaqueou. Os revoltantes hindus capturaram e levaram o homem para Swami, oferecendo-se para matá-lo. Mas olhou e disse com calma: "Meu irmão, tu és Ele, tu és Ele!", e morreu. Esse é outro exemplo.

Swami Vivekananda

Natural e Antinatural

Temos como seres humanos a dualidade a nos guiar, pois ora estamos indo para as trevas e ora estamos indo para a luz. O Criador se manifesta para nós e em nós de forma dual, onde temos, dia e noite, claro e escuro, luz e trevas, positivo e negativo, masculino e feminino, etc. Além dessa forma de dualidade que se manifesta na humanidade, há também nosso comportamento antinatural que nos afasta do sagrado-natural, pois agimos como se fôssemos independentes e isolados da natureza, nos afastamos dela. Criamos em nossas mentes o que é o "bom" e o que é o "ruim", o nosso "céu" e o nosso "inferno", e os habitamos com todos os nossos traumas e frustrações.

Clamamos a Deus que nos tire das trevas e fechamos os olhos para os outros que ainda se encontram nelas, ressaltamos nossas virtudes e tentamos esconder nossos vícios.

Nos vestimos com roupas, moramos em metrópoles e nos afastamos da natureza, vivemos como se não fizéssemos parte dessa mesma natureza com seus ciclos tão importantes para nosso biorritmo. Recebemos por herança cultural que o natural é pecado, pois aqueles que nos deram a formação cultural há muito já haviam se afastado da vida natural.

Foi assim que o nu natural tornou-se algo a ser escondido e o ato divino de união no amor tornou-se o pecado original.

Vivemos falando de levar luz às trevas e esquecemos de trazer nossas trevas para a luz, a fim de serem trabalhadas, pois ninguém sobe à luz sem conhecer as trevas, ninguém vai ao céu sem antes ter estado no inferno.

Em nosso comportamento antinatural, esquecemos das divindades naturais, da força da natureza, transformando tudo em simples arquétipos, nos afastamos de nossos pais e mães ancestrais e naturais, tentando nos ligar a Deus em uma verdadeira batalha, como se Ele estivesse muito distante ou como se não fosse natural e parte da evolução, para o ser humano dual, carregar falhas e erros comportamentais a ser trabalhados.

Deus está em tudo e em todos os lugares, pois Deus é o natural, está em toda a natureza por Ele criada.

Somos antinaturais quando criamos um Deus abstrato antes de senti-lo dentro de nós mesmos e à nossa volta, passamos a vivenciar uma evolução mental, que acelera os processos de abstração e a capacidade intelectual, bem como o poder mental, mas nem sempre nos leva a um rumo seguro à ascensão, facilmente alcançada pelo processo natural.

Que cada um aprenda por si só o que significa "ser natural" em sua vida, pois está aí mais uma das chaves de acesso às divindades. Quando nos ligamos às divindades de forma natural, pouco importa os nomes e/ou as formas: o que importa é senti-las de forma natural, é sentirmo-nos amparados em sua força e poder, dentro da criação.

Religião Abstrata e Religião Natural

Na literatura de Rubens Saraceni, o mais conceituado autor umbandista da atualidade, também sacerdote dessa religião, encontramos uma classificação de religiões abstracionistas e religiões naturais.

O que está intimamente ligado à forma de Teísmo e adoração a Deus nessas religiões.

São chamadas de religiões naturais aquelas que veem a presença de Deus na natureza, como a Umbanda e o Candomblé aqui no Brasil e as demais religiões que rendem culto à natureza em todo o mundo.

Rubens Saraceni costuma dizer: "A natureza é a parte visível de Deus".

Pai Ronaldo Linares, um dos sacerdotes umbandistas mais respeitados (pai espiritual de Rubens Saraceni), afirma:

"O umbandista não precisa de grandes construções como só o gênio humano pode construir, ele precisa apenas da natureza que só Deus pode criar".

E, como religiões abstracionistas, classifica aquelas que colocam Deus distante e que, para concebê-Lo, temos de fazer um exercício de abstração, imaginando como Ele deve ser.

Ou melhor: as religiões abstracionistas criam e idealizam uma imagem mental do que é Deus, e o fiel vai aos poucos abstraindo-se e criando em sua mente o que é Deus.

A religião natural vê Deus nos rios, cachoeiras, mar, matas, montanhas, pedreiras, mirantes, em tudo o que Ele criou.

Palavras de um índio sobre a natureza

Chefe Seatle se pronuncia...

Costuma-se colocar a cultura do índio como algo atrasado, por não ter evoluído, tecnologicamente falando, no mesmo ritmo do europeu conquistador, mas o que vemos é um povo que, acima de tudo, tinha uma ética natural bem definida e profundo respeito pela natureza, por meio da qual reconhecia a presença divina manifesta. No texto que segue, temos um fato que nos serve de sólida referencia.

No ano de 1854, o presidente dos Estados Unidos fez a uma tribo indígena a proposta de comprar boa parte de suas terras, oferecendo, em contrapartida, a concessão de uma outra "reserva". A carta resposta do chefe Seatle, distribuída pela ONU(programa para o meio ambiente) tem sido considerada, através dos tempos, como um dos mais belos e profundos pronunciamentos já feitos em defesa da natureza.

Segue a resposta:

Como é que se pode comprar ou vender o céu, o calor da terra? Essa ideia nos parece estranha. Se não possuímos o frescor do ar e o brilho da água, como é possível comprá-los? Cada pedaço desta terra é sagrado para o meu povo. Cada ramo brilhante de um pinheiro, cada punhado de areia da praia, a penumbra na floresta densa, cada clareira e inseto a zumbir são sagrados na memória e experiência de meu povo. A seiva que percorre o corpo das árvores carrega consigo as lembranças do homem vermelho. Os mortos do homem branco esquecem sua terra de origem quando vão caminhar entre as estrelas. Nossos mortos jamais esquecem essa bela terra, pois ela é a mãe do homem vermelho.

Somos parte da terra, e ela faz parte de nós. Portanto, quando o grande chefe em Washington manda dizer que deseja comprar a nossa terra, pede muito de nós. Essa água brilhante que corre nos riachos e nos rios não é apenas água, mas o sangue de nossos antepassados. Se lhes vendermos a terra, vocês devem lembrar-se de que ela é sagrada e devem ensinar a suas crianças que ela é sagrada e que cada reflexo nas águas límpidas dos lagos fala de acontecimentos e lembranças da vida de meu povo.

O murmúrio das águas é a voz de meus ancestrais. Os rios são nossos irmãos, saciam nossa sede. Os rios carregam nossas canos e alimentam nossas crianças. Se lhes vendermos nossa terra, vocês devem lembrar e ensinar a seus filhos que os rios são nossos irmãos e seus também.

E, portanto, devem dar aos rios a bondade que dedicariam a qualquer irmão. Sabemos que o homem branco não compreende nossos costumes. Uma porção de terra, para ele, tem o mesmo significado que qualquer outra, pois é um forasteiro que vem à noite e extrai da terra aquilo de que necessita.

A terra não é sua irmã, mas sua inimiga, e, quando ele a conquista, prossegue seu caminho. Deixa para trás os túmulos e seus antepassados, e não se incomoda. Rapta da terra aquilo que seria de seus filhos, e não se importa. A sepultura de seu pai e o direito de seus filhos são esquecidos.

Trata sua mãe, a terra, e seu irmão, o céu, como coisas que podem ser compradas, saqueadas, vendidas como carneiros, como enfeites coloridos. Seu apetite devorará a terra, deixando somente um deserto. Eu não sei se nossos costumes são diferentes dos seus. A visão de suas cidades fere os olhos do homem vermelho. Talvez seja porque o homem vermelho é um selvagem e não compreende.

Não há um lugar quieto nas cidades do homem branco. Nenhum lugar onde se possa ouvir o desabrochar de folhas na Primavera ou o bater das asas de um inseto. Mas talvez seja porque eu sou um selvagem e não compreendo. O ruído parece somente insultar os ouvidos. E o que resta da vida se um homem não pode ouvir o choro solitário de uma ave ou o debate dos sapos ao redor de uma lagoa, à noite? Eu sou um homem vermelho e não compreendo. O índio prefere o suave murmúrio do vento encrespando a face do lago e o próprio vento, limpo por uma chuva diurna ou perfumado pelos pinheiros.

O ar é precioso para o homem vermelho, pois todas as coisas compartilham o mesmo sopro – o animal, a árvore, o homem. Parece que o homem branco não sente o ar que respira. Como um homem agonizante há vários dias, é insensível ao mau cheiro. Mas, se vendermos a nossa terra ao homem branco, ele deve lembrar-se de que o ar é precioso para nós, o ar compartilha seu espírito com toda vida que mantém. Portanto vamos meditar sobre a sua oferta de comprar nossa terra. Se decidirmos aceitar, imporei uma condição: o homem branco deve tratar os animais dessa terra como seus irmãos.

O que é o homem sem os animais? Se todos os animais se fossem, o homem morreria de uma grande solidão de espírito.

Pois o que ocorre com os animais, breve acontece com o homem. Há uma ligação em tudo. Ensinem às suas crianças o que ensinamos às nossas: que a terra é nossa mãe. Tudo que acontecer a terra acontecerá aos filhos dela. Se os homens cospem no solo, estão cuspindo em si mesmos. Sabemos que a Terra não pertence ao homem, ele pertence à Terra, todas as coisas estão ligadas como o sangue que une uma família. Há uma ligação em tudo.

O que acontecer com a terra recairá sobre os filhos da terra. O homem não tramou o tecido da vida: ele é simplesmente um de seus fios. Tudo que fizer ao tecido fará a si mesmo.

É possível que sejamos irmãos, apesar de tudo, veremos. De uma coisa, estamos certos – e o homem branco poderá vir a descobrir um dia: nosso Deus é o mesmo Deus.

Ele é Deus do homem, e a Sua compaixão é igual para o homem vermelho e para o homem branco. A terra lhe é preciosa, e feri-la é desprezar seu Criador. Os brancos também passarão, talvez mais cedo do que todas as outras tribos. Contaminem suas camas e uma noite serão sufocados pelos próprios dejetos. Mas, quando de sua desaparição, vocês brilharão intensamente, iluminados pela força do Deus que os trouxe a essa terra e, por alguma razão especial, lhes deu o domínio sobre a terra e sobre o homem vermelho.

Esse destino é um mistério para nós, pois não compreendemos que todos os búfalos sejam exterminados, os cavalos bravios, domados, os recantos secretos da floresta densa, impregnados do cheiro de muitos homens e a visão dos morros, obstruída por fios que falam.

Onde está o arvoredo? Desapareceu. Onde está a águia? Desapareceu. É o final da vida e começo da sobrevivência.

Mística das Religiões

"Eu e o Pai somos um."
Jesus Cristo

"Deus vê por nossos olhos, ouve por nossos ouvidos, fala por nossa boca, pensa em nossas mentes e sente em nossos corações. Nada há para esconder nem para procurar fora. Ele não está no vazio nem nas paredes de nossos templos de pedra. Deus está no Templo Vivo, habita dentro de cada um de nós..."

Mensagem dada pela entidade espiritual Baiano Simão do Bonfim, incorporado em seu médium Rubens Saraceni, durante uma seção mediúnica de "Terreiro", uma gira de Umbanda.

"...Veja Deus em toda pessoa – trabalhando com todas as mãos, andando com todos os pés e comendo com todas as bocas. Ele vive em todos os seres, pensa em todas as mentes... Conhecer isso é religião, é fé. Que isso possa agradar ao Senhor para nos dar essa fé! Quando sentirmos esta unicidade, seremos imortais."

Swami Vivekananda – 17 de junho de 1900 – Sociedade de Vedanta, Nova York.

A mística ou o misticismo estão ligados à ideia da experiência mística, que é a união com Deus. A experiência mística é aquela em que o ser se sente integrado com o Criador, é o momento em que a pessoa se perde totalmente para algo maior. São momentos de expansão da consciência em Deus. "Nos quais o que se perde é infinitamente menor do que o que se ganha". Para o mistico, Deus não está longe, Ele está aqui e em toda a parte. Geralmente os místicos caminham para o Monismo ou algo semelhante, pois alcançam a percepção de que somos Deus, partes de Deus ou que Deus está em nós o tempo todo, apenas não o percebemos. Poucos estão preparados para essa experiência ou desejam essa busca.

O homem comum adora Deus, pode ser um fiel e um "temente" a Deus, mas o místico é como um amante de Deus, que vai ao encontro d'Ele no que é chamado de "União Mística".

Existe o que chamamos de mística das religiões, ou seja, movimentos místicos ligados a esta ou àquela religião, e é assim que é conhecida a Cabala, como Mística do Judaísmo, o Sufismo, como Mística do Islã, o Zen, como Mística do Budismo (para alguns), o Yoga ou o Vedanta, como Mística do Hinduísmo; todas as religiões possuem uma abordagem mística, mas nem todo religioso é um místico, existem místicos cristãos embora não haja um movimento místico cristão formal, como o Sufismo e a Cabala; no entanto, há também uma espécie de Cabala cristã que está mais para ocultismo e magia, sem descartar as possibilidades místicas nesta também.

A mística também pode ser vista como uma parte oculta e esotérica nas religiões, pois, para os sufis, esse movimento e suas práticas começam com o profeta Maomé, fundador do Islã; para um pequeno grupo de escolhidos, a Cabala teria vindo direto de Deus para Adão, praticada por Abraão e todos os grandes profetas, incluindo Moisés. Acredita-se que Jesus também tinha uma doutrina mística e esotérica para os Seus discípulos diretos; no Evangelho de Tomé, encontram-se frases como "quebre um pedaço de madeira, e Eu estou lá, levante uma pedra, e Me encontrará", que remete a uma visão mística sobre Deus, estando em tudo.

São Paulo em Coríntios 2:6 afirma:

"Entretanto, o que pregamos entre os perfeitos é uma sabedoria, porém não a sabedoria desse mundo nem a dos grandes desse mundo, que são, aos olhos daquela, desqualificados. Pregamos a sabedoria de Deus, misteriosa e secreta, que Deus predeterminou antes de existir o tempo, para nossa glória. Sabedoria que nenhuma autoridade desse mundo conheceu (pois, se a houvessem conhecido, não teriam crucificado o Senhor da Glória)". É como está escrito: "Coisas que os olhos não viram, nem os ouvidos ouviram, nem o coração humano imaginou" (Isaías 64:4), tais são os bens que Deus tem preparado para aqueles que o amam.

Essa é uma declaração de que há um conhecimento que é e deve ser oculto, um estudo esotérico, a Mística do Cristianismo, talvez a própria Cabala hebraica adaptada para a visão cristã, pois eram todos de origem semita. O texto do Apocalipse deixa claro uma visão mística dentro da Bíblia e mostra que João se dava às práticas de misticismo. "Enoch andou com Deus", Elias teve a visão do "Carro de Deus" e muitos outros vamos encontrar nos textos sagrados. Existe até uma teoria de que os profetas poderiam ter tido acesso a ervas de poder e que talvez as tenha usado para promover as experiências místicas.

Os rastafáris são profundamente cristãos, buscando Cristo como o Leão de Judá e crendo em Hailé Selassié como encarnação divina, em uma forma de Cristianismo primitivo, oriundo da África, onde não aconteceu o sincretismo greco-romano. Eles usam a *Cannabis sativa* como erva de poder e erva sagrada para a comunhão cristã, o que é uma busca mística também.

As religiões têm nomes diferentes para a experiência mística, como um estado de iluminação ou integração com o Ser Supremo, que, para alguns, também é chamado de "Eu Superior", como o "Paratman" hindu, a "Supraconsciência". Abaixo, coloco uma classificação de nomes do estado de iluminação, que foi usada por Carlos Alberto Tinoco em seu livro *As Upanishads do Yoga*, Madras Editora:

- Samádi no Yoga
- Nirvana no Budismo
- Reino dos Céus no Cristianismo
- Satori ou Kensho no Zen-Budismo
- Tao Absoluto no Taoísmo
- Fana ou Qurb no Sufismo
- "A Paz que está além do entendimento" para Paulo de Tarso
- Inconsciente Transcedental para Thomas Merton
- Experiência Máxima para Abraham Maslow
- Consciência Objetiva para Gurdjieff
- Luz Interior para Quacres
- Individuação para Jung
- Conexão Eu-Tu para M. Buber
- Alma Superior para Emerson

Nesse mesmo livro, o autor coloca frases de poetas e místicos que tiveram a experiência de iluminação e tentaram de alguma forma dizer o que sentiram:

Lao-tsé (604 a.C., séculos VI a IV a.C.) – Tao-te-King

O Tao é como a plenitude,
Que o uso jamais desgasta.
É como uma vacuidade,
Origem de todas as plenitudes do mundo,
Desafia as inteligências aguçadas,
Desfaz as coisas emaranhadas,
Funde em uma só todas as cores,
Unifica todas as diversidades.
O Tao é a fonte do profundo silêncio.
Atua pelo não agir.

Chuang Tsé (370–319 a.C.) – livro Tchuangzi, capítulo 33

"Quebrando o esplendor do Universo, partindo a estrutura dos seres, reduzindo a visão integral dos antigos, raros são aqueles que chegam a abranger as belezas do Universo e a refletir a verdadeira aparência do espírito."

Anruddha, discípulo de Buda

"... A partir dessa experiência não apenas atingi a percepção intuitiva e a iluminação, mas também o samádi adamantino. Desde então, tenho o poder transcendental de ver as dez direções do Universo e posso ver a essência espiritual de qualquer coisa – não importa a que distância – tão claramente como vejo a fruta que trago em minha mão."

Suddhipanthaka, discípulo de Buda

"... Desde então, sempre concentrei meu espírito em minha respiração, que se tornou cada vez mais calma e apaziguada. Ao mesmo tempo, as preocupações causadas pelos conceitos de nascimento, continuidade, mudança e morte desapareceram pouco a pouco, e meu espírito tornou-se iluminado."

Plotino (205–270), filósofo grego

"Se alguém O experimentou, compreenderá o que eu digo: a alma vive outra vida quando se aproxima d'Ele, está junto d'Ele e d'Ele participa de tal modo que sabe que possui o verdadeiro dono da vida; e já nada necessita, senão que deve renunciar tudo o mais e manter-se somente n'Ele e fazer-se uno com Ele, sair de tudo isso e ver-se livre de tudo que possa atá-la a outras coisas, para voltar-se a seu próprio ser e não ter em si parte alguma que não se una com Deus. Então, é possível vê-Lo e ver-se a si mesmo, se é que realmente se pode ver, iluminado cheio de luz inteligível, ou melhor, como se Ele mesmo fosse uma luz pura, imponderável, leve, como se tivesse convertido em Deus, ou melhor, como se fosse Deus, suspenso até que, voltando outra vez a sentir o próprio peso, se sente como sem viço."

"Um olho jamais veria o Sol sem que houvesse feito semelhante ao Sol, nem uma alma veria o belo sem ser bela. Que tudo se faça; pois, primeiro divino, se quiser contemplar Deus e o belo."

Santa Catarina de Gênova (1447–1510)

"Só sei dizer que, se apenas uma gota do que sinto pudesse chegar ao inferno, o inferno se transformaria em um paraíso."

Jacob Böehme (1575–1624), protestante

"Não sei descrever nem dizer que espécie de triunfo havia em minha alma. A nada se compara, a não ser àquele que, no meio da morte, renasce para a vida e se compara à ressurreição dos mortos..."

Carl Gustav Jung (1875–1961), psicanalista suíço

"Todas essas visões eram magníficas. Eu estava mergulhado, noite após noite, na mais pura beatitude, no meio das imagens de toda a criação."

"Nunca pensei que se pudesse viver uma tal experiência e uma beatitude contínua fosse possível. Essas visões e acontecimentos eram perfeitamente reais. Nada havia de artificialmente forçado; pelo contrário, tudo era de extrema objetividade."

"Como representar que vivi simultaneamente o ontem, o hoje e o amanhã?"

Místicos cristãos

Entre os místicos cristãos também há os que entraram em contato com anjos e os que manifestaram os estigmas, que são as marcas do sofrimento de Cristo, como as chagas nas mãos, a coroa de espinhos e a perfuração com a lança. Para o Cristianismo, Jesus é Deus, e unir-se a Ele é unir-se também ao que Ele sentiu, unir-se ao propósito cristão.

Abaixo estão alguns dos místicos cristãos citados em *Para Falar de Anjos*, Edições Loyola, traduzido por Silvana Cobucci Leite, aqui descritos com minhas palavras; recomendo o livro citado para conhecer melhor a história de cada um deles.

Ângela de Foligno (1248–1309)

Ela cita que foi inundada de imensa alegria com a presença dos anjos e que, se não tivesse tido esta experiência, não acreditaria em tamanha alegria; também tinha visões de Cristo.

Santa Rosa de Viterbo (1235–1252)

Teve toda uma vida marcada por milagres e via um anjo que lhe predizia o futuro.

Santa Clara de Montefalco (1268–1308)

Também conhecida por Irmã Clara da Cruz, teve inúmeras visões de anjos e do nascimento, crucificação e ressurreição de Jesus.

São Francisco de Assis (1182-1226)

Esse santo homem e exemplo de ser humano, tão conhecido de todos nós, foi o primeiro cristão a manifestar os estigmas de Cristo. São Francisco tinha as chagas de Cristo nas mãos. Também era muito ligado aos anjos e, em especial, a São Miguel Arcanjo.

Padre Pio de Pietrelcina (1887-1968)

Padre Pio também se comunicava com os anjos e tinha as chagas de Cristo nas mãos; quando se preparava para rezar publicamente ou para realizar a missa, uma grande multidão de fiéis se unia a ele. Chegou a ser proibido de celebrar a missa por conta da multidão que o procurava; suas chagas eram tão grandes que podem ser descritas como um "buraco" em cada uma das palmas das mãos.

Teresa Neumann (1898-1962)

Tinha contato diário com os anjos. Cega e paralítica por conta de um acidente, ficou durante anos de cama até que, por intercessão de Teresa de Lisieux, se viu curada da cegueira e da paralisia. Teve visões da Paixão de Cristo; com o tempo, deixou de ter necessidade de comida, ficou em torno de 36 anos em jejum. Manifestou as chagas de Cristo, se comunicava com os anjos e realizava o fenômeno da bilocação.

Teresa Palminota (1896-1934)

Também estigmatizada e com visão para o mundo dos anjos.

Teresa Musco (1943-1976)

Estigmatizada que se encontrava com seu anjo da guarda todas as manhãs para rezar.

Santa Gema Galgani (1878-1903)

Estigmatizada também, conversava com seu anjo da guarda e lhe incumbia de tarefas, como enviar cartas que chegavam misteriosamente ao destino. Predisse acontecimentos futuros, conversões e costumava entrar em estado de êxtase. Após um período de doença, se viu curada milagrosamente, pedia para si toda a dor e salvação para os outros.

Houve ainda muitos outros místicos e estigmatizados cristãos como Benedita do Laus, Ana Catharina Emmerich (1774-1824), a maioria deles é marcada com visões de Cristo e dos anjos.

Cabala

Na Cabala existe um estudo profundo e infinito sobre Adonai (Deus), Suas potências divinas e como entrar em contato com essas potências por intermédio de orações, mantras e outras práticas espirituais. Também se invocam os anjos como mensageiros de Adonai. No passado, apenas judeus, homens, casados e com mais de 40 anos podiam estudar a Cabala; hoje, ela está se abrindo ao nosso mundo ocidental. Muitas das suas práticas estão sendo publicadas, mas boa parte dela continua oculta, como a Cabala não escrita, pois tanto na Cabala como no Sufismo existe uma iniciação que é dada de mestre para discípulo, e as práticas mais avançadas são passadas apenas após certas iniciações. No Hinduísmo, também vamos encontrar o Vedanta ou o Yoga como práticas que só podem ser realmente aprofundadas mediante a presença de um guru, um mestre; muitos podem até se aventurar sem mestres, apenas com buscas de leitura, mas aqueles que são os verdadeiros mestres dessas linhas místicas deixam claro que, sem um mestre, você vai apenas até certo ponto, ou vamos dizer assim, de uma forma grosseira, "vai apenas até o pedágio".

Sufismo

Dentro das práticas de Sufismo, vamos ver algo como a dança dos dervixes, em que os místicos dançam por horas e horas em transe espiritual ou em comunhão com Alá; vemos também um transe alcançado com a pronúncia do mantra "Lá Ilaha Ila Lá", enquanto se movimentam para a frente e para trás, "como a chama de uma vela"; em outros momentos podemos ver um sufi invocar uma potência divina e realizar algo, um trabalho espiritual, envolto ou "incorporado" com essa potência.

Para alguns, o Sufismo foi influenciado pelo Neoplatonismo e pelo Vedanta ou Monismo, o que é refutado pela maioria dos mestres sufis; no entanto, existem afinidades filosóficas.

William Stoddart, em seu livro *El Sufismo*, Editora Kier, afirma na página 48:

"La doctrina sufí de Wahdat al-wuyud es, de hecho, el equivalente del advaita vedántico, que algunos denominan Monismo, pero que tal vez se traduzca más como no dualidad".

Um das coisas que mais marca o Sufismo é o "Caminho do Amor"; o Sufismo é visto como o "Coração do Islã".

Na ordem sufi, encontraremos muitos mestres, como o poeta e filósofo Jelaluddin Rumi (1207–1273), que é o mais conhecido dos mestres do Sufismo. Ele dizia que todo poeta é um místico, consciente ou inconsciente, pois a poesia vem por inspiração das profundezas do espírito; assim o poeta dá à luz um poema da mesma forma que um mergulhador busca e traz à luz uma pérola.

Inayat Khan afirma que o Sufismo é a religião do coração, em que o fundamental é procurar Deus no coração da humanidade. "O símbolo do movimento sufi é um coração com asas."

Vedanta

São muitas as correntes místicas no Hinduísmo; para o Vedanta, tudo é Deus; para Braman, basta-nos ultrapassar o véu de Maya para percebermos o Absoluto, e logo alcançarmos o estado místico de iluminação.

Budismo

No Budismo, o encontro místico se dá na busca pelo vazio, o estado de nirvana, que é a iluminação do estado de Buda.

Somos vistos como um vazio que é vazio por dentro; o objetivo na busca pelo nirvana é quebrar esse vazio para se unir ao vazio que permeia tudo o que existe além do modo da ilusão.

Umbanda

A Umbanda também é mística por natureza e tem em seus processos de "incorporação mediúnica" uma verdadeira experiência mística com "entidades guias" (espíritos) e Orixás (divindades). No momento da incorporação, do transe mediúnico, o adepto (médium) tem as sensações e vive a natureza e as qualidades do ser venerado e/ou adorado.

Quando está manifestado com um Orixá se diz que ali está tal divindade, que vem para esse mundo a fim de abençoar, amparar e de alguma forma ajudar os fiéis de Umbanda e tantos outros que os procuram. Na Umbanda, também existem práticas de magia com símbolos e signos que lembram um pouco a Cabala, incluindo rezas, invocações e oferendas.

Candomblé*

O Candomblé também manifesta o transe mediúnico dos Orixás, remontando às experiências dessas divindades na África. A exemplo do que falamos sobre a Umbanda, também observamos a experiência mística com a divindade no Candomblé e nos Cultos de Nação Africanos, nos quais se manifestam outras divindades como Inquices e Voduns. A mesma manifestação se dá na Santeria Cubana, Vodu Haitiano, Obea Haitiana ou Jamaicana, Maria Lionça Venezuelana e outros.

---

* N.E.: Sugerimos a leitura de *Magias e Oferendas Afro-Brasileiras – Teoria e Prática na Magia do Candomblé*, de Fernandez Portugal Filho; e *Magia Xamânica – Roda de Cura*, de Derval Gramacho e Victória Gramacho, ambos da Madras Editora.

Xamanismo

O Xamanismo também possui um lado místico muito grande, em que o xamã entra em contato com as forças da natureza, os espíritos da natureza ou o Grande Pajé. O xamã busca nesse encontro respostas para as questões ou doenças que possam vir a afligir sua comunidade.

Esses estados de transe, de união mística, podem ser de forma natural e espontânea ou ainda, no caso do Xamanismo, vemos a utilização das Ervas de Poder, que são usadas para induzir a experiência mística.

Não raro o xamã usa uma erva para se encontrar com o espírito desta erva, ou ainda para encontrar divindades, seu animal de poder ou transitar no outro mundo. Aqui no Brasil costumamos chamar o xamã de pajé.

Divindades

Divindades

"Havia um homem que adorava Shiva, mas odiava todas as outras divindades. Um dia, Shiva apareceu diante dele e disse: 'Eu nunca te estimarei enquanto odiares os outros deuses'. Mas o homem se manteve inflexível. Depois de alguns dias, Shiva reapareceu e lhe disse: 'Eu nunca te estimarei enquanto odiares'. O homem se manteve em silêncio. Alguns dias se passaram e Shiva voltou a aparecer diante dele. Dessa vez, um lado de seu corpo era o de Shiva e o outro, o de Vishnu. O homem ficou metade satisfeito e metade insatisfeito. Fez suas oferendas ao lado que representava Shiva, mas nada ofereceu ao lado que representava Vishnu. E então Shiva disse: 'Tua intolerância é insuperável. Eu, assumindo este aspecto duplo, tentei te convencer de que todos os deuses e deusas nada mais são do que os vários aspectos do Brahman Absoluto'."

Ramakrishna

Uma breve definição para divindades de Deus

Divindades são "partes" de Deus.
São mistérios do Mistério Maior.
São manifestadoras das qualidades de Deus.
Deus é o Criador, divindades são cocriadoras.
Deus é um e muitas são Suas divindades.
Deus envolve tudo e tem em si todas as divindades operando em sintonia com a Sua vontade. Na criação divina são cocriadoras.
Deus é o "Mental Absoluto" que envolve tudo, e Suas divindades são "mentais planetários" ou localizados, que agem em sintonia de pensamentos com o Criador.
As divindades, de forma isolada, assumem atributos ou qualidades de Deus. Deus em si é o "Mistério Maior" ou ainda todos os mistérios em um.

Para melhor entender esta relação, podemos fazer uma comparação grosseira entre o presidente da República com seus ministros e Deus com Suas divindades.

É como se Deus fosse o presidente, responsável por toda a nação, e as divindades, Seus ministros, cada um responsável por uma de suas atribuições maiores.

Assim, abaixo do presidente, temos o ministro da Economia, ministro da Fazenda, ministro da Educação, ministro da Cultura... Todos operando sob o olhar e em sintonia com a vontade do presidente.

Da mesma forma, temos as divindades da fé, do amor, do conhecimento, da justiça, da lei, da evolução e da geração; todas operando sob o olhar e em sintonia com a vontade do Criador.

Podemos nos reportar diretamente ao Criador, mas, quando nos dirigimos a uma divindade, irradiadora da qualidade que necessitamos naquele momento, colocamo-nos de frente para aquele atributo, assim absorvendo-o de forma direta.

A sintonia pela qual operam essas divindades é a lei da criação, que regula tudo e todos.

Divindades são tão eternas quanto o Criador de tudo e de todos, sempre estiveram e sempre estarão presentes em todas as civilizações.

Cada cultura deu nomes diferentes para as mesmas divindades. Usemos a Lua como um bom exemplo. Para nós, seres humanos reencarnantes, ela sempre esteve lá. Em cada encarnação, em diferentes culturas, nós lhes demos nomes distintos e a associamos a lendas que explicavam sua origem de formas diferentes; no entanto, a Lua sempre foi a mesma. O mesmo ocorre com as divindades: não as vemos como a Lua, mas sentimos sua presença da mesma forma que sentimos o magnetismo da Lua, astrologicamente atuante em nossas emoções.

Ancestralmente, fomos reconhecendo-as, nomeando-as e humanizando-as por meio de mitologias distintas para descrever potências análogas de Deus, como Oxum, Vênus, Afrodite, Laksimi, Kuan Yin e outras, que, em essência, são as mesmas.

Divindades não têm forma humana, são mistérios de Deus. Elas assumem forma humanizada apenas para que possamos melhor entendê-las a partir de nossa "visão", assumindo características culturais pertinentes ao grupo que darão sustentação. Assim, divindades hindus têm características do povo hindu, egípcias, do povo egípcio e daí por diante. Isso justifica que uma civilização rica em cultura apresente divindades dentro de uma liturgia rica; culturas simples, divindades simples; culturas em que a natureza se mostra com toda a sua abundância mostrem divindades que se manifestam com facilidade na natureza (panteísta); já naquelas em que a natureza é menos generosa, a divindade se torna mais abstrata e menos natural, como nos desertos onde se mostra mais rígida e distante. O mistério é o mesmo;

mudam os homens, as culturas e a forma de encarar os mistérios de Deus.

Podemos dizer que Deus é fé, amor, conhecimento, justiça, lei, evolução, geração...

Suas divindades são manifestadoras desses mistérios, ou seja: divindade da fé, divindade do amor, divindade do conhecimento, divindade da justiça, divindade da lei, divindade da evolução, divindade da geração...

Natureza das divindades

"Por favor, não incorra no erro de considerar as deidades como nada mais do que certos aspectos de sua própria psique, ou algum tipo de forma de energia inconsistente e abstrata. Elas são muito mais do que isso, assim como você é muito mais do que uma mera massa móvel de carnes, fluidos e ossos."

Steve Blamires

Divindades têm identidade própria e divina; são mentais planetários vivos, pois atuam em qualquer parte do planeta e têm qualidades específicas que identificam sua natureza divina. São individualizações de mistérios do Criador.

Nós temos identidade humana e qualidades divinas, somos centelhas do Criador. Deus é a origem de tudo, somos herdeiros d'Ele.

"Somos criados à imagem e semelhança de Deus."
Não na forma, mas em essência.

Somos imagem e semelhança por carregarmos qualidades divinas (fé, amor, conhecimento, justiça, lei, evolução, geração...). As divindades são em essência essas qualidades manifestas como mentais planetários puros. Quando uma dessas qualidades tem maior evidência em nossa personalidade, há maior identificação com a divindade regente. A isso chamamos arquétipo. Algo que lembra a Astrologia, com seus signos regentes de arquétipos.

Divindades participam da criação e estão presentes em nossa vida desde nossa origem, nos têm como filhos e nos dotaram de suas naturezas, assim como um filho carnal traz genética, emocional e psicologicamente muito de seus pais carnais.

Alguns são complacentes, outros mais aguerridos, uns emotivos, outros mais racionais, uns são mais flexíveis que outros. O estudo da natureza ou da maneira de ser de cada um mostra suas aptidões para lidar com certas situações.

Quem se diz filho de Ogum é porque encontra nesse Orixá uma identidade, uma afinidade muito grande. Com certeza, a divindade também o reconhece como filho na origem, se ancestralmente o tiver acompanhado, pois somos filhos de todas as divindades. Mesmo sendo filho de uma divindade, podemos também recorrer a outras, dependendo da situação. Observando nossas encarnações, poderíamos verificar que a natureza não muda, o que varia é o campo de atuação em que nos colocamos para aprender de tudo um pouco, assim evoluindo, o que é natural. E, assim, a cada encarnação, o ser busca outras divindades, além de seu Pai e Mãe ancestrais, que sempre o acompanharão mais de perto.

Mantendo o mesmo fio de raciocínio, vemos em Ogum qualidades guerreiras, marciais, ordenadoras, firmes, justas e retas, qualidades que serão encontradas naqueles que o adoram, observando essa mesma natureza em outras eras, civilizações e culturas por onde o indivíduo passa em suas várias encarnações, visto que no solo abundante de uma terra tropical as divindades serão vistas como doadoras dessa riqueza, mostrando-se envoltas nessa exuberância. Já em uma terra de solo árido e "castigado" pelo Sol, divindades da mesma natureza se mostrarão de forma diferente, não tão abundantes, mas com a mesma essência.

No Egito, aquele filho de Ogum se ligaria a Hórus, nascido para vingar a morte de seu pai, Osíris; na Índia, estaria ligado a Indra, o deus da guerra, ou a Ganesh, o senhor dos guardiões; na Grécia, estaria ligado a Marte, também de natureza guerreira, assim como Ares romano; em uma encarnação nórdica, essa mesma pessoa se sentiria impelida a cultuar Zeus, senhor das batalhas, também guerreiro.

Na falta de divindades em seio católico, estaria ligado a São Jorge, o santo que, montado em seu cavalo, vence o dragão, assim como o arcanjo Miguel, com sua espada da lei e balança da justiça.

Com certeza, Deus não cria novas divindades para desempenhar o mesmo papel a cada religião que surge, afinal o mesmo Deus, criador de tudo e de todos, assume diferentes nomes sem deixar de ser único.

Nossa proposta é identificar essas divindades sob sua forma de apresentação como Orixás em uma visão umbandista e estabelecer quem são eles em cada cultura e civilização.

Com a certeza de que, encontrando e estudando suas características, também estaremos exercitando o estudo da criação e de nós mesmos por meio dos arquétipos que, por mecanismos divinos, regem nossas naturezas, as divindades são parte de um panteão divino, representantes do Criador, manifestando suas qualidades de fé, amor, conhecimento, justiça, lei, evolução e geração.

Divindades e hierarquias dos Tronos de Deus

Existem muitas classes de divindades e também uma hierarquia de divindades. Rubens Saraceni em suas obras costuma colocar as divindades de Deus na classe de Tronos de Deus e nos esclarece que existem:

Tronos regentes de verdadeiros Universos, Tronos regentes de galáxias, Tronos regentes de sistemas solares como o nosso, Tronos regentes de planetas, Tronos maiores regentes das irradiações que envolvem um planeta, Tronos intermediários, Tronos intermediadores, Tronos regentes de níveis, Tronos localizados, Tronos regentes de realidades paralelas, Tronos naturais, Tronos divinos, Tronos celestiais e muitos outros que constituem uma verdadeira hierarquia.

Quando falamos das divindades Orixás na Umbanda, temos, por exemplo, Ogum, que representa a lei divina, portanto é uma forma humanizada e cultural do Trono da lei. Ogum tem regência sobre sete Oguns, se seguirmos o raciocínio das sete vibrações, em que Ogum Maior tem sob sua hierarquia:

- Ogum Cristalino ou Ogum da Fé
- Ogum Mineral ou Ogum do Amor
- Ogum Vegetal ou Ogum do Conhecimento
- Ogum Ígneo ou Ogum da Justiça
- Ogum Eólico ou Ogum da Lei
- Ogum Telúrico ou Ogum da Evolução
- Ogum Aquático ou Ogum da Geração

Estes são identificados apenas pela vibração e sentido em que atuam, ainda têm eles muitos outros Oguns que também estão abaixo na hierarquia em que entram nomes mais populares e mais humanizados como:

- Ogum Matinata
- Ogum Iara
- Ogum Rompe-Mato
- Ogum das Pedreiras
- Ogum de Lei
- Ogum Megê
- Ogum Marinho

Podemos ainda citar muitos outros Oguns e até espíritos humanos que respondem a esses Oguns, em hierarquias humanas que se cruzam com as hierarquias naturais, isso pode ser observado na Umbanda com os Caboclos de Ogum.

Existem também as entidades naturais e encantados de Ogum, que são de outras realidades, não humanas, regidas por Ogum e que podem transitar de lá para cá em certas ocasiões e com a licença de Ogum Maior.

No livro *Mitos de Luz – Metáforas Orientais do Eterno*, de Joseph Campbell, Madras Editora, encontramos uma lenda indiana sobre Indra muito interessante que mostra nesta cultura o que representa a hierarquia das divindades:

Certa vez, um monstro chamado Vrtra cumpriu a tarefa de represar (seu nome quer dizer "cercador") todas as águas do Universo, e houve, então, uma grande seca que durou milhões de anos. Bem, Indra, o Zeus do panteão hindu, finalmente teve uma ideia para solucionar o problema: "Por que não lançar um raio nesse sujeito e explodi-lo?" Então, Indra, que era aparentemente meio lerdo de raciocínio, pegou um raio e o atirou bem no meio de Vrtra, e... Bum! Vrtra explode, a água flui novamente, e a Terra e o Universo têm sua sede saciada.

Bem, daí Indra pensa: "Como sou poderoso", e então vai até a montanha cósmica, Monte Meru, o Olimpo dos deuses hindus, e percebe que todos os palácios por lá estavam em decadência. "Bem, agora vou construir uma cidade inteiramente nova aqui – uma que seja merecedora da minha dignidade". Então, obtém o apoio de Vishvakarman, o artífice dos deuses, e conta-lhe seus planos.

Ele diz: "Olha, vamos começar a trabalhar aqui para construir essa cidade. Acho que poderíamos ter palácios aqui, torres acolá, flores de lótus aqui, etc., etc".

Então, Vishvakarman começa as obras. Porém, toda vez que Indra volta para lá, ele aparece com novas ideias, melhores e mais grandiosas a respeito do palácio, e Vishvakarman começa a pensar: "Meu Deus, ambos somos imortais, então esse negócio não vai terminar nunca. O que eu posso fazer?"

Então, decide procurar Brahma e queixar-se a ele, o assim chamado criador do mundo dos fenômenos. Brahma está sentado em um lótus (o trono dele é assim), e Brahma e o lótus crescem a partir do umbigo de Vishnu, que se acha flutuando no espaço cósmico, montado em uma grande serpente, chamada Ananta (que significa "eterno").

Portanto, eis a cena. Lá fora, na água, Vishnu dorme, e Brahma, está sentado no lótus. Vishvakarman entra e, após muita reverência e embaraço, diz: "Ouçam, estou em apuros". Daí, conta sua história a Brahma, que diz: "Tudo bem. Eu darei um jeito nisso".

Na manhã seguinte, o porteiro da entrada de um palácio que está sendo construído nota um jovem brâmane azul-escuro, cuja beleza chamou a atenção de muitas crianças em torno de si. O porteiro vai a Indra e lhe diz:

"*Acho que seria de bom grado convidar este belo jovem brâmane a conhecer o palácio e dar-lhe uma boa acolhida*". Indra está sentado em seu trono e, após as cerimônias de boas-vindas, diz: "*Bem, meu jovem. O que o traz ao palácio?*"

Com uma voz semelhante ao som de um trovão no horizonte, o rapaz diz: "*Ouvi dizer que você está construindo o maior palácio que um Indra já conseguiu e, agora, depois de conhecê-lo, posso dizer-lhe que, de fato, nenhum Indra construiu um palácio como este antes*".

Confuso, Indra diz: "*Indras anteriores a mim? Do que você está falando?*"

"*Sim, Indras anteriores a você*", diz o jovem. "*Pare e pense, o lótus cresce do umbigo de Vishnu, então, desabrocha e nele se senta Brahma. Brahma abre os olhos e nasce um novo Universo, governado por um Indra. Ele fecha os olhos. Abre-os novamente – outro Universo. Fecha os olhos... e, durante 365 anos brâmanes, Brahma faz isso. Então o lótus murcha, e, após uma eternidade, outro lótus desabrocha, aparece Brahma, abre os olhos, fecha os olhos... Indras, Indras e mais Indras.*

Agora, vamos considerar cada galáxia do Universo um lótus, todas com seu Brahma. Até poderia haver sábios em sua corte que se apresentariam como voluntários para contar as gotas d'água do oceano e os grãos de areia das praias do mundo. Mas quem contaria esses Brahmas, sem falar nos Indras?"

Enquanto ele falava, um formigueiro, marchando em colunas perfeitas, aproximou-se pelo piso do palácio. O rapaz as olha e ri. Indra fica com a barba coçando, suas suíças ficam eriçadas, e ele diz: "*Ora essa, do que você está rindo?*"

O jovem diz: "*Não me pergunte o porquê, a menos que queira ficar magoado*".

O rapaz aponta para as fileiras de formigas e diz: "*Todas, antigos Indras. Passaram por inumeráveis encarnações, subiram de posto nos escalões do Céu, chegaram ao elevado trono de Indra e mataram o dragão Vrtra. Então, todos eles dizem: 'Como sou poderoso', e lá se vão eles*".

Nesse momento, um velho iogue excêntrico, usando apenas uma tanga, entra segurando um guarda-chuva feito de folhas de bananeira. Vê-se em seu peito um pequeno tufo de cabelos, em forma de círculo, e o jovem olha para ele e faz as perguntas que, na verdade, estão na mente de Indra: "*Quem é você? Qual o seu nome? Onde você mora? Onde vive sua família? Onde é sua casa?*"

"*Eu não tenho família, eu não tenho casa. A vida é curta. Este guarda-chuva é o suficiente para mim. Eu devoto minha vida a Vishnu. Quanto a esses cabelos, é curioso: toda vez que morre um Indra, cai um fio de cabelo. Metade deles já caiu. Logo logo, todos vão cair. Por que construir uma casa?*"

Bem, esses dois eram, na verdade, Vishnu e Shiva. Eles apareceram para a instrução de Indra e, já que ele ouviu, foram-se embora. Indra sentiu-se totalmente arrasado, e, quando Brhaspati, o sacerdote dos deuses, entra, ele diz: "*Eu vou me tornar um iogue. Serei um devoto aos pés de Vishnu*".

Então, aproxima-se de sua esposa, a grande rainha Indrani, e diz: "*Querida, vou deixá-la. Vou entrar na floresta e me tornar iogue. Vou parar *com essa palhaçada toda a respeito de reinado na Terra e me converterei em um devoto aos pés de Vishnu".*

Ela o fita por um instante; então, vai procurar Brhaspati e conta-lhe o ocorrido: "Ele meteu na cabeça que vai embora para se tornar um iogue".

Daí o sacerdote toma sua mão e a leva para se sentarem diante do trono de Indra e lhe diz: "Você está no trono do Universo e representa a virtude e o dever – dharma – e encarna o espírito divino em seu papel terreno. Já lhe escrevi um livro importante sobre a arte da política – como manter o Estado, como vencer guerras, etc. Agora vou lhe escrever um livro sobre a arte do amor, para que o outro aspecto de sua vida, com você e Indrami juntos, aqui, possa vir a ser uma relação do espírito divino que habita em todos nós. Qualquer um pode ser iogue; porém, o que acha de representar nessa vida terrena a imanência desse mistério da eternidade?"

Então, Indra foi poupado do problema de ter de abandonar tudo e tornar-se um iogue poderia dizer o leitor. Na verdade, em seu íntimo, ele já sabia de tudo isso, da mesma forma que nós. Tudo o que temos a fazer é despertar para o fato de que somos uma manifestação do eterno.

Essa história, conhecida como "A Humilhação de Indra", acha-se no *Brahmavaivarta Purana*. Os Puranas são textos sagrados hindus que datam aproximadamente de 400 d.C. O aspecto fascinante a respeito da mitologia hindu é o fato de ela ter conseguido absorver o Universo de que falamos hoje em dia, com seus vastos ciclos de vidas estelares, galáxias após galáxias e o nascimento e morte de Universos. Isso reduz a força do momento presente.

O que importa todos os nossos problemas relacionados às bombas atômicas explodindo o Universo? Já houve Universos e Universos antes, cada um deles explodindo por uma bomba atômica. Portanto, agora você pode identificar a si mesmo no eterno que habita em você e em todas as coisas. Isso não significa que você queira assistir ao lançamento de bombas atômicas, mas, por outro lado, não perde seu tempo se preocupando a respeito.

Uma das grandes tentações de Buda foi a luxúria. A outra, o medo da morte, que, por sinal, é um belo tema para a meditação. A vida lança à nossa volta essas tentações, essas perturbações mentais, e o problema consiste em encontrar o centro imutável dentro de nós. Então, pode-se sobreviver a qualquer coisa. O mito vai ajudá-lo a fazer isso. Não queremos dizer que você não deveria sair em passeatas e protesto contra a pesquisa atômica. Vá em frente, mas faça-o de maneira divertida. O Universo é a diversão de Deus.

Sete Mistérios

"Sete luzes existem no Altíssimo e é lá que habita o Ancião dos Anciões, o Misterioso dos Misteriosos, o Oculto dos Ocultos: Ain Soph."

Sefer há-Zohar

Sete Mistérios de Deus

São muitos os mistérios do Criador, são infinitos assim como Ele é; no entanto, podemos identificá-los a partir de nossa visão humana e classificá-los para poder estudá-los de uma forma um pouco mais "cartesiana", que, se não é o ideal, no entanto é a única forma de poder identificá-los em grupos e a partir daí então enumerá-los por afinidade ou ainda por identificação de mistério.

Quando falamos em grupos e os numeramos, entramos em um outro mérito, o mérito dos números e seu simbolismo.

Antes de falarmos em "sete mistérios", precisamos entender o que representa o número 7 aqui e por que organizar em 7 e não 8, 3 ou 12.

Iremos adentrar no seio dos mistérios por meio de sua manifestação sétupla, pois desta forma o Criador se assenta em nossa realidade humana. Nós também somos sétuplos, e o Trono Maior que rege nosso planeta é também chamado de Trono das Sete Encruzilhadas; a partir deste Trono surge a Coroa Divina, o Setenário Sagrado, que rege nossa realidade e onde se assentam todos os Tronos voltados à nossa evolução.

Recomendo a quem queira se aprofundar nesses mistérios as obras *Gênese Divina de Umbanda Sagrada – O Livro dos Tronos de Deus – A Ciência Revelada* e *Orixás – Teogonia de Umbanda,* ambas do autor Rubens Saraceni, Madras Editora.

Os Sete Mistérios de Deus aqui serão tratados a partir de sete sentidos (fé, amor, conhecimento, justiça, lei, evolução e geração) ou sete elementos (cristalino, mineral, vegetal, ígneo, eólico, telúrico e aquático).

Podemos agora de forma isolada nos aprofundar nos mistérios do número 7, que na Cabala é chamado de "O Número da Perfeição", em grego é chamado de "Sebo" (Venerar) ou "Septa" (Venerável), em romano ou latino, "Septos" (Santo, Divino).

Segundo a cultura judaico-cristã, Deus criou o mundo em sete dias; dada a importância deste número, cada dia representa o abrir de uma nova vibração.

Em Êxodo, Deus instrui Moisés* a construir um candelabro de ouro para sete lâmpadas.

Em Apocalipse, Novo Testamento, vemos sete igrejas que estão na Ásia, "sete espíritos que estão diante do Seu trono", sete candelabros de ouro, sete estrelas, sete anjos, sete tochas de fogo diante do trono, sete selos, sete chifres, sete olhos, sete trombetas e sete trovões.

---

* N.E.: Sugerimos a leitura de *Moisés e Akhenaton – A História Secreta do Egito no Tempo do Êxodo*, de Ahmed Osman, Madras Editora.

O Número 7

O autor Albany Braz, em seu livro *O Número 7*, editado pela Madras Editora, cita:

"De acordo com Johhn Heydon, o sete é um dos números mais prósperos e também tem sido definido como o todo ou o inteiro da coisa à qual é aplicado; contudo, Pitágoras referia que o sete era o número sagrado e perfeito entre todos os números, e Filolau (século V a.C.) dizia que o sete representava a mente. Macróbio (século V d.C.) considerava o sete como o nó, o elo das coisas. O sete, por sua vez, é um número primo e também é o único de 1 a 10 que não é múltiplo nem divisor de qualquer número de 1 a 10.

O filósofo grego Platão de Egina (429-347 a.C.) no seu *Timeu* ensinava que, do número sete, foi gerada a alma do mundo. Santo Agostinho via nele o símbolo da perfeição e da plenitude. Santo Ambrósio dizia que era o símbolo da virgindade. Este simbolismo era assimilado pelos pitagóricos, entre eles Nicômano (50 d.C.), em que o sete era representado pele deusa Minerva (a virgem), que era a mesma Atena de Filolau (370 a.C.). Por outro lado, na Antiguidade associava-se o sete à voz, ao som, à Clio, musa da história, ao deus egípcio Osíris, às deusas gregas Nêmesis e Arastia e ao deus romano Marte.

...corresponde ao signo da balança (Libra), que é o emblema do equilíbrio.

Na Antiguidade, o sete já aparecia como uma manifestação da ordem e da organização cósmica. Era o número solar, como é comprovado nos monumentos da Antiguidade: os sete planetas divinizados pelos babilônicos; os sete céus (ymgers) de Zoroastro; a coroa de sete raios e os sete bois das lendas nórdicas. Estes últimos eram simbolizados por sete árvores, sete estrelas, sete cruzes, sete altares flamejantes, sete facas fincadas na terra e sete bustos.

Com relação à Cosmologia, o Universo antigamente era representado por uma nave com sete pilotos (os pilotos de Osíris), e, segundo a escritora Narcy Fontes, nossa galáxia (Via Láctea) é formada por um Sol central, sete outros Sóis e 49 planetas (sete planetas para cada Sol).

A Lua passa por fases de sete dias: crescente, cheia, minguante e nova respectivamente.

Na tradição sânscrita, há frequentes referências ao sete ou SAPTAS: Archishah – sete chamas de Agni; Arânia – sete desertos; Dwipa – sete ilhas sagradas; Gâvah – sete raios ou vacas; Kula – sete castas; Loka – sete mundos; Par – sete cidades; Parna – sete princípios humanos; Ratnâni - sete delícias; Rishi – sete sábios; Samudra – sete mares sagrados; Vruk-sha – sete árvores sagradas.

Na Teologia zoroastriana (Masdeísmo, 550 a.C.), há sete seres que são considerados os mais elevados, são os Amchaspands ou Ameshaspendes (sete grandes gênios): Ormazd ou Ormuzd ou Ahura-Mazda (fonte da vida);

Brahman (rei desse mundo); Ardibehest (produtor do fogo); Shahrivar (formador de metais); Spandarmat (rainha da terra); Khordad (governante dos tempos e das estações); Amerdad (governante do mundo vegetal). Opostos a estes havia os sete Arquidevas (demônios ou poderes das trevas). Nesta Teologia masdeísta inicialmente existiam sete graus iniciáticos no culto de Mitra:* corvo (Vênus), grifo (Lua), soldado (Mercúrio), leão (Júpter), persa (Marte), pai (Saturno), heliódromo (Sol ou corredor do Sol).

Mitra nasceu no dia 25/12, tinha como número o sete e em honra a ele havia os sete altares de fogo, denominados de sete Pireus.

Na Teologia romana, na corte do Deus Marte ou Mars (Ares Grego), figuravam sete divindades alegóricas: Pallor (a Palidez); Pavor (o Assombro); Virtus (a Coragem); Honor (a Honra); Securitas (a Segurança); Victoria (a Vitória); Pax (a Paz).

Na Teologia dos sumérios, a deusa Inana tinha de atravessar sete portas para chegar diante dos juízes do mundo inferior.

As tabuletas assírias estão repletas de grupos de sete: sete deuses do Céu; sete deuses da Terra; sete deuses das esferas flamejantes; sete deuses maléficos; sete fantasmas; espíritos de sete Céus; espíritos de sete Terras".

Sendo assim, temos muitos motivos para abordar as divindades de Deus segundo o "Mistério do Número 7", o que me é muito familiar também por ser umbandista, uma religião (Umbanda) que aborda seu próprio universo a partir do que chamamos "Sete Linhas de Umbanda", em que se assentam os Orixás, divindades cultuadas na Umbanda. Aqui adotamos a relação de Orixás e Tronos de Deus da forma como foi psicografada por Rubens Saraceni em sua obra, que são hoje mais de 40 livros publicados pela Madras Editora.

Sete Tronos de Deus

> "Os princípios da verdade são sete; aquele que os conhece perfeitamente possui a chave mágica com a qual todas as portas do templo podem ser abertas completamente."
>
> Hermes Trismegisto – O Caibalion

Temos a seguir uma relação de sete mistérios do Mistério Maior. Poderíamos ter colocado muitos outros, acreditamos que, com a combinação desses, chegaremos a todos os outros.

Sendo partes de todos esses mistérios, são qualidades puras de divindades, da sua combinação, temos partes das partes, mistérios dos mistérios,

---

* N.E.: Sugerimos a leitura de Os Mistérios de Mitra, de Franz Cumont, Madras Editora.

Tronos intermediários, o que se costuma chamar "divindades localizadas", tão importantes quanto às outras.

Assim, em uma tentativa de localizar as divindades, de cima para baixo, vamos identificá-las por suas qualidades, portanto inominadas, para a partir daí identificarmos os Orixás e as demais divindades que correspondem com as qualidades deles, já humanizados sob uma cultura que os reconhece.

Vamos mostrá-los de forma polarizada manifestando-se em masculino e feminino, logo teremos 14 Tronos Maiores ou divindades puras em suas qualidades.

Sete Mistérios
Sete Tronos Puros = 14 Tronos Polarizados

Temos sete mistérios (Fé, Amor, Conhecimento, Justiça, Lei, Evolução e Geração), sete Tronos indiferenciados (Trono da Fé, Trono do Amor, Trono do Conhecimento, Trono da Justiça, Trono da Lei, Trono da Evolução e Trono da Geração), que formam a Coroa Divina, o Setenário Sagrado. Esses Tronos indiferenciados se polarizam, ou seja: cada um deles se desdobra em Trono Masculino e Feminino (passivo e ativo), gerando agora 14 Tronos polarizados (Trono Masculino e Feminino da Fé, Trono Masculino e Feminino do Amor, Trono Masculino e Feminino do Conhecimento, Trono Masculino e Feminino da Justiça, Trono Masculino e Feminino da Lei, Trono Masculino e Feminino da Evolução e Trono Masculino e Feminino da Geração).

Podemos dizer que são Tronos que se completam na mesma qualidade, pois, na fé em que um é masculino e o outro é feminino, um é passivo e outro ativo, um irradia a fé, outro absorve, um é positivo, o outro é negativo, etc...

O que torna simples sua explicação, pois o Trono do Amor é parte de Deus como manifestação da sua qualidade amor. Amor é parte de Deus e é a divindade do amor por inteiro.

Quando o Trono feminino irradia amor, o masculino absorve, o que fecha um círculo de energia atuante em que nada é estático.

Vamos defini-los como Orixás de Umbanda puros nos mistérios e humanizados como divindades do panteão umbandista, que trazem seus nomes da mitologia iorubá africana, sua primeira humanização. Assim, citando as divindades de outras mitologias que manifestam o mesmo mistério.

Trono Masculino da Fé

Oxalá, Apolo ou Febo, Hélios, Brahma, Suria, Varuna, Rá, Khnum, Baldur ou Balder, Brán, Anu, Nusku, Utu, Shemesh, Dagda, Inti, Kinich Ahau, Comentário.

Oxalá – Divindade de Umbanda, é o Trono Masculino da Fé, irradia a fé o tempo todo de forma passiva, não forçando ninguém a vivenciá-la, universal, sustenta todos que têm fé.

Fator magnetizador e congregador, está na base da criação, sem fé não existe os outros atributos dos demais Tronos e sem magnetismo nada existiria em nosso planeta. Este é o Trono principal, regente de nosso planeta. As divindades que representam esse Trono costumam estar no topo do panteão ou serem identificadas com o Sol que tudo sustém.

Elemento cristalino, representa a pureza, está em todos os lugares, religiosamente goza de posição de destaque, pois sem fé não há religião. Sua cor é o branco, que tem em si todas as cores. Tem como símbolo a pomba branca da paz, e podemos ainda simbolizá-lo com a cruz da fé ou a estrela de cinco pontas, que desperta a magia da fé no ser humano. Seu ponto de força na natureza é qualquer lugar onde se possa sentir a paz do Trono da Fé, dando preferência muitas vezes a mirantes, campos abertos e bosques. Pedra: quartzo cristalino.

Apolo ou Febo – Divindade grega, filho de Zeus com Leto; é o deus da luz solar, da música, artes e medicina. Senhor do Oráculo de Delfos. Divindade radiante, sempre moço e belo. Traz pureza, tranquilidade e espiritualidade.

Hélios – Divindade grega, irmão de Éos; era o próprio Sol, representado como um jovem com raios de luz saindo da cabeça. É considerado também aquele que ilumina e traz a iluminação, a Luz.

Brahma – É a primeira pessoa da Trindade hindu (Brahma, Vishnu e Shiva). É o primeiro criado; criador, incriado, do Universo. Costuma se manifestar com quatro cabeças, simbolizando os quatro Vedas ("conhecimento"), livros sagrados para os hindus, quatro yugas (eras, ciclos de tempo e realidade pela qual passa a humanidade, atualmente estamos na Kali Yuga, a era da destruição), quatro castas (classes sociais hindus). Tendo quatro braços segura em cada uma das mãos uma "mala" (colar de oração hindu, simbolizando a tranquilidade da mente), uma colher e ervas (simbolizando os rituais), o Kamandalu (pote com água, simbolizando a renúncia) e os Vedas (simbolizando o conhecimento). A mão que segura a "mala" faz um sinal, "abhaya mudrá", que representa o afastamento do medo. Aparece de olhos fechados em meditação, o que demonstra suas qualidades de paz e harmonia. Sua consorte, Sarasvati, o conhecimento, manifestou-se a partir dele. Dessa união surgiu toda a criação.

Suria – Divindade hindu, deus Sol; é a alma suprema dos Vedas e deve ser adorado por todos os que desejam a libertação da ignorância.

Varuna – Divindade hindu, provém da raiz verbal "vr" ("cobrir, circundar"), circunda o Universo e tem como atributo a soberania, por meio do Sol, ele controla tudo, e desta maneira fez três mundos, habitando em todos eles: céu, terra e o espaço intermediário de ar onde o vento é sopro de Varuna. Sua morada é o Zênite, mansão de mil portas, onde fica sentado e tudo observa; à sua volta ficam seus informantes que inspecionam o mundo e não se deixam enganar. Seu poder é ilimitado, assim como seu conhecimento; inspeciona todo o mundo, sendo senhor das leis morais. Varuna já foi um deus único e celeste perante a criação, com o tempo, tornou-se divindade das águas, rios e oceanos.

Rá – Divindade egípcia; é o princípio da Luz, simbolizado pelo Sol; ele é mais do que o próprio. É ele quem penetra no disco solar e lhe confere a luz. Adorado como uma das maiores divindades egípcias e muitas vezes associado ao nome do Ser Supremo para lhe conferir este *status*, como Aton-Rá ou Amon-Rá.

Khnum – Deus local do Alto Egito; era um deus simbolizado com cabeça de carneiro. Tinha aspectos de criador, possuidor de um torno de oleiro, onde modelara o corpo de todos os homens.

Baldur ou **Balder** – "Distribuidor de todo o bem". Divindade nórdica masculina, filho de Odin com a Deusa Mãe Frigg. Conhecido como Deus Sol, o todo radiante, de beleza incomparável. É conhecido como a deidade boa, pura e carismática. Deus pacífico. Conhecido ainda como "o bem-amado", "o santo", "o único sem pecado". "Deus da bondade", foi morto por obra de Loki. Frigga, sua mãe, pediu a todos e a tudo que jurassem não prejudicar o "deus radiante", mas esqueceu-se do "frágil ramo de agárico". Desse ramo, Loki fez um dardo e colocou na mão do cego Hoder enquanto todos os deuses se divertiam tentando ferir Baldur com pedras e sem sucesso pelo juramento. Orientado por Loki, Hoder atira o dardo que mata Baldur. É dito que, quando um mundo novo e mais puro surgir, ele renascerá.

Brán – Divindade celta. "O abençoado". Brán é muito cultuado no País de Gales; é considerado o deus da profecia, das artes, dos líderes, da guerra, do Sol e da música.

Anu – Divindade sumeriana. O pai das divindades, destronado por Enlil. É o próprio céu, divindade do firmamento estrelado. O que reina na esfera superior. Adorado por sumérios, acádios e assírio-babilônicos, como sendo a divindade maior, por vezes visto como o Deus Supremo. Senhor dos anjos e dos demônios, de todas as potências inferiores e superiores. Adorado como deus em Uruk.

Nusku – Divindade sumeriana. Deus da luz, adorado ao lado do deus da Lua em Harran e Neirab, Vizir de Anu e de Ellil. Tem como símbolo uma lâmpada.

Utu – Divindade sumeriana. Deus Sol sumério. Traz o título de "meu Sol" como "majestade", como eram chamados os reis e deuses chefes de panteão.

Shemesh – Divindade hebraica. Aparece com raios flamejantes saindo de seus ombros, saltando sobre montanhas com uma espada flamejante de serra nas mãos e tiara de fogo na cabeça, também simboliza o Sol. É a mesma divindade arábica Shams.

Dagda – Divindade celta que aparece como o grande pai de todos, chamado de "o bom deus". O poder de Dagda aparece como um sopro que torna os agraciados grandes trovadores.

Inti – Divindade inca do Sol, também chamado de "Servo de Viracocha". Protetor da casa real onde o imperador era chamado de "filho de Inti". É o grande doador da vida e da luz, divindade popular mais importante, com seu culto estabelecido em vários templos.

Kinich Ahau – Divindade maia do Sol, muito ligado ao deus criador Itzamná.

Comentário: O Trono Masculino da Fé, Oxalá, é facilmente encontrado nas várias culturas, por ser comumente representado como o Sol ou como a divindade que participou da criação, pois é a base da mesma. Sem o sentido da fé, nada existe religiosamente, e, sem o fator magnetizador, nada existe na criação, na qual tudo se sustenta por vibração magnética. Logo se torna sempre uma divindade importante e benevolente. Na Umbanda, foi sincretizado com Jesus Cristo, expoente máximo da fé católica.

Trono Feminino da Fé

Oyá-Tempo, Éos, Moiras, Andrômeda, Horas, Nornas, Rodjenice, Tara, Nut, Shait, Arianhod, Aya, Tamar, Mora, Menat, Tanith, Nicnevin, Comentário.

Oyá-Tempo – Divindade de Umbanda, é o Trono Feminino da Fé, absorve a fé em desequilíbrio, de forma ativa, reconduzindo o ser a caminho de seu equilíbrio. Cósmica, pune quem faz mau uso ou se aproveita dessa qualidade divina com más intenções.

Fator cristalizador e temporal é o próprio espaço-tempo, onde tudo se manifesta, lembrando que nossa relação de espaço-tempo depende totalmente da movimentação dos astros no espaço, de onde vêm conceitos como dia e noite juntamente com nosso senso cronológico. Dizemos que é uma divindade atemporal, pois é em si o próprio tempo, não estando sujeita a ele, mas regendo seu sincronismo.

Elemento cristalino. Religiosamente goza de posição de destaque, pois rege a própria religiosidade no ser.

Suas cores são o branco e o preto, que são a presença de todas as cores ou a ausência de todas (em seu aspecto de absorção e esgotamento da religiosidade desvirtuada e dos excessos cometidos em nome da fé). Simbolizada pela espiral do tempo, se manifesta em todos os locais, assim como Oxalá com o qual faz um par nesta linha da fé. Cores: branco e preto ou fumê. Pedra: quartzo fumê rutilado.

Éos – Divindade grega, conhecida entre os romanos como Aurora, filha de Hipérion com Teia. Irmã de Hélio (o Sol) e Selene (a Lua). Era sua tarefa abrir todas as manhãs os portões do céu para deixar sair a carruagem do Sol. Teve muitas uniões e filhos, entre os quais podemos citar os Ventos e os Astros.

Moiras – Divindades gregas, conhecidas como Parcas entre os romanos. São três irmãs, responsáveis pelo tempo e por tecer os fios de nosso destino. Aparecem humanizadas como anciãs encantadas. Seus nomes são Lachesis, Cloto e Átropos. Filhas de Nyx, a Noite, são elas que tecem os fios de nossa vida e destino. Cloto, "a tecelã", tecia o fio da vida; Lachesis, "a medidora", media o comprimento certo de cada fio, e Átropos, "a inevitável", o cortava com sua tesoura.

Andrômeda – Divindade grega das estrelas e planetas, vista como a própria constelação que leva o seu nome.

Horas – Divindades gregas, originariamente a palavra hora era utilizada para determinar as estações do ano que se dividiam apenas em três: Primavera, Verão e Inverno. São filhas de Zeus e Têmis, Eunomia (a Boa Ordem), Dicéa (a Justiça) e Irene (a Paz). Quando surge o conceito de Outono e Solstício de Inverno, duas novas Horas aparecem na mitologia, Carpo e Talate, guardiãs dos frutos e das flores. Quando os gregos dividiram os dias em 12 partes iguais, os poetas identificaram 12 Horas, chamadas "As 12 Irmãs". Contando-se Primavera, Verão, Outono e Inverno, as Horas aparecem com idades diferentes, nesta ordem, da jovem e ingênua adolescente até a madura e sábia anciã.

Nornas – Divindades nórdicas do tempo e do destino, se dividem em Urdhr, a avó anciã (passado), Verdanti, a mãe matrona (presente) e Skuld, a jovem (futuro).

Rodjenice – Divindades eslavas do destino, eram três mulheres que teciam os fios da vida, assim como as Parcas gregas e Nornas nórdicas, eram oferecidas a elas as primeiras porções de comida das comemorações batismais e a placenta do bebê, enterrada ao lado de uma árvore. Eram conhecidas por Rodjenice, Sudnice e Sudjenice ou Fatit, Ore e Urme.

Tara – Divindade hindu, regente do céu e das estrelas, senhora do tempo.

Nut – Divindade egípcia, divindade do céu, seu corpo forma a abóboda celeste, aparece curvada como um arco sobre a Terra. Nut é o próprio céu, o espaço onde tudo acontece. Representada por uma vaca, também tem a função de recolher os mortos em seu império.

Shait – Divindade egípcia do destino, acompanhava toda a encarnação de cada um anotando seus vícios e virtudes. Ela é quem dava a sentença final após a alma passar pela balança de Maat.

Arianhod – Divindade celta, guardiã da "roda de prata" que circunda as estrelas, símbolo do tempo e do carma. Deusa da reencarnação, tem como símbolo a própria espiral do tempo.

Divindade dos ancestrais celtas, vive em sua própria dimensão com suas sacerdotisas. Decide o destino dos mortos levando-os para sua morada ou para a Lua. Aparece no *Mabinogion*, uma coleção de relatos escritos entre o século XI e XIII d.C., como filha de Don e mãe dos gêmeos Lleu Llow Gyffes e Dylan.

Aya – Divindade babilônica, "Aurora", esposa do deus Sol babilônico Shamash.

Tamar – Antiga divindade russa, do tempo, que habitava no céu, de onde regia as estações do ano. Aparece como a virgem que viaja pelo céu montada em uma serpente dourada. Tamar é quem aprisionava o senhor dos ventos no Verão e soltava no Inverno, para que trouxesse a neve.

Mora – Divindade eslava do tempo e do destino. Aparece como divindade branca e alta para dar a vida e como negra, olhos de serpente e patas de cavalo, para ceifar a vida.

Menat – Antiga divindade árabe que teve seu culto abolido por Maomé e o Islã. Essa divindade representa a força do destino, senhora do tempo e da morte, aparece sob a forma de anciã.

Tanith – Divindade cartaginense, regente do céu. Aparece com asas tendo o Zodíaco a lhe envolver a cabeça. Usa um vestido repleto de estrelas trazendo em suas mãos o Sol e a Lua.

Nicnevin – Divindade escocesa que rodopia o céu durante a noite para conduzir as almas em sua passagem.

Comentário: O Trono Feminino da Fé, Oyá-Tempo, encontrado em várias culturas, nos mostra uma divindade que, não estando sujeita ao tempo, se torna atemporal. Passa a regular tudo o que se refere às estações do ano e ao clima, também mostrando-se presente como o espaço onde tudo acontece, a abóbada celeste, pois a relação espaço-tempo também depende dela. Na Umbanda, pode ser sincretizada com Santa Clara, sempre evocada para resolver as questões relacionadas ao clima e ao tempo pela maioria das pessoas.

Trono Feminino do Amor

Oxum, Afrodite, Vênus, Hebe, Concórdia, Carmenta, Juturna, Pax, Lakshmi, Ganga, Ranu Bai, Hator, Ísis, Bast, Freyja, Blodeuwedd, Allat, Ishkhara, Kwan Yin, Chang Um, Tsai Shen, Kwannon, Maile, Erzulie, Astarte, Xochiquetzal, Chu-Si Niu, Sammuramat, Branwen, Anahita, Erzulie Freda, Partaskeva, Caritas ou Graças, Branwen, Comentário.

Oxum – Divindade de Umbanda, é o Trono Feminino do Amor, irradia o amor o tempo todo de forma passiva, não forçando ninguém a vivenciá-lo, mas sustentando todos que têm amor.

Fator agregador e conceptivo, traz a energia e o magnetismo de amor, que agrega e une desde os átomos e planetas até as pessoas. Também atua nas concepções por meio dessas uniões que se estabelecem a partir de suas qualidades.

Elemento mineral, rios e cachoeiras são seu ponto de força. Pode ser simbolizada ainda por um coração; a ela são feitos os pedidos para o amor em todos os sentidos. Também considerada senhora do ouro, lembra que o verdadeiro ouro da espiritualidade é o amor e que com ele se atrai toda a prosperidade, tanto na matéria como em espírito, esta é a chave da interpretação para essa sua relação com o ouro material. Cores: amarelo, rosa, azul-claro ou dourado. Pedras: quartzo rosa, pirita e ouro.

Afrodite – Divindade grega, conhecida como **Vênus** entre os romanos. O nome já explica sua origem, "nascida da espuma"; é a grande deusa do amor, sua beleza era inigualável, casada com Hefaístos, teve casos com Ares, Hermes e Dionísio. Mãe de Eros e Príapo.

Hebe – Deusa grega da juventude, era responsável por servir o néctar e a ambrosia, alimentos dos deuses. A criada ideal dos deuses, quando Héracles ganhou a imortalidade, tornou-se sua esposa.

Concórdia – Divindade grega da reconciliação e da harmonia.

Carmenta – Divindade romana, padroeira dos partos e dos recém-nascidos. Recebia oferendas de arroz e pastéis, modelados na forma de genitálias femininas. Costumava-se pedir a ela que desse um parto tranquilo.

Juturna – Divindade romana das fontes e águas sagradas, senhora das profecias.

Pax – Divindade romana da paz.

Lakshmi – Divindade hindu do ouro, fortuna, prosperidade, beleza e amor. Consorte de Vishnu. Muito popular na Índia, sendo considerada a mais próxima dos seres humanos. Quer o bem-estar de todos sem se preocupar com suas ações ou seu passado. Surgiu das águas cósmicas da eternidade. Traz riqueza material e espiritual.

Ganga – Divindade hindu que é o próprio Rio Ganges ou aquela dos seios aos quais o rio saiu.

Ranu Bai – Divindade hindu que com a água de todos os rios em seu jarro de ouro trazia a fertilidade às mulheres.

Hator – Divindade egípcia, "a casa de Hórus", senhora do céu e do horizonte (em Dendera). Uma das divindades que melhor representam o sentido do amor.

Ísis – Divindade egípcia, uma das mais importantes do panteão egípcio. Também chamada de senhora dos mil nomes.

Divindade de forte personalidade percorre os quatro cantos do globo por amor, atrás dos pedaços de seu marido, Osíris, assassinado pelo irmão Set. Tendo encontrado todas as partes (menos o fato de que continuou desaparecido) do amado, ainda conseguiu unir-se a ele assim concebendo o filho Hórus. Com o tempo, Ísis teve seu culto muito difundido, passando assim a absorver as qualidades de outras divindades femininas que deixavam de ser adoradas. Além de uma grande divindade do amor, tornou-se também a deusa mãe, já absorvendo e manifestando qualidades do Trono Feminino da Geração, conhecido como Iemanjá. Cleópatra foi uma sacerdotisa de Ísis, colaborou muito para levar seu culto aos "quatro cantos do globo", ela se autodenominava "A Nova Ísis", vestindo-se de Ísis nos rituais públicos. Tendo se envolvido com Júlio César e Marco Antônio, teve facilidade em instituir o culto de Ísis em Roma. É dito que a Catedral de Notre-Dame, na França, foi um dos templos de Ísis.

Bast – Divindade egípcia com cabeça de gata, divindade solar, aparece com o aspecto bom, doce e agradável do Sol, enquanto Sekmet rege os aspectos de purificação e destruição.

Bast era adorada em Bubastis, trazia alegria e prazer estando ligada à dança, à música, à saúde e à cura.

Freyja – Divindade nórdica, feminina, uma das três esposas de Odin e mãe de Balder. Divindade do amor e da beleza. De seu nome deriva o nome da sexta-feira (Freitag, em alemão; Friday, em inglês). Freyja é o aspecto sensual desta divindade enquanto suas qualidades de mãe ficam sob o nome de Frigga. Freyja foi amante de quase todas as divindades masculinas, aparecia em um manto de plumas, não usando mais nada além de seu colar de âmbar; todos ficavam embriagados por sua beleza e magia.

Blodeuwedd – Divindade celta, no seu aspecto de donzela, jovem, representa o amor, as flores e a Primavera.

Allat – Divindade babilônica da cópula, das uniões, atua no campo do amor ajudando as pessoas a conceber a vida e os projetos.

Ishkhara – Deusa babilônica do amor, sacerdotisa de Ishtar.

Kwan Yin – Divindade chinesa do amor, faz parte de um culto ancestral muito antigo, que se perde no tempo, também representa a paz, o perdão, a cura e a luz.

Chang Um – Divindade chinesa, protetora das parturientes e dos recém-nascidos, padroeira das mulheres.

Tsai Shen – Divindade japonesa da riqueza. Traz os símbolos de boa sorte como o sapo de três pernas, as moedas, a caixinha do tesouro com o espírito da fortuna, o morcego e os lingotes de ouro.

Kwannon – Divindade japonesa do amor, do perdão e da paz.

Maile – Divindade havaiana, é aquela que rege a Hula (dança sagrada), a alegria e a sedução. É ainda representada com a murta, trepadeira de flores muito cheirosas.

Erzulie – Divindade haitiana do amor e da sexualidade.

Astarte – Divindade canaanita, seu nome significa "o ventre", de grande sensualidade, regia o amor, o desejo e a paixão. Usava o vermelho e o branco, simbolizando o sangue menstrual e o sêmen.

Xochiquetzal – Divindade asteca, significa "flor preciosa". Ela é a deusa das flores, do amor, criadora de toda a humanidade e intermediadora dos deuses.

Foi mulher do deus Tlaloc, deus da chuva, mas acabou sendo raptada por Tezcatlipoca, que a levou aos nove céus. Vivia em Tamoanchan, na "Árvore Florida", um verdadeiro paraíso. Teve vários nomes incluindo Ixquina e Tlaelquani.

Chu-Si Niu – Divindade tailandesa dos partos, recebia oferendas de flores em seus templos.

Sammuramat – Divindade assíria, senhora do amor, da fertilidade e sexualidade.

Branwen – Divindade escocesa do amor, da sexualidade, da Lua e da noite. Chamada de "Seios Brancos" ou "Vaca Prateada".

Anahita – Divindade persa do amor, considerada uma das divindades governantes do império. Considerada como o poder fertilizador da Lua e das águas. Senhora da concepção, purificava o sêmen e consagrava o ventre e seios da mulher. Aparecia como uma linda mulher vestida de dourado e ornada com peles, diademas e colares de ouro.

Erzulie Freda – Divindade haitiana do amor, cultuada e oferendada nas cachoeiras.

Partaskeva – Divindade eslava do amor e da sexualidade. Regente da água, trazia fertilidade, bênçãos para as uniões matrimoniais e saúde.

Caritas ou **Graças** – divindades doadoras do carisma e da graça. Para os romanos, eram aspectos de Vênus, chamadas de Vênia, ou Afrodite para os gregos. Seus nomes eram Aglaia, a brilhante, Thaleia, a que traz flores, e Euphrosyne, a alegria do coração.

Branwen – Divindade galesa do amor, conhecida como a divindade do seio branco, seu nome significa "corvo branco".

Comentário: O Trono Feminino do Amor, Oxum, torna-se um dos Tronos mais presentes nas culturas, facilmente identificado, sendo a mãe do amor universal ou ainda a donzela que representa o despertar do amor e da beleza. Na Umbanda, sincretizada com Nossa Senhora da Conceição, santa virginal e imaculada que representa o amor em seu sentido mais puro.

Trono Masculino do Amor

Oxumaré, Eros, Kâma, Heindal, Angus Óg, Tamuz, Comentário.

Oxumaré – Divindade da Umbanda, é o Trono Masculino do Amor, absorve o amor em desequilíbrio de forma ativa, reconduzindo o ser ao caminho do equilíbrio. Cósmico, pune quem faz mau uso ou se aproveita dessa qualidade divina com más intenções.

Fator renovador, atua "reciclando", renovando, a vida do ser. Divindade da alegria, nos ajuda também a ser mais crianças, puros. Elemento cristalino-mineral muito presente nas cachoeiras. Sua cor é o colorido do arco-íris.

Faz par com Oxum, nesta linha do amor. Em uma cachoeira, quando vemos suas águas caírem na luz do Sol, Oxumaré se faz presente no arco-íris que se forma do vapor d'água, subindo até a cabeceira da cachoeira.

Ponto de força na cachoeira. Cores: todas as cores do arco-íris. Pedra: fluorita.

Eros – Divindade grega, Cupido entre os romanos, filho de Afrodite e Ares, disparava flechas de amor, menino alado, uma corporificação do amor. Atormentava deuses e humanos com uma tocha que inflamava os desejos ou as flechas que insuflavam o amor.

Kâma – Divindade hindu, senhor do amor e do desejo, esposo de Rati (divindade da volúpia). Representado sob a figura de um adolescente, armado de arco e flechas. Considerado uma divindade muito antiga, e alguns mais tarde lhe deram características negativas.

Heindal – Divindade nórdica da luz, chamado de "deus reluzente de dentes de ouro", ele é o guardião da ponte do arco-íris.

Angus Óg – Divindade celta, filho de Boann com Dagda, adotado por Midir. Seu nome quer dizer "deus jovem". É a divindade do amor e da juventude. Como um cupido, lançava beijos pelo ar, que, após atingirem seu objetivo, se transformavam em aves delicadas para alegrar a vida dos apaixonados.

Tamuz – Divindade babilônica da Primavera, das flores, das plantas verdes e filhotes dos rebanhos.

Comentário: Trono Masculino do Amor, Oxumaré, não tão comum nas mitologias, parece-nos mais fácil relacionar a figura feminina com o sentido do amor. Geralmente as divindades masculinas se voltam mais para os outros sentidos da vida, sendo a natureza masculina mais racional. Há ainda muito campo para o estudo e divindades a ser descritas como Trono Masculino do Amor. Na Umbanda, é sincretizado com São Bartolomeu, que aparece enrolado em uma cobra até a cintura, um dos símbolos de Oxumaré.

Trono Masculino do Conhecimento

Oxóssi, Asclépio, Dionísio, Quíron, Fauno, Líber, Picumno, Thoth, Green Man/Cernunnos, Humbaba, Nabu, Ullr, Oghma, Comentário.

Oxóssi – Divindade da Umbanda, é o Trono Masculino do Conhecimento, irradia o conhecimento o tempo todo de forma passiva não forçando ninguém a vivenciá-lo, mas sustentando todos que buscam o conhecimento. Fator expansor que ajuda a expandir em todos os sentidos. Divindade masculina vegetal, é o grande caçador, aquele que vai buscar e trás o conhecimento, o grande comunicador, a divindade da expansão.

Mais do que um ponto de força, as matas são seu lar. Muitos são seus símbolos como o próprio vegetal e o "arco e flecha". É evocado para a utilização do elemento vegetal e do conhecimento, bem como da comunicação. Cor: verde. Pedra: quartzo verde.

Asclépio – Divindade grega do conhecimento, sabedoria e cura, filho de Apolo e pai das deusas da saúde, Iaso, Panaceia e Higia.

Dionísio – Divindade grega, o mais jovem e imortal filho de Zeus. Também conhecido como "Zagreu", o Caçador, "um jovem deus da floresta", divindade das uvas e videiras. Dionísio também é associado a Baco, divindade romana, "o Rebento", aparecendo também como divindade fálica da fertilidade. Foi como Baco que seu culto foi deturpado, surgem os "bacanais" em nome da divindade. Com o tempo, perdeu o sentido vegetal e assumiu apenas suas qualidades fálicas e não raramente os aspectos negativos ligados aos prazeres mais mundanos.

Quíron – Divindade grega, centauro, metade homem e metade cavalo. Filho de Saturno, tendo tomado a forma de um cavalo, com Fílira, a oceânide, foi educado por Apolo e Artêmis. Destaca-se pela benevolência, por ser uma autoridade espiritual, excelente caçador, conhecedor das ervas, de Astronomia e professor dos grandes heróis gregos, entre eles Asclépio,

Nestor, Anfiaráo, Peleu, Telamon, Meléagro, Teseu, Hipólito, Ulisses, Diomedes, Castor e Pólux, Jasão e Aquiles.

Fauno – Divindade romana, "aquele que favorece", sobrinho de Saturno, era visto como um profeta, pai da agricultura, precursor do culto às divindades. Está ligado às origens da civilização romana. Garantia fecundidade nos rebanhos e protegia os animais. Sua representação aproxima-se de Pã, como um homem pequeno, barbudo, usando uma coroa de folhas na cabeça.

Líber – Divindade latina da fecundação e plantação, mais tarde associado a Dionísio.

Picumno – Divindade latina da agricultura, também chamado de Sterquilinius por ter inventado a adubação da terra.

Thoth – Divindade egípcia do conhecimento, senhor da sabedoria e da palavra escrita. Patrono ainda da magia e das palavras de encantamento. Escriba divino e inventor dos hieróglifos e muitos também lhe atribuem a invenção do Tarô.* É representado como um homem com cabeça de Íbis.

Green Man/Cernunnos – Divindade celta, guardião das árvores e florestas, protetor dos animais. Um de seus símbolos é o corno que, na cultura pagã, sempre foi um símbolo de força e poder da divindade.

Humbaba – Divindade babilônica, guardião da floresta dos pinheiros, derrotado por Gilgamesh e Enkidu, ancestral das Górgonas gregas. Sua voz é chamada de arma de Abubu.

Nabu – Deus babilônico da escrita, sabedoria, linguagem e eloquência, o padroeiro dos escribas (homens e mulheres). Filho de Marduk, tinha como esposa Nisaba, também deusa da escrita e dos escribas. Como mensageiro dos deuses, ele podia ser comparado ao Hermes grego. Um exemplo da adoração dos babilônios pelo deus é o nome do famoso imperador Nabucodonosor, que quer dizer literalmente "Nabu triunfa".

Ullr – Divindade nórdica do arqueirismo e da caça. Sua arma é um arco longo feito de madeira de teixo. Filho de Thor e Sif, seu nome, "glorioso", é parte de nomes de muitos lugares, e, além disso, é considerado um deus antigo que foi amplamente cultuado. Acredita-se que, em uma certa época, ele foi um dos mais altos deuses. É a única divindade cuja destreza no arco e flecha supera a de Vali, o sagrado vingador.

Oghma – Divindade celta, senhor de grande conhecimento, guerreiro e poeta. Criou um sistema de escrita mágica muito usado pelos druidas da Irlanda, o "Oghan", que constitui um alfabeto mágico de 25 caracteres também utilizado como oráculo, assim como as runas nórdicas e o Opelê Ifá ou o jogo de búzios africano.

Comentário: Trono Masculino do Conhecimento, Oxóssi, mostra-se no elemento vegetal como aquele que se expande ou o caçador que vai buscar

---

* N.E.: Sugerimos a leitura de *O Tarô Egípcio*, de Silvana Alaisa, Madras Editora.

o conhecimento. São muitas as divindades masculinas ligadas aos vegetais e ao conhecimento. Algumas se tornam fálicas pela questão da fertilidade do solo igualmente evocada para esses Tronos, e é aí que precisamos entender onde começam os aspectos de um Trono e terminam os de outro. Divindades como Dionísio apresentam qualidades vegetais e fálicas ao mesmo tempo, o que pode demonstrar ser ele um intermediário entre os dois Tronos. Na Umbanda, é sincretizado com São Sebastião.

Trono Feminino do Conhecimento

Obá, Sarasvati, Deméter, Artêmis, Chloris, Bona Dea, Fauna, Ops, Cibele, Minerva, Tari Pennu, Ki, Nisaba, Uttu, Zamiaz, Armait, Nummu, Erce, Zamyaz, Mati Syra Zemlja, Kait, Ma Emma, Zeme, Xcanil, Shekinah, Zaramama, Selu, Akwin, Uke-Mochi-no-Kami, Pachamama, Cometários.

Obá – Divindade de Umbanda, é o Trono Feminino do Conhecimento, absorve o conhecimento em desequilíbrio de forma ativa reconduzindo o ser ao equilíbrio. Cósmica, pune quem faz mau uso ou se aproveita dessa qualidade divina com más intenções. Fator concentrador, ajuda aqueles que não têm um foco na vida tirando a dispersão ou a confusão mental.

Tem como elemento a terra úmida e fértil que dá sustentação ao vegetal, chegando a formar um par terra-vegetal com Oxóssi, enquanto ele é a expansão do conhecimento, ela é o que dá a concentração e a base. Ajuda a manter firme os objetivos, o raciocínio e a determinação. Sua cor é o magenta terroso ou a combinação do verde com o marrom. Pedra: madeira fossilizada.

Sarasvati – Divindade hindu, consorte (esposa) de Brahma, que é a primeira pessoa da Trindade hindu (Brahma, Vishnu, Shiva). É a divindade do conhecimento, da sabedoria, das artes e da música.

Deméter – Divindade grega, conhecida como Ceres entre os romanos, filha de Cronos e Reia, mãe de Perséfone, com seu irmão Zeus. Acredita-se que já era adorada como divindade principal em civilizações anteriores. Deusa das colheitas, lavoura e fertilidade do solo, ensinava a arar a terra e a semear o trigo, criou a agricultura. É senhora dos ritos de mistérios em Elêusis.

Artêmis – Divindade grega, conhecida como Diana entre os romanos. Filha de Zeus e Leto, irmã de Apolo. Caçadora que com suas flechas prateadas evoca a natureza selvagem, vive na floresta e protege os animais.

Chloris – Divindade grega dos brotos e sementes, namorada de Zéfiro, divindade do Vento Oeste.

Bona Dea – Divindade romana da terra e fertilidade. É a "boa deusa" que traz abundância em alimentos.

Fauna – Divindade romana dos bosques e campos, irmã de Fauno.

Ops – Divindade romana dos grãos, semeadura, plantios e colheitas.

Cibele – Divindade romana da terra, "magna mater", "a grande mãe terra", senhora da vegetação e fertilidade. Aparece como uma mulher madura, seios fartos, coroada de flores e espigas de milho, vestida em uma túnica multicolorida. O templo de Cibele, em Roma, existia onde atualmente se localiza a Basílica de São Pedro.

Minerva – Divindade romana e etrusca, seu nome deriva de "mente". Regia a inteligência, a criatividade, a sabedoria e as habilidades domésticas. Protegia todos os que trabalhavam com atividades manuais e guiados pela "mente".

Tari Pennu – Divindade hindu da terra, trazia fertilidade e fartura nas colheitas.

Ki – Deusa suméria da terra, mãe de Enlil, o deus dos ventos e do ar.

Nisaba – Divindade sumeriana das artes do escriba, consorte de Nabo; protetora das escolas, professores e estudantes. Seu símbolo é o cálamo, um tipo de junco duro, usado para escrever, colocado sobre o símbolo de altar. Ela também era considerada a deusa protetora da agricultura, da vegetação ordenada e da mágica.

Uttu – Divindade sumeriana da terra e das plantas, filha de Enki e Ninkurra.

Zamiaz – Divindade persa da terra, "o gênio da terra", dos grãos e da fertilidade.

Armait – Divindade persa no panteão do Zoroastrismo, deusa da sabedoria e senhora da terra ou deusa da terra.

Nummu – Divindade sumeriana das plantas, filha de Enki.

Erce – Divindade eslava da terra, padroeira dos campos e plantações. Era oferendada despejando-se leite, mel, vinho e fubá nos campos e nos cantos da propriedade.

Zamyaz – Divindade persa da terra, chamada de "o gênio da terra". Evocada para dar fertilidade e prosperidade.

Mati Syra Zemlja – Divindade "mãe terra" nos países eslavos. Ela que provinha tudo que chegava da terra para seu próprio ventre. Em nome dela, eram feitos juramentos e promessas, pois a terra é a grande mãe de vida, força e poder.

Kait – Divindade hitita, guardiã das colheitas e padroeira da agricultura.

Ma Emma – Divindade estoniana, "mãe terra", era oferendada com leite, manteiga e lã ao pé de árvores velhas ou sobre lages.

Zeme – Divindade lituânia, "mãe terra", mãe de Meza Mate, mãe da floresta e Veja Mate, mãe do vento.

Xcanil – Divindade da terra na Guatemala.

Shekinah – Divindade hebraica dos grãos e da colheita, que trás a fertilidade na terra.

Zaramama – Divindade peruana dos grãos, era oferendada e representada por intermédio das espigas de milho.

Selu – Divindade dos índios seminoles, na Flórida, senhora da agricultura. Ensinou seus filhos a fertilizar a terra para que o milho pudesse crescer.

Akwin – Divindade da terra para os índios mescalero apaches.

Uke-Mochi-no-Kami – Divindade japonesa da agricultura e alimentos. Mãe de Waka-Saname-no-Kame, divindade dos brotos de arroz. Juntas são as responsáveis pela fertilidade da terra e eram oferendadas com arroz e brotos.

Pachamama – Divindade inca da terra, "a mãe terra", senhora das montanhas, rochas e planícies. Era a encarregada de propiciar a fertilidade nos campos.

Comentário: Trono Feminino do Conhecimento, Obá, divindade da terra que dá sustentação ao vegetal, uma mãe da terra. São muitas as divindades femininas da terra, evitei classificar aqui a mãe Geia e Reia, divindades gregas, entendendo que mitologicamente se mostram mais velhas que Obá, talvez mais próximas a Nanã Buroquê, e, no caso de Geia, o próprio princípio feminino do Universo. Geia e Urano são praticamente uma versão ocidental do *Yin-Yang*, princípios feminino e masculino da criação representados no *Tao* chinês.

Na Umbanda, Obá tem sido vista como Santa Joana D'Arc, embora pela história da santa possamos facilmente relacioná-la com Iansã e Oyá-tempo, nos faz lembrar que Obá também é uma divindade guerreira.

Trono Masculino da Justiça

Xangô, Zeus, Hórus, Agni, Shiva, Thor, Dagda, Adad, Hadad, Guerra, Ishum, Marduk, Ellil, Betoro Bromo, Al-ait, Bil ou Vil-kan, Taranis, Pan K'oan, Topan, Iahu, Tlaloc, Pachacámac, Comentário.

Xangô – Divindade de Umbanda, manifestação do Trono Masculino da Justiça, irradia justiça o tempo todo de forma passiva, não forçando ninguém a vivenciá-la, mas sustentando todos que a buscam. Elemento fogo, presente nas montanhas e pedreiras. Senhor dos trovões, Xangô é ainda simbolizado por uma balança (o equilíbrio da justiça) e o machado de dois cortes. Dentro ainda do simbolismo, podemos citar para Xangô a estrela de seis pontas, formada por dois triângulos, um que aponta para o alto e outro que aponta para baixo, simbolizando o equilíbrio do Universo, onde "o que está acima é como o que está abaixo", citado também por Hermes Trismegisto em sua *Tábua de Esmeralda*.

Cores: vermelho ou marrom. Pedras: jaspe vermelho ou marrom, pedra-do-sol, olho de tigre, ágata de fogo.

Zeus – Filho de Reia e Cronos, era conhecido como Júpiter entre os romanos. Deus do raio e do trovão, tornou-se a principal divindade do panteão grego por ter destronado seu pai, Cronos, e o forçado a devolver seus irmãos, que haviam sido engolidos pelo mesmo. Saindo vitorioso na batalha entre os deuses e os Titãs, dividiu o mundo em três partes, o mar para Poseidon, a terra para Hades e o céu para si. No topo do Monte Olimpo, ele controla tudo o que acontece na criação como rei dos deuses.

Hórus – Divindade egípcia, masculina, filho de Ísis e Osíris, nascido para fazer justiça à morte do pai, assassinado pelo irmão Set. Representado como um homem com cabeça de falcão.

Agni – Divindade masculina do fogo, Agni é o próprio fogo purificador. É um dos mais antigos e venerados deuses hindus. Faz parte ainda de uma trimúrti primitiva, revelando um triplo aspecto do fogo divino em suas manifestações: no céu, como Sol (Surya); na atmosfera, o ar (Vayu), como o raio; na Terra, o fogo sagrado. Por muitos é considerado uma trimúrti (Trindade) primitiva, anterior à atual (Brahma, Vishnu e Shiva).

Shiva – "O auspicioso", terceira pessoa na Trindade hindu (Brahma, Vishnu e Shiva), responsável pelo aspecto da destruição. Seu simbolismo não se atribui à morte, mas à purificação, à renovação ou à transformação. Existe uma forma de Shiva conhecida como "Nataraja", em que aparece dançando com uma roda de fogo à sua volta. É dito que de sua dança se dá o movimento do Universo aqui simbolizado pelo círculo de fogo. Conhecido como Mahadeva (O Grande Deus). Shiva é o senhor dos iogues que alcançam a iluminação em um processo de transformação por meio das práticas do Yoga. Shiva é ainda possuidor dos exércitos dos "demônios", consorte de Parvati e pai de Ganesh, "senhor dos exércitos" de Shiva, seu pai.

Thor – Divindade nórdica, masculina, do trovão e da justiça. Carrega seu martelo para fazer a justiça prevalecer sempre.

Dagda – Divindade celta, conhecida como o "bom deus" (dag, bom; dia, deus).

Adad – Divindade babilônica das tempestades. Controlador de canais de irrigação e filho de Anu. Deus dos relâmpagos, da chuva e da fertilidade. No épico de Gilgamesh, o deus dos ventos, trovões e tempestades.

Hadad – Divindade assíria. Tiglath-Pilesar I construiu um santuário para ele e Anu na capital Ashur. Hadad é frequentemente invocado em maldições, bem como em documentos especiais e privados, como figura de proteção e advertência para todos.

Guerra – Sumério Gibil, deus do fogo, assimilado com Erra e Nergal, filho de Anu e Anunitu.

Ishum – Deus do fogo e conselheiro de Erra. Assimilado com Hendursanga. Sábio ministro de Marduk no épico de Erra.

Marduk – Divindade babilônica, consorte de Zarpanitum. Protetor da agricultura, da justiça e do direito. Filho de Enki/Ea, pai de Nabu, criou ventos e tempestades como Zeus. Também lutou e venceu Tiamat para criar a ordem e o Universo. Personagem principal do mito da criação babilônica.

Ellil – Divindade sumeriana, o mais importante da geração mais nova dos deuses sumérios e acádios. Cultuado no apogeu da civilização sumeriana (3500 a 2050 a.C.), foi como Zeus. Seu templo se chamava "Morada da Montanha".

Betoro Bromo – Divindade indonésia do fogo. Cultuado na cratera do Monte Bromo, vulcão onde mora o deus.

Al-ait – Divindade fenícia do fogo, nome considerado muito antigo e místico.

Bil ou **Vil-kan** – Caldeu, Deus do fogo e de vários metais e armas, um dos filhos de Anu.

Taranis – Divindade celta do trovão, da raiz céltica taran, "trovejar".

Pan K'oan – Divindade chinesa que recebe as almas onde suas ações são investigadas e julga como as almas devem ser punidas.

Topan – Divindade japonesa que personifica a tempestade e o trovão.

Iahu – Divindade dos madianitas e quenitas. Conhecido também pelos arameus do norte da Síria como a divindade das terríveis tempestades de deserto.

Tlaloc – Divindade asteca, senhor do raio, do trovão, da chuva e do relâmpago.

Pachacámac – Divindade inca do fogo e filho do deus Sol.

Comentários: Trono Masculino da Justiça, Xangô, sempre se mostra acima das divindades locais, pois só assim mantém a imparcialidade, muitas vezes aparecendo como rei entre os deuses. O raio e o trovão comumente aparecem como instrumentos dessa divindade, já que impõem o respeito que é merecido à justiça divina. Na Umbanda, é sincretizado com São Jerônimo e Moisés, chegando a apresentar imagens que mostram São Jerônimo com as Tábuas da Lei de Moisés na mão.

Trono Feminino da Justiça

Egunitá, Héstia, Kali, Enyo, Sekmet, Brighid, Shapash, Lamashtu, Ponike, Pele, Si, Fuji, Sundy Mumy, Oynyena Maria, Ananta, Comentários.

Egunitá – Divindade de Umbanda, é o Trono Feminino da Justiça, absorve o desequilíbrio na justiça de forma ativa, reconduzindo o ser ao equilíbrio; cósmica, pune quem faz mau uso ou se aproveita dessa qualidade divina com más intenções. Fator purificador e energizador, divindade da purificação por meio do fogo. Também portadora de grande energia, transmite-a a quem dela precise.

Elemento fogo que absorve o ar. Assim como Iansã, ora faz par com Ogum (lei), ora faz par com Xangô (justiça). Também inflexível, é implacável contra as injustiças e os negativismos humanos, mostrando-se assim grande protetora daqueles que a merecem. É senhora da espada flamejante e tão racional quanto Xangô. Ponto de força, caminhos e pedreiras. Sua cor é o laranja. Pedra: ágata de fogo.

Héstia – Divindade grega, Vesta romana, muito antiga e adorada como deusa do lar. Está presente no fogo da lareira, que é o centro do lar, sem ela, não haveria nem a comida nem o calor que nos aquece no frio; ela é o próprio fogo. Protege a família e a ordem social, também evocada para dar os nomes às crianças.

Kali – Divindade hindu "negra" da destruição e purificação. Representa o elemento fogo, com sua língua roxa.

Não usa roupa, e seu corpo é coberto pelos longos cabelos negros. Usa um colar de caveiras, tem quatro braços e leva em cada mão armas de destruição e uma cabeça sangrando. É a devoradora do tempo.

Enyo – Divindade da guerra em seu aspecto de "destruidora", o que a remete a uma condição de divindade da purificação.

Sekmet – Divindade egípcia ("a poderosa"), traz em si as qualidades de purificadora dos vícios e esgotadora daqueles caídos no mal. Representada por uma mulher com cabeça de leoa encimada pelo disco solar, representando o poder destruidor do Sol, é aquela que usa o coração com justiça e vence os inimigos.

Brighid – Divindade celta do fogo, seu nome significa "luminosa". Filha de Dagda (o bom deus), tinha aspectos tríplices. Deusa da inspiração e poesia para os sacerdotes, protetora para os reis e guerreiros, senhora das técnicas para artesãos, pastores e agricultores. É também aquela que traz a energia, a motivação e a potência. Uma vida sem o calor de sua chama perde o sentido e torna-se insípida.
 Shapash – Divindade babilônica, deusa do Sol, a forma feminina de Shamash, muitas vezes chamada de "a tocha dos deuses".
 Lamashtu – Divindade sumeriana, "a filha do céu", deusa com cabeça de leão (assim como Sekmet), que possuía imenso poder destruidor e purificador.
 Ponike – Divindade húngara do fogo.
 Pele – Divindade havaiana guardiã do fogo, é padroeira do Havaí. É ainda a senhora das manifestações vulcânicas. Tem como morada o vulcão Kilauea.
 Si – Divindade russa, solar, evocada para punir quem quebrava juramentos.
 Fuji – Divindade japonesa do fogo vulcânico, padroeira do Japão. Habita o Monte Fuji-Yama, o mais alto do Japão, ponto de contato entre o céu e a terra.
 Sundy Mumy – Divindade eslava, "mãe do Sol", ela é quem aquecia o tempo e dava força a seu filho Sol.
 Oynyena Maria – Divindade eslava do fogo, "Maria do Fogo", companheira do deus do trovão.
 Ananta – Divindade hindu, senhora do fogo criador e da força vital feminina. Seu nome significa "o infinito", aparece como uma grande serpente e em muito se assemelha à serpente do fogo Kundaline, para muitos, também é uma divindade feminina do fogo.
 Comentário: O Trono Feminino da Justiça, Egunitá, sempre foi cultuado em várias culturas, como foi mencionado. A princípio, não é um Orixá muito conhecido entre os nagôs-iorubás africanos, mas essencial para completar todo um panteão de Umbanda. Sendo a mãe que purifica os males por meio de seu fogo, ou recorremos a ela ou nos tornamos carentes de sua presença nos momentos em que só uma mãe ígnea pode ajudar. Na Umbanda, é sincretizada com Santa Brígida, a santa do fogo perpétuo associada à Brighid celta ou Santa Sara Kali, padroeira dos ciganos que surge como "virgem negra" associada à Kali hindu.

Trono Masculino da Lei

Ogum, Ares, Indra, Vayu, Vishnu, Ganesh ou Ganapati, Kalki, Kartikeya ou Skanda, Twachtri, Odin, Lugh, Gushkin-bea, Panigara, Resheph, Zababa, Ninrud, Liu Pei, Kwan Kun, Maristin, Huitzilopochtli, Comentário.

Ogum – Divindade de Umbanda, é o Trono Masculino da Lei, irradia a lei o tempo todo de forma passiva, não forçando ninguém a vivenciá-la, mas sustentando todos que buscam a lei. Fator ordenador, Ogum é a lei de Deus em ação na vida das pessoas, aquele que absorve a força de Ogum consegue enxergar tudo de um ponto de vista ordenador; é assim que os caminhos se abrem, pois o sujeito passa a enxergar seus pontos falhos, e essa postura transmite confiança ao próximo.

Elemento ar (que controla o fogo), presente nos caminhos. Sua cor é o azul-escuro ou vermelho. Ogum é quem abre os caminhos e vence as demandas. Vemos em seu simbolismo a espada e o elemento ferro. Ogum mexe muito com o emocional, é uma natureza impulsiva. Pedras: quartzo azul, sodalita e hematita.

Ares – Divindade grega, Marte romano, filho de Zeus e de Hera, era a personificação do deus da guerra, considerado o pai de diversos heróis; amante de Afrodite, com a qual teve o filho Eros Hefaístos, marido de Afrodite, apanhou os amantes na cama com uma rede, tão forte que nem mesmo Ares pode romper. O temperamento de Ares chegava até a incomodar Zeus por dedicar tanto de seu tempo à guerra.

Indra – Divindade hindu da guerra, "chefe" ou "senhor", rei dos deuses, senhor dos Céus, controlador do relâmpago, sua arma é o raio empunhado com a mão direita; governa o tempo e manda a chuva. É o patrono dos nobres militares.

Vayu – Divindade hindu do vento, do ar e do prana. Divide seu poder com Indra, "o senhor do Céu" e "rei dos deuses".

Vishnu – É a segunda pessoa da Trindade hindu, responsável pela proteção, manutenção e preservação da criação. Da raiz "vis' ("estar ativo"), a palavra Vishnu significa "aquele que tudo penetra" ou "aquele que tudo impregna".

Sua consorte é a divindade Lakshmi, senhora da beleza, do amor e da prosperidade.

A partir de Vishnu surgem os avatares, encarnações divinas com a missão de restabelecer a ordem divina para a humanidade. É o grande mantenedor da ordem no Universo.

Ganesh ou **Ganapati** – Divindade hindu, senhor ("isa") das hostes ("gana") de seu pai, Shiva, ou "senhor das multidões de divindades inferiores a serviço de Shiva". É o "senhor dos exércitos". Ganesh é uma das divindades mais populares na Índia. É o filho de Shiva e Parvati. Costuma aparecer na entrada de templos e casas, sendo reverenciado antes das cerimônias. Deus da sabedoria e eliminador de obstáculos. Tem um dente quebrado, pois ele mesmo o quebrou para escrever os Vedas ("conhecimento", escrituras sagradas hindus). Aparece sempre ao seu lado um rato, como o desejo mantido sob controle. Seu auxílio é evocado ao começar novas empreitadas e no início dos livros.

Kalki – Divindade hindu, futura encarnação de Vishnu, guerreiro, vem montado em um cavalo branco e empunhando sua espada de fogo.

Kartikeya ou **Skanda** – Divindade hindu da guerra, filho de Shiva e irmão de Ganesh. Persegue os demônios em defesa do homem. Cavalga em um pavão, tem seis cabeças e 12 braços. Uma flecha, um raio e uma maça.

Twachtri – Divindade hindu com qualidades de ferreiro, fabrica o raio e as armas de Indra.

Odin – Divindade nórdica, é o senhor do panteão e pai de Thor. Aparece como o maior de todos os guerreiros. Muito parecido com o Zeus grego, embora sejam Tronos de qualidades diferentes, pois um é a justiça e o outro, a lei. Recebia no Valhala, com banquetes, todos os grandes guerreiros.

Lugh – Divindade celta, guerreiro que mais habilidades possuía. Sempre montado em seu cavalo com sua lança mágica à mão.

Gushkin-bea – Deus patrono da metalurgia.

Panigara (Pap-nigin-gara) – Deus guerreiro, assimilado por Ninurta.

Resheph – Deus sírio da guerra, com cabeça de gazela.

Zababa – Divindade sumeriana, guerreiro. Aparece no Período Sumério Antigo, e seu nome consta dos tempos pré-sargônidos. Foi um deus da cidade de Kish, um guerreiro posteriormente identificado com Ningirsu e Ninurta.

Ninrud – Deus guerreiro sumério, vencedor heroico de muitas vitórias, deus da agricultura e da fertilidade. Filho de Ellil. Assimilado com Ningirsu.

Liu Pei – Divindade chinesa que liderou um exército de voluntários para abafar uma rebelião e restaurar o império. Junto com Kuan Kung e Chang Fei, era adorado como divindade da honra e do dever, os três são companheiros e guerreiros.

Kwan Kun – Divindade chinesa, é o guardião e protetor da divindade Kwan Yin, senhor das artes marciais, aparece com muitos atributos, sempre muito bem armado.

Maristin – Divindade japonesa da guerra, em sua honra realiza-se anualmente um simulacro de combate.

Huitzilopochtli – Divindade asteca do Sol e da guerra, era uma das favoritas.

Comentário: Trono Masculino da Lei, Ogum, apresenta-se como o senhor da guerra ancestralmente. São muitas as divindades pagãs relacionadas ao fio da espada e à Lei Maior, o que nos fornece farto material para estudar essa natureza divina tão mal humanizada por nós. Na Umbanda, Ogum sincretiza com São Jorge Guerreiro.

Trono Feminino da Lei

Iansã, Themis, Atena, Astreia, Nike, Bellona, Justitia, Maat, Anat, Durga, Indrani, Valquírias, Maeve, Nehelenia, Irnini, Inanna, Andrasta, Mah, Daena, Anat, Rauni, Perkune Tete, Comentários.

Iansã – Divindade de Umbanda, é o Trono Feminino da Lei, absorve o desequilíbrio na lei de forma ativa, reconduzindo o ser ao equilíbrio; cósmica, pune quem faz mau uso ou se aproveita dessa qualidade divina com más intenções.

Fator direcionador, ajuda a encaminhar as pessoas, mostrando-lhes o caminho certo a seguir. O mais guerreiro de todos os Orixás femininos, atuando no sentido da justiça junto de Xangô e na lei com Ogum. Seu elemento é o ar que movimenta e sustenta o fogo, uma vez que Iansã é movimento o tempo todo.

Pedra: Citrino. Ponto de força: pedreiras. Sua cor é o amarelo.

Themis – Segunda esposa de Zeus, era uma Titânide da justiça e da ética, guardiã da balança. Conhecida por seus sábios e justos conselhos, chegou a ajudar Zeus quando este se casou com Hera.

Atena – Divindade grega, nasce já toda armada e crescida da cabeça de Zeus, carregava uma lança e um escudo. De todas as divindades gregas, Atena é uma das mais guerreiras.

Astreia – Divindade grega da justiça, vive no céu afastada da Terra pela maldade dos homens.

Nike – Divindade grega das vitórias equivalente à romana Victória.

Bellona – Divindade romana da guerra, da estratégia e da soberania territorial, evocada para decidir táticas, estratégias e negociações.

Justitia – Divindade romana, chamada em todos os juramentos e promessas.

Maat – Divindade egípcia, feminina, da justiça e da verdade, com sua pluma que costuma carregar na cabeça, mede o peso dos corações dos homens na balança de Anúbis; caso o coração seja mais leve que a pluma, trata-se de um nobre de espírito merecedor da luz, caso contrário... Maat era filha de Rá e esposa de Thoth.

Anat – Divindade egípcia da guerra, veste-se com a pele de pantera, segurando nas mãos um cetro e a Cruz Ansata ou o escudo e a lança.

Durga – Divindade hindu, "inacessível", guerreira, costuma aparecer montada em um tigre empunhando a sua espada com a qual venceu o "demônio Vasuki". Possui 12 ou 18 braços e em cada mão tem armas dadas pelos deuses. Ela é implacável contra os demônios, o que em nós representa principalmente nosso ego e ignorância.

Indrani – Divindade hindu, consorte de Indra, o deus da guerra, igualmente guerreira.

Valquírias – Divindades nórdicas guerreiras. Geurahod era a Valquíria que decidia a vitória nos combates. Essas guerreiras eram conhecidas pela luminosidade de suas armaduras, assim também chamadas "luzes do norte".

Maeve – Divindade celta, era uma das cinco filhas de Eochardh Feidhleach, rei de Connacht. Mulher de beleza "intoxicante" e "embriagante", forte, guerreira e estrategista. O festival pagão de Mabon era comemorado em sua homenagem. Deusa da guerra muito similar a Morrigan, fez com que seus guerreiros experimentassem as dores do parto. É rainha de Connacht, traz o poder feminino e da terra. Famosa por sua beleza e possessão sexual, teve muitos amantes, em sua maioria oficiais de seu exército, o que assegurava a lealdade de suas tropas. Muitos homens lutavam com toda a sua garra nos campos de batalha por uma possibilidade de receber seus favores sexuais.

Sempre aparecia montando cavalos selvagens e vivia cercada de animais. Cabelos ruivos, sempre andava com a espada e o escudo.

Nehelenia – Divindade celta guardiã dos caminhos. Protegia viajantes e abria os portais de mundos desconhecidos para o buscador por meio dos sonhos, conduzindo a uma viagem de iniciação interior.

Irnini – Divindade sumeriana da guerra assimilada por Ishtar.

Inanna – Divindade sumeriana, Ishtar babilônica. Como Inanna foi a deusa de Uruk, a portadora das leis divinas. Divindade do amor, da fertilidade e da guerra. Adorada por seu poder e força. Desposou o mortal pastor Dumuzi e o transfomou em rei de Uruk, o que tornou a terra fértil e próspera.

Andrasta – Divindade celta da guerra, chamada de "a invencível".

Mah – Divindade da guerra na Capadócia.

Daena – Divindade persa, guardiã da justiça, protetora das mulheres e condutora das almas.

Anat – Divindade mesopotâmica da guerra, da vida e da morte. Guerreira, virgem e mãe. Tendo se relacionado com muitos deuses, seu aspecto de virgem serve para lembrar que Anat é dona de sua sexualidade.

Rauni – Divindade finlandesa, senhora do trovão e esposa do deus do relâmpago.

Perkune Tete – Divindade eslava do trovão e do relâmpago.

Comentários: Trono Feminino da Lei, Iansã, assim como Ogum, é facilmente identificada entre os povos guerreiros em culturas menos patriarcais quanto à nossa atual. Na Umbanda, é sincretizada com Santa Bárbara, santa dos raios e trovões que aparece empunhando uma espada.

Trono Masculino
da Evolução

Obaluaiê, Caronte, Osíris, Rudra, Taliesin, Enki, Dumuzzi, Ninazu, Mimir, Shou Lao, Gtsitemo, Comentário.

Obaluaiê – Divindade de Umbanda, é o Trono Masculino da Evolução, irradia evolução o tempo todo de forma passiva, não forçando ninguém a vivenciá-la, mas sustentando todos que buscam evoluir. Fator transmutador. Orixá masculino que junto a Omolu reina no cemitério, por ser o senhor das almas. Também muito evocado como Orixá da cura, já que é senhor das transformações e das passagens; tem facilidade de levar do estado doentio ao estado saudável. Elemento terra, presente no mar e cemitério. Suas cores são o violeta ou branco e preto.

Obaluaiê: "Rei das almas do Ayê", "senhor das almas". É considerado um Orixá velho, ancião, coberto de palha da costa.

Caronte – Divindade grega, era o barqueiro velho e mal-humorado que atravessava o Rio Aqueronte, pelo qual todos os mortos tinham de passar para chegar ao mundo subterrâneo. Todos tinham de lhe pagar a viagem, e por isso os gregos punham uma moeda na boca de seus mortos.

Osíris – Divindade egípcia, masculina, das mais cultuadas; tendo vencido a morte e se tornando rei no mundo dos mortos, é sempre evocada na passagem desse mundo para aquele. Os faraós quando mumificados eram vestidos de Osíris para contar com sua proteção.

Taliesin – Divindade celta, o ancião senhor da sabedoria, da transmutação, da evolução e da magia.

Enki – Divindade sumeriana, "o senhor (En) da deusa terra" ou ainda "o senhor da terra", é filho da "velha mãe água", Namur. O deus mais antigo de origem suméria aparece também como assírio-babilônico, o deus da superfície terrestre. Deus da sabedoria e do renascer (purificação) pelas águas, o que acontecia nos rituais da "casa de batismo" ou de "lavagem".

Ele podia trazer os mortos à vida, pois dele era toda a fonte do conhecimento mágico da vida e da imortalidade. Foi chamado de Ea na Babilônia. Berossos, sacerdote babilônico tardio, 280 a.C., atribuía a Enki o nome de Oannes, que pode ser comparado com o grego Iõanes, o latino Johannes, o hebraico Yohanan, João, daí chegamos a João Batista e à ideia do renascimento pela água.

Dumuzzi – "Filho fiel", deus sumério, consorte de Inanna, irmão de Geshtin-anna, rei-pastor de Uruk, guardião do portal dos céus de Anu, junto com Gishzida, e pescador de Ku'ara. Passa metade do ano no mundo subterrâneo, depois da descida de Inanna e do acordo que fez com Ereshkigal. Nome pronunciado Du'uzi na Assíria; chamado Tammuzi, na Babilônia, e Adonis, na Grécia.

Ninazu – Divindade babilônica, Deus de Eshnunna. Templo chamado E-sikil e E-kurmah. Filho de Enlil e Ninlil, concebido durante a descida de Enlil e Ninlil ao mundo subterrâneo, pai de Ningishzida. Substituído por Tishpak como patrono de Eshnunna. Deus babilônico da cura, da mágica e dos encantamentos.

Mimir – Divindade nórdica, sábio enviado pelos Aesir aos Vanir para estabelecer uma trégua entre eles e que é morto pelos Vanir. Odin preserva sua cabeça e a coloca junto à fonte na base da raiz de Yggdrasill que mergulha em Jotunheim. A fonte fica conhecida como Fonte de Mimir, de cujas águas Odin bebe para adquirir sabedoria. Como pagamento, ele dá um dos seus próprios olhos.

Shou Lao – Divindade chinesa, seu nome significa "estrela da vida longa". Aparece como um velho calvo e sorridente, traz a longevidade, carregando um pêssego, símbolo da imortalidade e, às vezes, traz também uma cabaça, símbolo de prosperidade.

Gotsitemo – Divindade japonesa chamada para curar as moléstias.

Comentário: Trono Masculino da Evolução, Obaluaiê, aparece sempre como o detentor da sabedoria, facilmente encontrado nos mais velhos que já passaram pelas experiências da vida. Sempre nos auxilia a fazer as passagens entre realidades durante nossa evolução. Na Umbanda, é sincretizado com São Lázaro.

Trono Feminino da Evolução

Nanã Buruquê, Perséfone, Maia, Hécate, Shitala, Hell, Cerridwen, Ereshkigal, Befana, Baba Yaga, Madder-akka, Cailleach, Comentário.

Nanã Buruquê – Divindade de Umbanda, é o Trono Feminino da Evolução, absorve o que impede o ser de evoluir de forma natural. Cósmica, pune quem faz mau uso ou se aproveita dessa qualidade divina com más intenções. Fator decantador, ajuda a decantar nossos males e tudo o que mais atrasa nossa caminhada. Aparece como uma velha senhora, arquétipo da avó paciente e sábia. Elemento: água. Ponto de força nos lagos. Sua cor é o lilás.

Perséfone – Divindade grega (seus movimentos refletiam as estações do ano). Casada com Hades, filha de Deméter, tornou-se rainha do mundo subterrâneo.

Maia – Divindade grega, mãe de Hermes, avó de Pã, divindade de culto tão antigo que é considerada pré-helênica, anciã detentora de grande sabedoria e senhora da noite.

Hécate – Divindade grega, senhora dos mortos e da noite, tinha o dom de proteger contra os maus espíritos; era cultuada e oferendada nas encruzilhadas.

Shitala – Divindade hindu feminina da varíola, ligada, portanto, às doenças e à cura.

Hell – Divindade nórdica da região dos mortos. Aquela que reina sobre os abismos de Helheim e Niflheim. Antiga deusa da terra. Aparecia com partes do corpo infectadas por doenças.

Cerridwen – Divindade celta, senhora da noite e da magia. Cerridwen traz o arquétipo da velha senhora detentora da sabedoria antiga, que possui o caldeirão mágico no qual decanta suas poções.

Ereshkigal – Divindade sumeriana e babilônica, "rainha da grande terra", "rainha da terra", avó de Inanna em alguns mitos e sua irmã em outros. É a esposa de Gugalana e mãe de Ninazu. Deusa dos mortos, do mundo subterrâneo. Muitos hinos são dedicados a ela.

Befana – Antiga divindade da região itálica, representa a anciã que trazia presentes para as crianças e espantava os espíritos do mal.

BabaYaga – Divindade eslava, anciã, enorme velha com cabelos desgrenhados. Aparecia com pés e bocó de ave. Construía sua casa com os ossos dos mortos. Viajava montada em um socador de grãos. Tinha modos impetuosos, selvagens e penetrantes. Destruidora do que é superficial, eterno.

Madder-akka – Divindade finlandesa, "a velha". Mãe das deusas Juks--akka, Sar-akka, Uks-akka, padroeira dos partos e guardiã das almas das crianças até que elas estivessem prontas para encarnar.

Cailleach – Divindade celta, pouco conhecida, trazia as doenças, a velhice e a morte. É uma velha senhora ou bruxa. Guardiã do portal que leva aos períodos de escuridão do ano, é também a divindade evocada perante a morte e a transformação.

Comentário: Trono Feminino da Evolução, Nanã Buruquê, aparece para nós como uma avó, a velha senhora que tem a paciência e a sabedoria para nos ouvir. Na Umbanda, é sincretizada com Santa Ana.

Trono Feminino da Geração

Iemanjá, Tétis, Hera, Nereidas, sereias gregas, Parvati, Aditi, Danu, Moruadh, Mut, Aruru, Namur, Belet Ili, Nanshe, Frigga, Belat, Coatlicue, Yngona, Mama Cocha, Moruadh, Mariamma, Marah, Derketo, Mari Ama, Ilmatar, Annawan, Bachue, Comentário.

Iemanjá – Divindade de Umbanda, é o Trono Feminino da Geração; irradia geração o tempo todo de forma passiva, não forçando ninguém a gerar ou criar, mas sustentando todos que buscam "dar vida" e criar. Fator gerador ou "criacionista". Elemento água, presente no mar. Sua cor é o azul-claro. É a senhora da geração da criatividade. Podemos dizer que uma de suas qualidades mais marcantes é a de mãe.

Tétis – Divindade grega, forma com Oceano um casal de Titãs, filhos de Urano e Geia, são as primeiras divindades marinhas, sendo a maioria dos outros "deuses" e "deusas" do mar seus descendentes. Logo, Tétis, a titãneida, é a primeira das mães do mar, das águas primordiais.

Hera – Divindade grega, Juno romana, esposa mais ciumenta de Zeus, cujo casamento era o mais sagrado, que mostrava a importância da união. Deusa do casamento e do parto.

Nereidas – Divindades gregas, as nereidas são as filhas de Nereu com Dóris, a oceânide. São 50 nereidas, todas divindades marinhas. Frequentemente aparecem cavalgando no dorso de monstros marinhos. Seus nomes são: Ploto, "a nadadora"; Eucrante, "a que traz a realização"; São, "a salvadora"; Anfitrine, esposa de Posêidon e uma das divindades marinhas mais cultuadas; Eudora, "a dos bons presentes"; Tétis, traz qualidades muito parecidas com as de sua avó, esposa de Oceano, também chamada Tétis; Galena, "tempo calmo"; Glauce, "verde-mar"; Cimótoe, "ligeira como a onda"; Espeio, "a que mora em cavernas"; Toe, "a que se move depressa"; Halia, "a que mora no mar"; Passítea; Erato, "a que desperta o desejo" (nome também de uma das musas); Eunice, "a da vitória feliz"; Mélita; Eulimene, "a do bom porto"; Agave, "a nobre"; Doto, "a doadora"; Proto, "a primeira";

Ferusa, "a que traz"; Dinamene; Neseia, "a que mora nas ilhas"; Acteia, "a que mora nas costas"; Protomedeia, "a primeira soberana"; Dóris; Panopeia; Galateia; Hipótoe, "ligeira como uma égua"; Hipônoe, "selvagem como uma égua"; Cimódoce, "a que recolhe as ondas"; Cimatóloge, "a que apazigua as ondas"; Cimo, "a deusa da onda"; Ione, "a deusa da praia"; Halimede, "a deusa marinha do bom conselho"; Glaucônoma, "a que mora no mar verde"; Pontopereia, "a que viaja por mar"; Liágora; Evágora, "a eloquente"; Laomedeia, "soberana do povo"; Polínoe, "a que dá razão"; Autônoe, "a que dá inspiração"; Lisianassa, "a senhora redentora"; Evarne; Psâmate, "a deusa da areia"; Menipe, "a égua corajosa"; Neso, "a deusa da ilha"; Eupompe, "a da boa escolta"; Temisto, parecida com a grande Têmis; Prônoe, "a provida"; e Nemertes, "a veraz".

Sereias gregas – Divindades gregas aparecem frequentemente como filhas de Aquelo, "deus-rio", filho de Oceano e Tétis. As sereias gregas trazem o dom para a música, no canto e também no manejo da lira e da flauta, o que traz semelhança com as musas gregas. Entre as sereias gregas estão Himeropa, "aquela cuja voz desperta o desejo"; Telxiepeia, "a encantadora"; Agláope, "a da voz gloriosa"; Pisínoe, "a sedutora"; Partênope, "a virginal"; Leucósia, "a deusa branca"; e Ligeia, "a da voz brilhante".

Parvati – Divindade hindu, é a mãe divina em todos os aspectos, consorte de Shiva e mãe de Ganesh.

Aditi – Divindade hindu, mãe dos deuses no Rig-veda (1500-1000 a.C.), "sustentáculo das criaturas", "amplamente expandida". Mãe do deus Sol, Mitra, e do deus da verdade e ordem universal, Varuna; mãe também de Indra, o rei dos deuses.

Danu – Divindade celta "Água do Céu", a grande mãe, os descendentes de Dana e seu consorte Bile (ou Beli) eram chamados de "Tuatha Dé Dannan" (os filhos da deusa Dana). Do seu nome, vem a origem do Rio Danúbio, onde primeiro surgiram as raízes da cultura celta.

Moruadh – Sereia celta, corpo de mulher e rabo de peixe, cabelos verdes, nariz vermelho e olhos de porca. Os pescadores lhe ofereciam conhaque para trazer boa sorte no mar e para que ela não os prejudicasse também.

Mut – Divindade egípcia, "a mãe" em Karnak.

Aruru – Divindade babilônica, um dos nomes da grande deusa mãe na mitologia babilônica.

Namur – Divindade mãe sumeriana, mãe de Enki e Ereshkigal. Deusa dos mares, que criou o céu e a terra e gerou várias divindades quando a terra foi arrebatada ao céu.

Belet Ili – Divindade sumeriana, "senhora de todos os deuses", grande deusa mãe. Consorte de Enki. Divindade do útero e das formas. Ela criou inicialmente sete homens e sete mulheres, que, com o tempo, se tornaram a civilização conhecida.

Nanshe – Divindade mãe sumeriana festejada com procissões de barcos nas quais eram depositadas suas oferendas a serem entregues ao mar.

Frigga – Divindade nórdica, grande mãe da maioria dos deuses; uma das três esposas de Odin, Frigga é o aspecto mãe enquanto Freyja é o aspecto sensual, donzela.

Belat – Divindade caldeia, nome da esposa de Bel, é a "mãe dos grandes deuses" e "senhora da cidade de Nipur".

Coatlicue – Divindade asteca, mãe de todas as outras divindades. Usa uma saia de serpentes e é senhora da vida e da morte. Também adorada como mãe da Terra.

Yngona – Divindade dinamarquesa, é a grande mãe.

Mama Cocha – Divindade inca que teve seu culto largamente difundido, sendo cultuada não apenas pelos incas, mas por muitas outras tribos e culturas. É a mãe do mar e senhora dos peixes.

Moruadh – Divindade celta, sereia evocada pelos pescadores que lhe pediam que não rasgasse suas redes e não afundasse seus barcos. Tinha corpo de mulher, rabo de peixe, cabelos verdes, nariz vermelho e olhos de porca.

Mariamma – Divindade indiana, senhora do mar e de tudo o mais que ele representa e traz de benefícios a nós.

Marah – Divindade caldeia, senhora das águas salgadas, mãe que vem do mar.

Derketo – Divindade assíria, aparece como sereia, senhora da Lua e da noite, protetora dos animais que habitam o mar.

Mari Ama – Divindade do mar escandinavo.

Ilmatar – Divindade finlandesa da água, grande mãe criadora que está na origem de tudo.

Annawan – Divindade indonésia do mar.

Bachue – Divindade colombiana dos índios chibchas, seu nome quer dizer "grandes seios", junto com seu filho criou a humanidade.

Comentário: Trono Feminino da Geração, Iemanjá, divindade muito adorada e de fácil localização, pois, se não aparece relacionada ao mar, aparece como a grande mãe. Na Umbanda, quase não há sincretismo de Iemanjá, sendo sua imagem como Orixá de Umbanda muito conhecida. Pode ser sincretizada com Nossa Senhora dos Navegantes, aquela que protege os que vão ao mar.

Trono Masculino da Geração

Omolu, Hades, Yama, Anúbis, Arawn, Iwaldi, Tung-Yueh Ta-ti (Tong Yue Dadi), Mictlantecuhtli, Ah Puch, Comentário.

Omolu – Divindade de Umbanda, é o Trono Masculino da Geração, absorve a geração desequilibrada de forma ativa, paralisando o ser propenso a criar em desequilíbrio; cósmico, pune quem faz mau uso ou se aproveita dessa qualidade divina invertendo seu valor e levando a morte no lugar do nascimento da geração. Fator paralisador, ajuda a cessar ações negativas.

Elemento terra que estabiliza, presente nos cemitérios e no mar. Sua cor é o roxo ou as três juntas: branco, vermelho e preto.

Orixá masculino que reina no cemitério junto com Obaluaiê. Senhor da morte.

Hades – Divindade grega, Plutão romano, "o invisível", filho de Cronos e Reia, deus dos mortos que morava no mundo subterrâneo, casou-se com Perséfone, filha de Deméter. Possui ainda um cão de três cabeças chamado Cérbero, que desempenha a função de guardião do mundo subterrâneo, ficando no portão, evitando que os vivos entrem e assustando os mortos que chegam.

Yama – Divindade hindu masculina da morte, no *Ramayana* se passa por cachorro salvando Rama da morte.

Anúbis – Divindade egípcia masculina da morte. Considerado ainda o grande juiz dos mortos.

Arawn – Divindade celta da morte. Aparece sempre acompanhado de lobos brancos.

Iwaldi – Divindade escandinava, "o anão da morte", esconde a vida no fundo do oceano.

Tung-Yueh Ta-ti (Tong Yue Dadi) – Divindade chinesa do sagrado Monte Tai Shan e dirigente do mundo subterrâneo. É ele quem calcula, em um ábaco, o tempo de vida que cada um tem na Terra. Senhor da morte, é responsável pelo desencarne.

Mictlantecuhtli – Divindade asteca, "deus da morte", senhor de Mictlán, o reino silencioso e escuro dos mortos.

Ah Puch – Divindade maia da morte, senhor do reino dos mortos.

Comentário: Trono Masculino da Geração, Omolu, aparece como uma divindade pouco compreendida em seu mistério pelo temor que todos têm da morte, por não entenderem ser ela tão natural quanto o nascimento. Na Umbanda, é sincretizado com São Roque ou São Bento.

Outros Tronos...

Temos ainda Tronos de Deus que se manifestam com qualidades muito fortes em mistérios mistos, compostos, que se assentam em dimensões paralelas e de lá passam a nos sustentar. São apenas alguns que se manifestam. Podemos citar, por exemplo, os Tronos Tripolares ou Duais. São divindades que atuam a partir de três polos (positivo, negativo e neutralizador). Um desses Tronos é conhecido como Mehor-yê, é o Trono que sustenta o mistério do Orixá Exu. Mehor-yê atua em um mistério que se manifesta a nós como Trono da Vitalidade.

Trono Masculino da Vitalidade

Exu, Shiva, Hermes, Pã, Príapo, Dionísio, Min, Bes, Seth, Savitri, Lóki, Baal, Shulpae, Shullat, Kanamara Matsuri, Baco, Anzu, Comentário.

Exu – Divindade africana, nagô-iorubá, é o Trono da Vitalidade. Sendo um Trono Tripolar, ele vitaliza, desvitaliza ou neutraliza toda e qualquer ação.

O Orixá Exu tem origem nagô, é divindade fálica; age também no sentido do vigor físico e espiritual. Seu nome quer dizer esfera, mostrando ser uma divindade que atua em tudo e em todos os campos.

Considerado o mensageiro dos outros Orixás, Exu vitaliza ou desvitaliza qualquer um dos sete sentidos, sendo muito evocado e atuante pela abrangência de seu mistério.

O tridente, ferramenta de Exu na Umbanda, nunca teve conotação negativa, pelo contrário. O tridente sempre foi algo divino nas culturas pagãs anteriores ao Cristianismo, por isso a cultura católica fez questão de pregar o inverso: para facilitar a conversão de seus fiéis e fazer com que esquecessem os mistérios a que tinham acesso direto. Agora o único acesso a qualquer mistério estaria na mão de um sacerdote católico.

Podemos citar ainda os tridentes de Netuno, Posêidon e Shiva, entre outros. Esses tridentes mostram o valor divino concedido a eles; a Trindade; o alto, o meio e embaixo; céu, mar e terra; luz, sombra e trevas; pai, mãe e filho, etc. Na cultura católica, essa Trindade perde toda a sua relação com o tridente e aparece apenas como Pai, Filho e Espírito Santo, deixando de lado o elemento feminino, tão importante, que se concentrará na figura de Maria, mãe de Jesus.

Assim, Exu evoca seu mistério do vigor e o tridente já tão deturpado em nossa cultura, mas de grande valor como mistério divino, pois trás em si poder de realização, desde que manifestado da forma correta.

Shiva – Divindade hindu, tem como consorte (esposa) Parvati, que também se manifesta como Durga ou Kali. Pai de Ganesh, a quem deu o título de senhor dos exércitos de Shiva. Shiva reina sobre todos os seres "infernais" e "trevosos" e tem o poder destruidor e transformador. Shiva é o grande iogue, o Maha Deva (grande deus), todos vão à sua cidade natal, Varanasi, para passar os últimos dias de vida ao lado do Rio Ganges, assim depurando o carma para, ao desencarnar na cidade de Shiva, ficar livre da roda dos renascimentos, samsara. Shiva é fálico; nos seus rituais chamados Puja, o sacerdote Pujari faz oferendas em torno de um linga que representa o falo de Shiva. O linga é todo besuntado com iogurte e mel, que também fazem parte da oferenda. Shiva usa um tridente que representa seu poder trino, enquanto terceira pessoa, e lembra que onde está uma pessoa estão as três pessoas. O tridente também representa o poder no alto, no meio e embaixo.

Hermes – Divindade grega, filho de Zeus com a ninfa Maia, era o mensageiro dos deuses. Responsável por tudo o que se relacionasse com movimento, viagem, estradas, moeda e transações comerciais. Por isso aparecia sempre usando um chapéu de viajante e sandálias aladas. Na mão, levava uma varinha mágica feita de duas cobras enroscadas em uma haste.

Pã – Divindade grega, filho de Hermes, torso humano, pernas e chifres de bode, deus dos campos, dos pastores e dos bosques. Adorava a companhia de Sátiros, era bom músico, bom dançarino e adorava perseguir as ninfas. De voz aterradora, é a partir de seu nome que nos vem a noção de "pânico".

Príapo – Divindade grega, filho de Afrodite e Hermes, divindade fálica da fertilidade.

Dionísio – Divindade grega, filho de Zeus e de Sêmele, deus dos vinhos e folguedos, vagava por todo o país bebendo vinho e dançando sem parar. Teve seu culto inicial mais ligado aos aspectos de divindade da floresta; possuindo qualidades fálicas, foi deixando para trás sua natureza vegetal, lembrada apenas pelo vinho e videiras. Como divindade fálica, aparece com sobrenomes como Ortos, "O Ereto", e Enorques, "O Bitesticulado".

Min – Divindade egípcia, fálica, da abundância, da fertilidade, da força, do poder e do vigor.
Bes – Divindade egípcia, "deus da concupiscência e do prazer", de origem estrangeira, aparece de pé sobre um lótus; também é fálico.
Seth – Divindade egípcia, senhor do caos ou da desordem, transmite força, poder e vigor. Atua de forma tripolar e muitas vezes atuará no campo do Trono Oposto ao Trono da Lei, pois sua presença gera a desordem, bem como sua ausência beneficia a ordem divina.
Savitri – Divindade hindu, "su", raiz do nome ("estimular"), é o "estimulador de tudo".
Lóki – Divindade nórdica, irmão de Odin, é divindade de força e poder que muitas vezes direciona todo esse potencial de forma não compreensível. Incansável em suas ações, é em si o próprio mistério do vigor agindo de forma dual, ora positivo e ora negativo.
Baal – Divindade caldeia, cananeia e fenícia, "senhor" ou "esposo". Também é um deus fálico.
Shulpae – Divindade sumeriana com uma série de atribuições, incluindo fertilidade e poderes demoníacos.
Shullat – Divindade sumeriana, consorte de Hanish. Servo do deus Sol. Equivalente a Hermes, o mensageiro divino.
Kanamara Matsuri – Divindade japonesa, "falo de ferro", senhor da fertilidade, reprodução e sexualidade, trazia a fartura e a cura para a impotência e a esterilidade.
Baco – Divindade grega do vinho e da vindima, da devassidão e do alvoroço.
Anzu – Divindade babilônica, águia de cabeça de leão, porteiro de Enlil, nascido na montanha Hehe. Apresentado como o ladrão mal-intencionado no mito de Anzu, mas benevolente no épico sumério de Lugalbanda.

Comentário: O Trono Masculino da Vitalidade, Exu, tem sido muito mal compreendido desde que fomos dominados por uma cultura que vê a união carnal como pecado original. A região sacra do corpo humano tornou-se algo a ser escondido como vergonhoso. A fertilidade divina perde sua relação com o vigor físico, logo as divindades fálicas são mal compreendidas e facilmente associadas a algo negativo. Espiritualmente o órgão sexual, responsável pela concepção, geração, multiplicação e perpetuação da espécie, é divino, sem dúvida, sendo algo negativo a "bestialização" do que nos foi reservado para o amor. Logo, a vitalidade, o vigor e o estímulo são essenciais para a vida, pois são aplicados não apenas com conotação sexual, e sim em todos os campos da vida, pois uma pessoa desvitalizada ou desestimulada, rapidamente, vai perdendo a vontade de viver.

Entendemos assim que, como esse, muitos outros mistérios e Tronos de Deus são incompreendidos; nossos tabus e conceitos muitas vezes encobrem a visão do que é sagrado e divino em nossa vida.

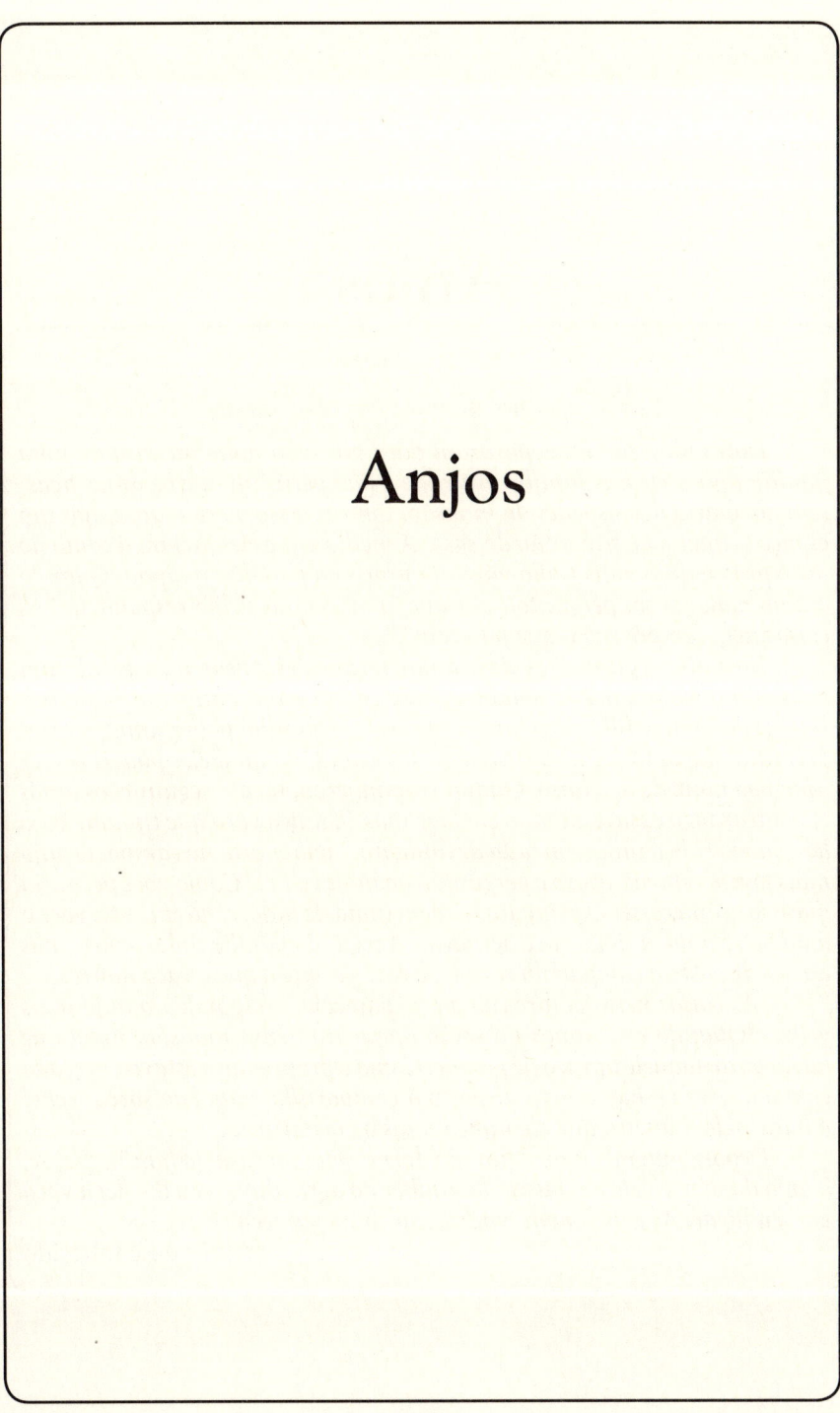

Anjos

Anjos

Dois Anjos

As coisas nem sempre são o que parecem!

Dois anjos viajantes pararam para passar a noite na casa de uma família muito rica. A família era rude e não permitiu que os anjos ficassem no quarto de hóspedes da mansão. Em vez disso, deram aos anjos um espaço pequeno no frio sótão da casa. À medida que eles faziam a cama no duro piso, o anjo mais velho viu um buraco na parede e o tapou. Quando o anjo mais jovem perguntou por que, o anjo mais velho respondeu: "As coisas nem sempre são o que parecem".

Na noite seguinte, os dois anjos foram descansar na casa de um casal muito pobre, mas o senhor e a sua esposa eram muito hospitaleiros. Depois de compartilhar a pouca comida que a família pobre tinha, o casal permitiu que os anjos dormissem na sua cama, na qual eles poderiam ter uma boa noite de descanso. Quando amanheceu, no dia seguinte, os anjos encontraram o casal banhado em lágrimas. A única vaca que tinham, cujo leite havia sido a única entrada de dinheiro, jazia morta no campo. O anjo mais jovem estava furioso e perguntou ao mais velho: "Como você permitiu que isso acontecesse? O primeiro homem tinha de tudo, e, no entanto, você o ajudou"; o anjo mais jovem o acusava. "A segunda família tinha pouco, mas estava disposta a compartilhar tudo, e você permitiu que a vaca morresse".

"As coisas nem sempre são o que parecem," respondeu o anjo mais velho. "Quando estávamos no sótão daquela imensa mansão, notei que havia ouro naquele buraco de parede. Como o proprietário estava obcecado com a avareza e não estava disposto a compartilhar sua boa sorte, fechei o buraco de maneira que ele nunca mais o encontraria.

Depois, ontem à noite, quando dormíamos na casa da família pobre, o anjo da morte veio em busca da mulher do agricultor. E eu lhe dei a vaca em seu lugar. As coisas nem sempre são como parecem".

Autor desconhecido

> *"Não vos esqueçais da hospitalidade, pela qual alguns, sem o saberem, hospedaram anjos".*
>
> Hebreus – 13:2

- **Miguel** ou **Mikael** (judeu) – "Aquele que é como Deus", chefe das hostes celestes, é o anjo que vence o mal, aparece empunhando uma espada e uma balança. Subjulga o mal abaixo de seus pés. Talvez seja o mais popular entre os anjos.
- **Gabriel**, **Gavriel** (judeu) ou **Jibril** (muçulmano) – "A força de Deus" ou "Deus é minha força", anjo da pureza, orientação e profecia. Citado no Antigo e no Novo Testamento, anunciou o nascimento de Jesus a Maria. Conhecido como Jibril pelos muçulmanos, foi ele quem "ditou" o Alcorão (Corão) a Maomé (Mohamed). É considerado no Islã como o "anjo da verdade".
- **Rafael** – "Deus cura" ou "a Medicina de Deus" ("a cura de Deus"). O que mais falar sobre Rafael? Ele é a cura, o anjo que age na Medicina celeste e material. Encontramos no Livro de Tobias uma descrição muito boa de sua atuação.
- **Uriel** – "Fogo de Deus" ou "luz de Deus".
- **Metatron** – (ou Metraton) "O trono ao lado do trono de Deus", "o trono de frente ao trono de deus" ou simplesmente "aquele que está de frente para o trono de Deus". Anjo que se encontra acima de todas as cortes de anjos, leva as orações da humanidade para Deus. Metatron e o seu irmão gêmeo, o anjo Sandalfon, tecem as preces em uma guirlanda de flores que é oferecida a Deus. Metatron é considerado o profeta Enoch e também é conhecido por ter 50 nomes na Cabala hebraica. Existe também uma tese de que ele poderia ter tido sua origem a partir do deus Mitra, que foi presente na Pérsia, Índia e Grécia, talvez tenha sido a divindade mais cultuada em número de culturas diferentes. Nessa teoria, o anjo Metraton ocuparia naturalmente a posição que antes pertencia ao seu antecessor, Mitra.
- **Sandalfon** – "Coirmão", anjo irmão gêmeo de Metatron, que, como ele, também teve uma encarnação humana: foi ele o conhecido profeta Elias. Anjo responsável por nosso mundo, o anjo do planeta Terra.
- **Azrael** (muçulmano) – "Aquele que Deus ajuda", o anjo da morte. Entre outras funções, também registra os nomes de todos que nascem e morrem.
- **Israfil** (muçulmano) – O anjo da música, que, no dia do Juízo Final, soará as trombetas. Acredita-se que Israfil foi companheiro

de Maomé durante três anos e ensinou-lhe muito do que era necessário para ele se tornar um profeta.

- **Anael** (**Hamiel**, **Hanel** ou **Onoel**) – Anjo do amor, da beleza, das artes, da natureza e da sexualidade.
- **Abadon** – Anjo exterminador, anjo do abismo, que levou ao extermínio os primogênitos dos egípcios. Em grego, seu nome é Apollyon.
- **Barakiel** – "Iluminação de Deus", ligado aos trovões e relâmpagos.
- **Camael** (**Camiel**, **Chamuel** ou **Kemuel**) – "Aquele que procura Deus" ou "aquele que vê Deus". Anjo da alegria e da beleza.
- **Jofiel** (**Iofiel** ou **Zofiel**) – "A beleza de Deus". Anjo da sabedoria, do conhecimento, da inspiração e da iluminação.
- **Raziel** – "O segredo de Deus", anjo do segredo, do conhecimento oculto. Também conhecido como anjo dos mistérios, é autor do *Sefer Raziel* (*Livro de Raziel*), um livro que traz as chaves dos mistérios de Deus.
- **Remiel** – Anjo que guia as almas depois que foram pesadas por Mikael.
- **Samael** – O veneno de Deus, anjo da morte, seu nome não é pronunciado nem evocado por judeus e cabalistas, pois ele é a manifestação da morte; pronunciar seu nome é atrair "o veneno de Deus".
- **Sariel** – Anjo que decide o destino dos outros anjos que por ventura venham a desviar do caminho certo. Também é um comandante de exércitos celestes.
- **Zadkiel** – "Retidão de Deus", anjo da misericórdia, do perdão e da tolerância. Uma lenda judaica diz que foi ele quem impediu Abraão de sacrificar seu filho, Jacó. Costuma aparecer com uma espada na mão direita. Junto com Jofiel, aparece como porta-estandarte atrás de Miguel, quando este vai para a batalha.
- **Arcanjo do Pensamento Certo** – Este é o anjo que levou Zoroastro à presença de Deus.
- **Lúcifer** – É um "anjo caído", criado pelo Catolicismo e que não existe na cultura judaica. Seu nome significa "o portador da luz". Era o anjo mais querido de Deus e caiu por vaidade. Seu nome é também a tradução latina para a divindade grega conhecida como Phosforos.

Esta lista acima foi compilada por mim e baseada nos anjos mais conhecidos; a seguir, apresento uma outra lista, maior, compilada por várias pessoas, que não tem uma autoria conhecida. Antes de colocá-la aqui, foi repassada em pesquisa, na qual alguns "anjos" foram suprimidos e nomes, corrigidos; alguns anjos se repetem para manter a integridade da lista:

A'albiel – Um anjo a serviço do arcanjo Miguel.

Abariel – Um anjo da magia cerimonial, usado em invocações. Seu nome também é encontrado inscrito no segundo pentáculo da Lua.

Adnaquiel – Este é o anjo que tem o domínio sobre o signo solar de Sagitário. Os nascidos sob este signo podem pedir a Adnaquiel uma proteção especial e bênçãos. Todos podemos orar a esse ente reluzente pelos dons espirituais da independência, honestidade e gregarismo.

Af Bri – Anjo que exerce controle sobre a chuva.

Afriel – A sabedoria angélica tradicional nos informa que esse ser de luz protege a vida jovem. Considera-se também que proteja aquilo que é jovem e em desenvolvimento dentro de nós, qualquer que seja nossa verdadeira idade. Afriel concede a juventude, o vigor e a vitalidade e é invocado por esses dons e atributos.

Aftiel – O anjo do lusco-fusco.

Ahadiel – Protetor angelical da lei.

Alimon – Um grande príncipe que, quando invocado, protege o invocador contra feridas de balas e instrumentos afiados. Seus ajudantes são os anjos Reivtip e Tafthi.

Amatiel – Amatiel tem o domínio sobre a estação da Primavera. Fazemos apelo a esse anjo renovador para plantar as sementes da esperança, renascimento, novos inícios e expectativas positivas em nosso coração e mente.

Ambriel – Este anjo inspira a comunicação clara para que possamos falar melhor nossa própria verdade, além de delicadamente guiar os seres humanos para um período em que a verdade e a clareza serão a regra universal. Ambriel também é considerado um anjo de proteção geral. Rege o signo solar de Gêmeos e o mês de maio. Os nascidos sob esse signo oram a Ambriel por bênçãos especiais e proteção.

Anael – Um dos sete anjos da criação. Príncipe dos arcanos e regente dos anjos da sexta-feira. Anael exerce domínio sobre o planeta Vênus. É um dos luminares relacionados à sexualidade humana e governa o segundo Céu, onde está encarregado da oração que ascende do primeiro Céu. Além disso, ele controla os reinos e reis da Terra e tem domínio sobre a Lua.

Anfial – Um dos 64 anjos guardiões dos salões celestiais.

Angerecton – Um anjo invocado em ritos mágicos, especificamente na invocação da fumigação.

Aniel – Um dos diversos guardas angelicais dos portões do Vento Oeste.

Anixiel – Um dos 28 anjos que governam as 28 mansões da Lua.

Antriel – Este é um anjo de equilíbrio e harmonia. Invocamos Antriel para que nos ajude a permanecer em equilíbrio, levando a vida com moderação. Antriel nos ajuda a manter a calma em todos os momentos. Aqueles que facilmente se desequilibram e se enchem de ansiedade oram a Antriel por equilíbrio.

Arariel (Azareel, Uziel) – O anjo que "cura" a burrice. Um dos sete anjos com domínio sobre a Terra. Arariel é especificamente um anjo que preside as águas da Terra (de acordo com os talmudistas). É invocado pelos pescadores para que eles tenham a sorte de apanhar peixes grandes.
Arbatel – Um anjo que revela.
Arel – Um anjo do fogo. Seu nome está inscrito no sétimo pentáculo do Sol. Ele também pode ser invocado em magia ritual.
Arias – Anjo das ervas de aroma doce.
Arqueiro – Um espírito que governa o signo de Aquário.
Asasiel – Anjo da quinta-feira, que divide a regência com Saquiel e Cassiel. Asasiel é também um dos espíritos que presidem o planeta Júpiter.
Ashriel – Um dos sete anjos com domínio sobre a Terra. Ele é o anjo que separa a alma do corpo no momento da morte. Também pode ser invocado para curar a burrice.
Assiel – Anjo da cura.
Atafiel – Um anjo que sustenta o Céu com três dedos.
Ataribe – Um dos quatro anjos do inverno e chefe do signo do inverno.
Atel – Um anjo do quarto Céu. Também um anjo do lar, que rege no dia do Senhor evocado do Leste.
Atuesuel – Um dos oito anjos da onipotência. É invocado para "fumigar os monstros do inferno".
Ayibe – Espírito do planeta Vênus cujo nome está inscrito no quarto pentágono desse planeta.
Azer – Anjo do elemento fogo.
Baraquiel – Este anjo benevolente concede o sucesso, a boa fortuna e excelente sorte aos mortais que oram a ele. Também inspira a jovialidade e o senso de humor. Quando oramos a esse anjo regularmente, descobrimos que nos enchemos de felicidade, nosso coração se expande e abrimos espaço para que esse anjo de boa fortuna possa entrar.
Barbiel – Anjo de outubro.
Barquiel – Este anjo preside os signos solares de Escorpião e Peixes. Os que nasceram sob esses signos podem orar a Barquiel por uma proteção especial e bênçãos brilhantes. Todos podemos orar a esse ser iluminado para que nos inspire a ser mais compassivos e nos ajude a desenvolver a força interior e a vontade de curar nós mesmos e os outros. Este anjo também concede a profundidade emocional e a consciência.
Bathor – Um dos sete espíritos olímpicos, conhecidos como administradores ou eleitores do Céu.
Blaef – Um anjo do ar e da sexta-feira, vassalo do Vento Oeste.
Boel (Deus está nele) – Um dos sete exaltados Tronos, residente no primeiro Céu. Boel detém as quatro chaves dos quatro cantos da Terra. Ele também governa o planeta Saturno.
Caliel – Um dos Tronos que serve no segundo Céu, invocado para trazer auxílio imediato durante a adversidade.

Camael – Um anjo que preside a beleza, a alegria, a felicidade e o contentamento. Concede esses dons aos que oram a ele. Qualquer de nossas atividades que imitem este anjo, tal como trazer a alegria aos outros, atrai as energias camaélicas para a nossa vida e nos envolve em asas de felicidade. Oração essênia: "Camael, anjo da alegria, desce sobre a Terra e dá a beleza a todas as coisas".

Cambiel – Este anjo preside o signo solar de Aquário. Os nascidos sob esse signo podem orar a Cambiel por proteção especial e bênçãos luminosas. Todos oramos a esse ente resplandecente por maior inteligência e coragem para pensar de forma não convencional.

Cambill – Anjo da oitava hora da noite.

Caracasa – Anjo da Primavera junto com Coré, Amaciel e Comissoros.

Cassiel – Regente do sábado. O anjo das solidões e prantos que "comprova a unidade do reino eterno". Cassiel é um dos regentes do planeta Saturno e também é o príncipe governante do sétimo Céu. É um dos Sarim (príncipes) da ordem das potências. Algumas vezes aparece como anjo da temperança.

Catetel – Este anjo guardião do jardim melhora o crescimento e o vigor dos vegetais e frutos e os mantém saudáveis e viçosos. Catetel inspira a raça humana a amar e apreciar todos os seres da natureza. Quando adquirimos respeito e reverência pela natureza, podemos também chegar à harmonia com nossa própria natureza.

Chabalym – Um serafim ou querubim invocado em ritos mágicos cabalísticos.

Chaldkydri – Arcanjos dos elementos voadores do Sol. Ligados às fênices, localizam-se entre os querubins e os serafins. Têm 12 asas e, ao nascer do Sol, irrompem em canto. Residem no quarto Céu.

Chamuel – Este anjo nutre a tolerância no coração humano, inspirando em nós a percepção de que, para amar os outros, precisamos amar nós mesmos. Chamuel nos ajuda a deixar de lado atitudes críticas em relação aos outros e desenvolver uma visão mais tolerante de nossos próprios defeitos.

Charbiel – Anjo nomeado para "reunir e secar todas as águas da Terra".

Charms – Anjo da nona hora do dia.

Chasan – Anjo do ar. Seu nome está inscrito no sétimo pentáculo do Sol.

Chaylon – Um querubim ou serafim invocado em magia ritual.

Cheriour – Um "anjo terrível" encarregado da punição ao crime e perseguição de criminosos.

Chosniel (**Cover**) – Anjo invocado para conferir uma boa memória e coração aberto.

Chuva – Os anjos que têm domínio sobre a umidade e a chuva podem ser conclamados repetindo-se seus nomes como um cântico: "Matariel, Ridia,

Matriel". Esses anjos protegem especialmente as pessoas que conservam a água e podem inspirar os humanos a fazê-lo. Também oramos a esses entes sagrados por renovação e regeneração.

Corabael – Um anjo da segunda-feira que reside no primeiro Céu e é invocado no Oeste.

Corat – Um anjo do ar e da sexta-feira, invocado no Leste, residente do terceiro Céu.

Dalquiel – Um dos três príncipes do terceiro Céu. Os outros dois são Jabniel e Rabacyal. Todos regem o fogo sob a etnarquia de Anael.

Damabias – Anjo da ordem dos anjos com domínio sobre a construção naval.

Damael – Anjo da terça-feira, residente do quinto Céu. É evocado no Leste.

Degaliel – Anjo cujo nome é inscrito no terceiro pentáculo do planeta Vênus.

Dina – Quando o mundo foi criado, Dina ensinou aos humanos setenta línguas diferentes. Este anjo orientador e doutrinador inspira a raça humana a buscar a sabedoria, o conhecimento e o amor pelo aprendizado.

Diniel – Um dos 70 amuletos para a cama das crianças. Também é um anjo de feitiço na "amarração da língua do regente".

Donel – Um dos diversos guardas angelicais do Vento Sul.

Eheres – Anjo invocado no exorcismo da cera.

Eiael – Anjo com domínio sobre as ciências ocultas e a longevidade. Quando Eiael é invocado, o invocador deve recitar o quarto verso do Salmo 36.

El Auria – Anjo da chama, equiparado a Ouriel ou Uriel.

El El – Um dos guardas angelicais do Vento Norte.

Elimiel – Na Cabala judaica, o anjo (inteligência espiritual) da Lua.

Eloa – Um anjo feminino supostamente nascido de uma lágrima de Jesus.

Enejie – Anjo do selo usado e invocado em ritos mágicos.

Eth (tempo) – Uma potência angelical, um anjo de ministério, encarregado de cuidar para "que todos os eventos ocorram na hora determinada".

Ezgadi – Nome de anjo usado em ritos de conjuração para a boa conclusão das viagens.

Faiar – Um anjo invocado na conjuração do junco.

Faldor – Um anjo de oráculos.

Faquiel – Controla o signo de Câncer no Zodíaco.

Famiel – Anjo do ar e da sexta-feira. Famiel serve no terceiro Céu e é evocado no Sul.

Fanuel (esperança) – Anjo da esperança, tem o demônio em seu poder. A esperança é um sentimento de confiança e um desejo de bem, acompanhada pela suposição de que o desejo pode ser realizado.

Farniel – Anjo da 12ª hora do dia.
Fatiel – Anjo da quinta hora da noite.
Fromzon – Anjo da terceira hora da noite.
Gabriel – Este arcanjo é um dos principais mensageiros de Deus, que traz anúncios e revelações divinas à humanidade, agindo como intermediário entre Céu e Terra e ajudando-nos a interpretar sonhos e visões. Gabriel realiza os desejos e esperanças dos mortais, assim como alegria, misericórdia, compreensão de mistérios, verdade, justiça, milagres e amor. Oração essênia: "Gabriel, anjo da vida, entra em meus membros e traz a força a todo o meu corpo". Gabriel é o anjo do Oeste e do elemento água.
Galearii (servos do exército) – Os Galearii são os anjos de mais baixo escalão.
Gargatel – Um dos três anjos do verão. Age em associação com Tariel e Gaviek.
Gazardiel – Anjo que tem o domínio sobre o Sol levante. Oramos a esse ente iluminado pela promessa de novos inícios, inocência, renovação, despertar e iluminação. Fique de frente para o Sol nascente de manhã e ore a esse anjo por esses dons e atributos espirituais.
Gedarias – Um dos anjos supervisores do terceiro Céu. Tem seu ministério três vezes ao dia; atende às orações que ascendem do segundo Céu, coroa essas orações e as transmite para que continuem a ascender.
Geliel – Um dos 28 anjos que governam as 28 mansões da Lua.
Geno – Um anjo da ordem das potências.
Getel – O anjo que governa as coisas ocultas.
Giel – Anjo com domínio sobre o signo de Gêmeos.
Glauron ou Glaura – Um espírito benéfico do ar, invocado no Norte.
Gmial – Um dos 64 guardiões dos sete salões celestiais.
Gonael – Um dos diversos guardas dos portões do Vento Norte.
Gradiel (poder de Deus) – O anjo do planeta Marte quando este luminar entre os signos de Áries e Escorpião.
Habbiel – Um anjo da segunda-feira, residente no primeiro Céu. É invocado por amor leal e romance nos feitiços de amor.
Hacamias – Um dos querubins (invocado contra os traidores) e guardião da França.
Hadaquiel – Governa o signo de Libra.
Hafaza – Existem quatro desses anjos. Eles protegem os homens de djins, de outros homens e de Satanás. Seu trabalho é escrever as ações dos mortais.
Hakem – Um guarda angelical com posto no quarto salão celestial.
Halliza – Nome do anjo que aparece no círculo eterno do pentagrama de Salomão.
Haludiel – Anjo do quarto Céu, invocado no Dia do Senhor, com o invocador voltado para o sul. Haludiel também é uma inteligência do Sol.

Hamied (milagres) – O glorioso anjo dos milagres. Ele é de um branco tão ofuscante que só é possível ver seus incríveis olhos. Ao sentir que sua presença o envolve, abra o coração para receber seu dom de amor intenso.

Hannuel – Anjo que tem domínio sobre o signo de Capricórnio.

Hantiel – Anjo da terceira hora do dia.

Harahel – Este anjo radiante protege bibliotecas, escolas e universidades. Abre nosso coração e mente para novas ideias e inspira a humanidade a usar esse conhecimento de modo a favorecer a vida.

Harviel – Um guarda angelical com posto no segundo salão celestial.

Hasmed – Anjo da aniquilação e um dos cinco anjos da punição que Moisés encontrou no Céu.

Hasmodia – Um espírito da Lua invocado em magia talismânica.

Haven – Um dos 12 gênios que presidem as 12 horas do dia. Haven é o gênio da dignidade.

Hayyel – Protege os animais selvagens junto com Turiel, Mtniel e Jehiel. Ore a eles para que protejam os animais da extinção. Hayyel ensina a humanidade que, assim como os anjos nos protegem, nós fomos criados para proteger a natureza. Ore a esse anjo para inspirar os humanos a se tornar os guardiões da natureza que devem ser.

He'el – Regente das estações do ano.

Helemmelek – Anjo que governa uma das estações. Diz-se que seu nome é uma inversão de Milquiel.

Helison – Um dos cinco anjos da primeira altitude. Os outros quatro são Alimiel, Gabriel, Baraquiel e Lebes. Ao ser invocado, Helison aparece carregando um pendão adornado com uma cruz escarlate, coroada de rosas.

Hismael – Espírito do planeta Júpiter.

Hizquiel – Um dos diversos guardas do portão do Vento Norte.

Hngel – Anjo do equinócio de Verão e eficaz contra o mau-olhado.

Hodniel – Anjo que tem a reputação de poder curar a burrice no homem.

Husael – Anjo que serve no terceiro Céu.

Iacoajul – Anjo da 11ª hora da noite.

Iadara – Anjo que governa o signo de Virgem.

Iahmel – Anjo com domínio sobre o ar.

Iax – Anjo que, invocado, pode debelar os distúrbios estomacais e a inveja.

Iciriel – Um dos 28 anjos que regem as 28 mansões da Lua.

Idrael – Um dos guardas angelicais do quinto salão celestial.

Iedidiel – Um anjo chamado na invocação ritual.

In Hii – Um dos anjos da Estrela do Norte.

Irel – Um anjo residente do quinto Céu. Rege a terça-feira e é invocado no Oeste.

Irin (sentinelas ou sagradas sentinelas) – Anjos gêmeos que residem no sexto Céu. Os Irin constituem o conselho supremo de julgamento da corte celestial. Estão entre os oito exaltados hierarcas que gozam de um escalão superior ao de Metatron, considerado um dos maiores anjos a serviço de Deus. De acordo com Daniel, 4:17, os Irin são sentinelas. Diz-se que "cada um dos Irin é igual ao resto dos anjos e príncipes somados".

Ismoli – Anjo administrador. Regente dos anjos do ar que agem na segunda-feira.

Israfel – Este anjo da música inspira as pessoas a cantar, tocar instrumentos musicais e compor música. Ore a ele para aumentar seu talento nessa área. Ele também estimula a renovação, a ressurreição e a regeneração.

Itkal – Como um anjo que preside à cooperação e à afeição, fazemos apelo a Itkal para criar relações harmoniosas entre as pessoas.

Itqal – Um anjo de afeição. Evocado em casos de dissensão entre seres humanos.

Jael – Um dos querubins gêmeos no Assento da Misericórdia da Arca da Aliança, sendo o outro Zarall. Jael é o anjo que governa o signo de Libra.

Jeduthun ou **Jeduthum** (louvor ou julgamento) – Ele é o senhor dos coros noturnos do Céu. Como mestre dos gritos, conduz miríades de anjos na execução de hinos de louvor a Deus no fim de cada dia.

Jeliel – Um serafim cujo nome está inscrito na Árvore da Vida. Ele é o príncipe celestial regente da Turquia. Controla o destino de reis e outros altos dignitários e entrega a palma da vitória àqueles que são injustamente atacados ou invadidos. Além disso, inspira paixão entre os sexos e garante a fidelidade marital.

Joustriel – Anjo da sexta hora do dia.

Jukar – Um príncipe acima de todos os anjos, de acordo com Mathers.

Kabniel – Um anjo invocado para curar a burrice.

Kabshiel – Anjo que, ao ser conjurado, confere graça e poder se estiver de acordo com quem o invoca.

Kadi (el) – Um anjo da sexta-feira invocado no Oeste e que serve no terceiro Céu.

Karoz - Karoz são "anjos repórteres".

Katzfiel – Um príncipe angelical da espada e guarda do sexto Céu. A espada de Katfiel emite o relâmpago.

Kfial – Um dos 64 anjos guardiões dos sete salões celestiais.

Kokaviel – Nome do anjo inscrito no terceiro pentáculo do planeta Mercúrio.

Kutiel – Um anjo invocado no uso de bastões de adivinhação.

Kyriel – Um dos 28 anjos que governam as 28 mansões da Lua.

Larzod – Um dos "anjos gloriosos e benevolentes" invocados nos ritos salomônicos de conjuração para conceder ao invocador parte da sabedoria do Criador.

Lazai – Um anjo invocado no exorcismo de fogo.

Lelahel – Um anjo do Zodíaco que exerce domínio sobre o amor, a arte, a ciência e a fortuna. Fazemos apelo a esse ser de luz para obter boa sorte e boa fortuna.

Leliel – Um dos regentes angelicais da noite.

Lepha – Anjo do selo.

Liwet – Este anjo preside às ideias de vanguarda e invenções. Protege especialmente os mortais que têm ideias e pensamentos originais e também estimula muito a individualidade e a singularidade.

Luel – Anjo invocado no uso de bastões de adivinhação.

Mach – Anjo invocado nos ritos salomônicos de conjuração para tornar o invocador invisível.

Madan – Anjo que exerce domínio sobre o planeta Mercúrio.

Mael – Um arcanjo que rege a água. Também é uma das inteligências do planeta Saturno e um anjo da segunda-feira que vive no primeiro Céu. Pode ser invocado no Norte.

Mahariel (ligeiro) – Anjo do paraíso com posto no primeiro portal. Dá novas almas aos purificados.

Mahzian – Um espírito que concede a visão.

Maion – Anjo com domínio sobre o planeta Saturno.

Maktiel – Anjo com domínio sobre as árvores.

Maltiel – Um anjo da sexta-feira residente no terceiro Céu e invocado no Oeste. Também é uma das inteligências do planeta Júpiter. Maltiel é o anjo preceptor de Elias e é um dos numerosos guardas do Vento Oeste.

Manakel – Anjo dos animais aquáticos.

Manu – Anjo do destino.

Mehiel – Anjo que protege professores universitários, oradores e escritores.

Melioth – Um dos nove anjos que percorrem juntos as terras e os céus.

Melkajal – Regente angelical de março.

Memuneh (nomeado) – Anjo deputado, distribuidor de sonhos. Diz-se que, por meio de Memuneh, o Universo opera.

Meriarijim – Principal anjo oficial da noite.

Metatron – Está encarregado do sustento da humanidade. É conhecido como a ligação entre o humano e o divino. O anjo que lutou com Jacó (Gênesis 32), como o vigia (Isaías 20). Há também referência a Metatron em Êxodo 23:20. De acordo com a Cabala, seria o anjo que guiou os filhos de Israel pelo deserto. Seu equivalente feminino é a Shekinah. Seu irmão gêmeo é Sandalfon.

Depois de chegar ao Céu, foi transformado em um espírito de fogo e equipado com 36 pares de asas, além de inumeráveis olhos. Reside no sétimo Céu e, quando evocado, aparece como um pilar de fogo mais ofuscante que o Sol. Tem muitos outros nomes. Também se diz que teria sido o autor de Salmos 37:25. É o anjo supremo da morte ao qual Deus dá diariamente as ordens quanto às almas a serem levadas. Daí ele delega essas ordens a seus subordinados, Gabriel e Samal. Metatron é considerado por alguns mais poderoso que Miguel ou Gabriel. É o preceptor das crianças mortas prematuramente no paraíso.

Micah (plano divino) – Cuida da evolução espiritual, em busca de qualquer oportunidade para revelar os próximos passos da missão de sua vida.

Midael – Chefe e capitão do exército celestial. Um anjo da ordem dos guerreiros.

Miguel – Um anjo que opera milagres, encoraja a misericórdia, o arrependimento, a verdade, a santificação, a bênção, a imortalidade, a paciência e o amor à humanidade. Este arcanjo protege aqueles que são justos e bons. Ele fortalece nossos espíritos nos momentos difíceis. Ore a Miguel para obter esses dons e virtudes. Oração essênia: "Miguel, anjo da Terra, entra em meus órgãos geradores e regenera todo o meu corpo". Ele carrega a espada flamejante de Deus e foi o arcanjo que expulsou Lúcifer do Céu.

Miniel – Um grande anjo, cuja principal virtude é o poder, quando invocado, de induzir o amor em uma donzela antes fria e relutante. Para melhores resultados, o invocador deve estar voltado para o sul.

Mizan – Um anjo invocado nos ritos de encantamento arábicos.

Mizgitari – O gênio das águias. Serve à sétima hora do dia.

Moakkibat – Na religião muçulmana, Moakkibat é o anjo dos registros. Ele escreve as atividades humanas.

Modiniel – Um dos espíritos do planeta Marte.

Morael – Um anjo do espanto ou do medo. Rege agosto e setembro. Tem o poder de tornar tudo invisível.

Munkir e **Nakir** – De acordo com a tradição islâmica, Munkir e Nakir são os anjos que interrogam a pessoa no túmulo. Eles visitam as tumbas daqueles que morreram recentemente. Devem determinar para onde o falecido vai, ao paraíso ou ao inferno. Fazem perguntas sobre as crenças religiosas do indivíduo e também sobre suas boas ou más ações na Terra. Aos bons, é mostrado como a vida será no paraíso. Aos maus, os tormentos do inferno.

Mupiel (da boca de Deus) – Anjo invocado para obter uma boa memória e coração aberto.

Murdad – Anjo de julho, que também governa o sétimo dia do mês. Murdad algumas vezes é comparado com o anjo Azrael (ele separa a alma do corpo no momento da morte).

Mutuol – Anjo invocado na consagração da Pena & Tinta, um poderoso instrumento para a amarração de maus espíritos ou seu exorcismo.

Naadame – Príncipe acima de todos os anjos e Césares.

Nafriel – Guarda angelical dos portões do Vento Sul.
Nahaliel – Anjo dos rios.
Naoutha – Anjo do sudoeste.
Nariel - Nariel governa o Vento Sul. Também é regente dos ventos meridionais.
Natiel – Anjo que tem o poder de proteger do mal, cujo nome foi encontrado no patuá chamado *kamea*.
Nehinah – Anjo invocado nas operações de necromancia.
Neriel - Um dos 28 anjos que governam as 28 mansões da Lua.
Nesanel – Junto com os anjos Meachuel e Gabriel, é invocado para libertar ou purgar o invocador de todo o pecado.
Nitika – Um gênio das pedras preciosas que preside a sexta hora do dia.
Noafiel – Anjo cujo nome está inscrito em caracteres hebraicos no quinto pentáculo do planeta Saturno. Ao conjurar Noafiel, o invocador é aconselhado (para melhores resultados) a recitar um versículo do Deuteronômio 10.
Och – Anjo do Sol. Och dá ao invocador 600 anos de saúde perfeita (se ele viver por tanto tempo). Também é o regente de 28 das 96 províncias olímpicas nas quais o Céu está dividido. É um mineralogista, citado como "príncipe da alquimia".
Ofiel – Um anjo que ajuda os indivíduos a obter o amor de um ente desejado. Seu nome pode ser encontrado escrito em patuás de amor aramaicos.
Omael – Anjo que multiplica espécies, perpetua raças e influencia os químicos. Não se sabe bem se Omael é um anjo caído ou elevado. Os dados disponíveis sugerem que ele aja nos dois campos.
Omniel – Este ser de luz concede aos mortais a capacidade de experimentar um sentimento de unicidade com toda a vida. Oramos a Omniel para que erga o véu da ilusão que nos separa dos outros seres vivos. Quando esse véu se ergue, percebemos que o conceito de fazer aos outros como faríamos a nós mesmos se torna real, pois somos de fato um só.
Oranir – Príncipe superior dos nove anjos do Equinócio de Verão, eficaz contra o mau-olhado.
Oriares – O anjo que governa o Inverno.
Osael – Um querubim invocado em magia cerimonial.
Osgaebial – Um regente angelical da oitava hora, comanda "uma grande nuvem de espíritos auxiliares".
Oul – Um ajudante especial de Dalquiel no terceiro Céu.
Oumriel – Anjo de serviço residente do quarto Céu.
Pagiel – Um anjo chamado na oração ritual para a realização dos desejos do invocador.
Pancia – Um "anjo dos mais puros" invocados na magia cerimonial, especificamente na conjuração da espada.

Parasiel – Um nome angelical inscrito em caracteres hebraicos no primeiro pentáculo do planeta Júpiter. Parasiel é senhor e mestre dos tesouros.

Paschar (visão) – Guarda o véu entre nosso mundo e os céus, entre consciência e inconsciência, entre percepção e ilusão.

Patteny – Um anjo administrador invocado em ritos cabalísticos.

Penat – Um anjo da sexta-feira residente do terceiro Céu e uma das inteligências de Vênus.

Pendroz – Um anjo da sétima hora.

Pesagniyah – Um anjo supervisor do Sul encarregado das chaves para os lugares etéreos. Quando as orações das pessoas em profunda tristeza ascendem, Pesagniyah beija essas orações e as acompanha até uma região mais elevada.

Pethel – Um "anjo dos mais sagrados", invocado em ritos mágicos no final do sabá.

Poiel – Um anjo da ordem dos principados. Rege a fortuna e a filosofia. Também é um dos 72 anjos do Zodíaco.

Porna – Um anjo da sexta-feira. Que serve no terceiro Céu e é invocado no Sul.

Prukiel – Um anjo fascinante.

Pruel – Um guarda angelical dos portões do Vento Sul.

Qafsiel – Anjo com domínio sobre a Lua. É guardião do sétimo salão celestial. Na antiga magia hebraica, é invocado para afastar os inimigos ao se amarrar o patuá, escrito com sangue de pássaro, ao pé ou asa de uma pomba e incitando-a a voar. Se ela voa para longe, é um sinal de que o inimigo se pôs em fuga.

Qamiel – Guardião angelical do Vento Sul.

Qaniel – Um dos diversos guardas angelicais do Vento Sul.

Quelamia – Um dos sete exaltados Tronos que residem no primeiro Céu.

Radueriel – O registro celestial e anjo arquivador. Também está incluído entre os oito grandes príncipes juízes do trono, de escalão superior a Metatron. É o anjo da poesia e mestre das musas. Diz-se de Raduriel: "De cada palavra que emana de sua boca, nasce um anjo proferidor de canções". Como apenas o Criador tem o poder e o privilégio de fazer o mesmo, isso torna Radueriel único entre seus colegas hierarcas.

Rael – Um anjo da quarta-feira que reside no terceiro Céu. É também uma das inteligências do planeta Vênus. O invocador deve se voltar para o norte ao conjurar Rael.

Rafael – Este arcanjo é extremamente curativo para todos os seres vivos. É o anjo do Leste. Rafael traz alegria, cura, amor, milagres e graça. Ele inspira a humanidade a orar e também protege viajantes, guiando os que fazem viagens exteriores ou interiores. Rafael também concede coragem e estimula inovações científicas e o conhecimento em geral. Oração essência:

"Rafael, anjo do Sol, entra em meu centro solar e dá o fogo da vida a todo o meu corpo".

Rahdar – Com a ajuda de seu inteligente irmão Faquiel, governa o signo zodiacal de Câncer.

Rampel – Anjo que tem domínio sobre as montanhas. Oramos a ele por força interior, estabilidade e resistência. Quando subimos uma montanha, ou simplesmente olhamos para uma, esse anjo está por perto.

Rash – Um anjo, ministro da Justiça.

Raziel – O anjo dos mistérios supremos. Anjo das regiões secretas.

Rehel – Um anjo que luta contra os inimigos da religião.

Remliel (despertar) – Cada um de nós tem um conceito diferente do que significa despertar. A essência daquilo que todos buscamos é o amor divino e a libertação da dor e do sofrimento. Remliel é o despertador angelical cujo objetivo é elevar você ao poder mais alto... a consciência e a união com o seu Eu Eterno (também Jaharemeel).

Rhaumel – Um anjo da sexta-feira residente no quinto Céu, evocado no Norte.

Riehol – Na Cabala, governador do signo zodiacal de Escorpião. Nesse ofício, Riehol é auxiliado por Sassaial.

Rigziel – No texto de Ha-Cohen, "emanações do lado esquerdo". Rigziel é a oitava das dez *sephiroth* sagradas.

Risnuch – Anjo da agricultura.

Rochel – Anjo que encontra objetos perdidos.

Rorex – Anjo invocado para neutralizar o poder de *alath* – o demônio da doença.

Ruchiel – Anjo que rege o vento.

Rudosor – Anjo da sexta hora da noite.

Rusvon – Anjo que detém as chaves do paraíso terrestre muçulmano.

Sabbath – Anjo que ocupa o trono da glória no Céu, honrado pelos chefes das ordens de anjos. É o senhor do sabá.

Sachluph – Anjo das plantas.

Sagdalon - Governador do signo de Capricórnio.

Sahaqiel – Anjo do Céu.

Samandiriel – Este anjo detém o domínio sobre a imaginação e nos ajuda a perceber que uma imaginação vívida é um instrumento muito saudável, porque podemos visualizar e criar realidades alternativas e com as quais transformar nossa própria vida e o mundo que nos rodeia.

Samax – Chefe dos anjos do ar e anjo regente da terça-feira.

Sam Hii (Shom Hii) – Um dos anjos regentes da Estrela do Norte. O nome significa "Criação da Vida".

Sameron – Anjo da 12ª hora do dia.

Sandalfon – Originalmente o profeta Elias. É um Sarim (príncipe angelical), irmão gêmeo de Metatron. Mestre da canção celestial. É considerado o mais alto dos hierarcas no reino celestial. Moisés o chamava "o anjo alto". Junto com o arcanjo Miguel, está empenhado em uma batalha incessante com o príncipe da escuridão. É o cultivador de sândalos. Também é fundamental na realização da diferenciação de sexos no embrião, uma boa coisa a lembrar às mulheres grávidas.

Sangrariel – Anjo que guarda os portais do Céu.

Saranana – Anjo da terceira altitude.

Sarga – Um dos cinco escribas celestiais nomeados por Deus para transcrever os 204 livros ditados por Esdras. Os outros quatro escribas são Dabria, Seleucia, Ethan (ou Ecus) e Asiel.

Sarquamich – Anjo da terceira hora da noite.

Sasgabiel – Anjo invocado nos ritos de exorcismo.

Savuriel – Guarda angelical do terceiro Céu.

Schachlil – Anjo dos raios do Sol.

Schaltiel – Anjo que governa o signo de Virgem.

Schrewneil – Anjo a invocar para obter boa memória e coração aberto.

Sebhael – Espírito encarregado dos livros nos quais estão registrados todas as boas e más ações do homem.

Sekel – Um anjo feminino que é o anjo de parte de uma hora. Aparece quando apropriadamente invocado. Vive no Egito.

Selith – Um dos dois anjos guardiões da Virgem Maria e do divino S. João.

Seraquiel – Um "anjo forte e poderoso" invocado no sábado.

Sereda – A Mãe Sereda tem domínio sobre a quarta-feira. É aquela que "dilui todas as cores do mundo". É irmã de Pandelis.

Shamshiel – Anjo do dia!

Shateiel – Anjo do silêncio.

Shcachlil – Anjo dos raios de Sol.

Shetel – Um dos três anjos administradores nomeados por Deus para servir a Adão. Algumas de suas incumbências eram assar a carne e resfriar o vinho.

Sofiel – Um livreiro angelical que cuida dos registros das almas vivas e mortas.

Sphener – Um poder celestial invocado para combater Mardero, demônio da doença.

Stimulator – Um anjo invocado no exorcismo da tinta.

Sui'el – Anjo com domínio sobre os terremotos.

Suriel – Como Metatron, Suriel é um príncipe da presença e, como Rafael, um anjo de cura. É também um anjo da morte (entre outro). Suriel foi mandado para buscar a alma de Moisés. Conta-se que Moisés recebeu de Suriel todo o seu conhecimento (embora Zazagel também receba o crédito por oferecer a Moisés seu conhecimento). É um dos grandes arcanjos. É um dos sete anjos no sistema de potências primordiais. Quando invocado, pode aparecer na forma de um boi. Na Cabala, é um dos sete anjos que regem a Terra.

Susniel – Anjo invocado nos feitiços de invocação siríacos. Como um poder "atraente", Susniel é agrupado com Miguel, Azriel, Shamshiel e outros anjos.

Tabris – Anjo da sexta hora que preside o livre-arbítrio, a autodeterminação, a escolha e as alternativas. Quando você se sentir empacado em qualquer situação, ore a esse iluminado pela capacidade de enxergar alternativas criativas.

Tahariel – Um anjo de pureza para o qual rezam aqueles que precisam purificar seus pensamentos, espíritos ou arredores.

Taliahad – Anjo da água. O nome de Taliahad é encontrado inscrito no sétimo pentáculo do Sol.

Tar – Um dos dez anjos que acompanham o Sol em seu curso diário.

Tariel – Um dos três anjos do verão. Tariel figura em feitiços de encantamento sírios. É invocado com outros anjos atraentes na "amarração da língua do governante".

Tarwan – Um dos dez anjos que acompanham o Sol em seu curso diário.

Teiaiel - Na Cabala, um anjo que pode prever o futuro. É um Trono e controla expedições marítimas e empreendimentos comerciais.

Theliel – Um príncipe angelical do amor invocado em magia cerimonial para obter a mulher desejada pelo invocador.

Thiel – Um anjo que serve no segundo Céu, mas também no terceiro. É o príncipe regente da quarta-feira e é invocado no Norte. É uma das inteligências do planeta Vênus.

Tixmion – Um anjo invocado na bênção do sal.

Torquaret – Anjo que preside o Outono.

Trsiel – Anjo que tem domínio sobre os rios.

Tsaphiel – Um dos anjos que governam a Lua.

Tual – Um dos anjos que representam Touro.

Tubiel – Anjo invocado pelo retorno de passarinhos ao dono. Também o chefe do signo do Verão.

Turmiel – Um dos numerosos guardas angelicais no portão do Vento Oeste.

Tuwahel – Um anjo administrador invocado em magia ritual.

Tzadiqel – O arcanjo que rege Júpiter na quinta-feira.

Ubaviel – Anjo com domínio sobre o signo de Capricórnio.

Uriel – Anjo padroeiro da literatura e da música, Uriel nos concede o dom da chama criativa, assim como o poder da profecia. Fazemos apelo a ele pela percepção do futuro e por auxílio no desenvolvimento de nossas habilidades psíquicas. Uriel também é um anjo da transformação.

Urpaniel – Um nome de anjo inscrito em um patuá asiático feito para afastar o mal.

Uvael – Anjo da segunda-feira, residente do primeiro Céu e invocado no Norte.

Uwula – Anjo administrador invocado em um eclipse do Sol ou da Lua.

Uzziel (força de Deus) – Anjo da Ordem das Virtudes e querubim. Também um dos sete anjos que se perfilam diante do Trono de glória e dentre os nove que regem os quatro ventos. Uzziel é comandado por Gabriel para "acompanhar o Vento Sul com o mais estrito olhar". Também conhecido como um anjo de misericórdia, sob o comando de Metatron.

Valoel – Tradicionalmente se acredita que este ser perfeito tem domínio sobre a paz. Oramos a Valoel para que nos envolva com suas asas de serenidade e encha nosso coração de tranquilidade e contentamento.

Veguaniel – Anjo regente da terceira hora do dia.

Vel – Residente do terceiro Céu. Um anjo da quarta-feira invocado no Sul.

Verquiel – Anjo do mês de julho, regente do signo de Leão, é também um dos regentes da ordem das potências (potentados, autoridades, soberanias). É também governador do Sol.

Vhnori – Um dos dois anjos que governam o signo de Sagitário.

Vretil – O guardião angelical do tesouro dos livros sagrados. Diz-se que é mais sábio que os outros arcanjos. Também é chamado "escriba do conhecimento do Altíssimo".

Wallim – Anjo que serve no primeiro Céu.

Weatta – Um anjo do selo.

Yahel – Anjo cujo nome está inscrito no quarto pentáculo da Lua.

Yarashiel – Um dos numerosos guardas angelicais dos portões do Vento Leste.

Yefiel – Anjo cujo nome é encontrado em um patuá asiático para afastar o mal.

Yekahel – Um dos espíritos do planeta Mercúrio. Seu nome está inscrito no primeiro pentáculo do planeta.

Yurkemi – O anjo do granizo. Uma lenda conta que Yurkemi ofereceu-se para extinguir o fogo que consumia três homens na fornalha ardente, mas Gabriel não aceitou, dizendo que a ajuda de Yurkemi não bastaria.

Zachriel – Anjo que rege a memória.

Zadkiel – Anjo de alívio, caridade e gentileza. Oramos a esse ente sagrado por conforto quando necessitamos de uma leve orientação. Zadkiel também incita o desejo pelo desenvolvimento espiritual na humanidade.

Zalbesael (coração de Deus) – Anjo que domina a estação das chuvas.

Zagzagel (sabedoria) – Nos ensina como ouvir e ver interiormente. A sabedoria é o resultado dessa busca profunda pela verdade.

Zahariel (brilho) – Um grande anjo invocado para resistir às tentações.

Zaliel – Anjo da terça-feira, residente do quinto Céu. É invocado no Sul.
Zavael – Anjo que controla e tem domínio sobre redemoinhos.
Zeffar – "O gênio da escolha irrevogável". Também serve na nona hora.
Zehanpuryu'h (este liberta) – Um grande príncipe angelical; defensor geral do Céu e distribuidor da divina misericórdia. Com Miguel, distribui os equilíbrios inenarráveis. É um dos príncipes coroados da Merkaba, com escalão mais alto que o de Metatron.
Zefon (o buscador) – Príncipe guardião do paraíso. A sexta *sephira*, um dos querubins. Gabriel enviou Zefon junto com Ituriel em busca de Satanás. Encontraram-no no Jardim do Éden, quando tentava Eva.
Zuphlas – Esse benfeitor angelical protege e defende as florestas e árvores. Fazemos apelo a esse anjo para salvar as florestas tropicais da Terra e inspirar a raça humana a honrar, respeitar e salvar as árvores. É também o gênio da 11ª hora.

Mais uma lista de anjos interessante aparece no livro *La Angelología en la Literatura Rabínica y Sefardí*, de Concepción Gonzalo Rubio, Ed. Ameller Ediciones (Barcelona).

Baradiel, anjo príncipe do "granizo" (barad).
Barahiel, anjo príncipe do "raio" (baraq).
Galgaliel, anjo príncipe da "rua do Sol" (galgad).
Korkbiel, anjo príncipe das "estrelas" (Kokab).
Laylahel, anjo príncipe da "noite" (Layla).
Matariel, anjo príncipe da "chuva" (Matar).
Ofaniel, anjo príncipe da "rua da Lua" (Ofan).
Ramiel, anjo príncipe do "trono" (ra' am).
Raziel, anjo príncipe do "terremoto" (ra ás).
Rehatiel, anjo príncipe dos "planetas" (rahat, "correr").
Ruhiel, anjo príncipe do "vento" (ruah).
Salgiel, anjo principeda "neve" (seleg).
Samsiel, anjo príncipe da "luz do dia" (semes, "Sol").
Zafiel, anjo príncipe do "furacão" (zá' af, "furor").
Zamael, anjo príncipe da "tempestade" (zá' am, "cólera").
Zewael, anjo príncipe do "torvelinho" (Zewa ah).
Ziquiel, anjo príncipe dos "cometas" (ziq).

"Indiscutivelmente, a primeira imagem de um anjo está em um painel de pedra na Suméria. O entalhe descreve um rei recolhendo gotas de água da vida que estão sendo despejadas de um recipiente nas mãos de uma figura alada, presumivelmente um anjo."

Richard Webster

O objetivo aqui é esclarecer um pouco mais sobre a origem e a crença nos anjos, quem ou o que eles são e onde se manifestam.

A palavra anjo, que assim reconhecemos em português, tem origem no latim, *angelu*, que por sua vez derivou do grego, *ángelos*, uma tradução da palavra *Malakh*, originalmente hebraica que quer dizer mensageiro.

Acredita-se que a crença e o culto aos anjos sejam tão antigos que possa até anteceder o Judaísmo. Considerada a primeira religião monoteísta, com origem no patriarca Abraão (1500 a.C.), o Judaísmo precede o Catolicismo, que por sua vez precede o Islamismo, e nesta ordem uma religião está presente na origem da outra. E assim os anjos têm passado de uma cultura a outra, de uma religião a outra, bem como outras divindades.

Podemos dizer que boa parte da população do planeta acredita em anjos, lembrando ainda que sua crença vai além dos limites das três religiões anteriormente citadas.

Anjos no Judaísmo

"Toda palavra que emana de Deus cria um anjo."

Talmude

Na cultura judaica, o estudo dos anjos se dá por meio da religião judaica, Judaísmo e Mística Judaica, que é a Cabala hebraica.

A religião judaica compreende o estudo da Torá e do Talmude. A Torá é a Bíblia judaica que corresponde aos cinco primeiros livros do Velho Testamento católico, o Pentateuco (Gênesis, Êxodo, Levítico, Números e Deuteronômio).

Talmude estuda um conjunto de textos de autoridades rabínicas; ele divide-se em Halachá, a parte legal, e Hagadá, a parte narrativa.

Na cultura hebraica, os anjos são chamados de Malakh, palavra que quer dizer mensageiro. Acredita-se que seu culto seja anterior ao Judaísmo e que teria sido absorvido e assimilado por Abraão. Os nomes dos anjos vêm da cultura assíria, anterior ao Judaísmo.

Alguns outros anjos surgiram posteriormente; encontramos inclusive anjos com nomes gregos, como Sandalfon.

Existe uma teoria de que até mesmo o Deus de Israel, IHVH (Yavé), possa ter sido um Deus tribal elevado à condição de Deus Único.

Entre a cultura judaica e a cristã existem algumas diferenças que devem ser mencionadas, no que diz respeito aos anjos.

Na cultura judaica, são dez coros de anjos, um coro a mais que na cultura católica. Este coro a mais é o coro dos espíritos desencarnados que se angelizaram, como o profeta Elias e o profeta Enoch. São chamados Ishim, espíritos angelizados.

No Catolicismo, não há esse coro; no entanto, surgem os santos católicos.

Na cultura judaica, o anjo (Malakh) é um mensageiro que não tem livre-arbítrio, pois não tem vontade própria, simplesmente manifesta a vontade do Ser Supremo, Adonai.

Costuma-se dizer: "Anjo não pensa, anjo cumpre". Logo, também não há a possibilidade de haver um anjo caído.

O anjo, enquanto mensageiro, porta algo que não é dele, não tem individualidade e não tem forma, é uma energia que realiza a vontade de Deus.

Na cultura católica, os anjos têm o livre-arbítrio, tanto que surge o mito de Lúcifer, o anjo caído.

Na cultura judaica, além dos anjos, Malakh, também são aceitos os gênios, Shedin, que têm uma natureza diferente dos anjos e também não são aceitos na cultura católica, na qual são considerados "demônios".

"Anjos são feitos do fogo."
"Gênios são feitos do fogo e do ar."

Todo anjo é bom; quanto aos gênios, existem os bons, os maus e os neutros ou influenciáveis, que nem são totalmente bons nem maus.

A Cabala tem uma lenda que diz que, no sexto dia, Deus criou a humanidade e, ao terminar, sobrando ainda algum tempo, quando não era dia nem noite, criou os gênios. Uma raça que não é nem angélica nem humana, é intermediária. Já foi criada em um período do dia em que o Sol não brilhava tanto para esse mundo. Anjos não morrem; gênios vivem muito, mas podem chegar a morrer.

Podemos colocar uma ordem assim:

1. DEUS
2. ANJOS
3. GÊNIOS
4. NÓS
5. SHAYTAN

Observação: Neste esquema, o que chamamos de anjos, enquanto mensageiros, inclui toda a hierarquia angelical (serafins, querubins, Tronos, dominações, virtudes, potestades, principados, arcanjos e anjos).

Os Ishim (espíritos angelizados) são os que estão mais próximos de nós, que melhor nos entendem e pedem a Deus para ser nossos guias, se incluem como anjos. Eles são os guias da humanidade. Nos lembram a "Grande Fraternidade Branca".

Shaytan (aquele que se opõe, o opositor) é o aspecto negativo no Todo, quando não se crê em anjos caídos ou demônios, Shaytan passa a ser o conjunto de seres humanos caídos, pois estes sim têm o livre-arbítrio, com certeza, e formam um grande conjunto de almas ou espíritos negativados exercendo influência no Todo. Os anjos podem e devem entrar e sair do reino de Shaytan, assim como controlar a realidade segundo a vontade de Deus. O homem tem o livre-arbítrio, mas não é Deus, mesmo caído continua sendo filho de Deus e continua subjugando as leis de Deus (leis da criação, leis do Cosmo), apenas cai por estar nas trevas da ignorância e envolto no véu da ilusão.

Um amigo xamã andino, Romã, costuma dizer que "o livre-arbítrio do homem é algo tão sagrado que nem Deus mexe nele".

Ainda para os que creem no livre-arbítrio de anjos, "o anjo caído" e sua corte angélica caída constituem verdadeiros "demônios" no sentido negativo e pejorativo da palavra. Existem outras teorias como a dos "Tronos Opostos", mas não faz farte deste estudo "angélico".

Pede-se o auxílio dos anjos para afastar um gênio que possa nos prejudicar.

A cultura judaica não acredita em anjos caídos, mas acredita que as almas que se entregam ao mal podem se tornar Shaytan, adversário da humanidade.

"Shaytan é criação do ser humano com o seu livre-arbítrio, é um ser "fraco" que não pode com a força dos anjos."

Existem ainda anjos para cumprir todas as vontades do Criador na criação e sendo assim há também o "anjo da morte", que trabalha cumprindo as vontades do Senhor Supremo, assim como outros "anjos terríveis", que recebem a alma dos "pecadores". Ainda assim, são anjos, pois são mensageiros de Deus que cumprem a vontade de Adonai, o Senhor Supremo.

Existe uma quantidade infinita de anjos, pois são mensageiros do Todo, Eterno e Infinito. São anjos de muitas classes diferentes. Destes, alguns são conhecidos por nomes que nem sempre têm origem no hebraico, como o anjo Sandelfon, responsável por nosso planeta, seu nome tem origem grega. Ele não aparece na Torá, mas é presente no *Sefer ha-Zohar*, comentado mais adiante, quando citaremos anjos na Cabala hebraica.

Há anjos mais populares, citados na Torá e na Bíblia, os menos conhecidos, também citados na Torá e os praticamente ocultos, que somente estudiosos da Cabala hebraica conhecem.

O mesmo anjo pode ter mais de um nome; acredita-se que Metatrom tenha mais de 50 nomes conhecidos, outros ainda dizem que o mesmo possui 72 nomes que pode ser uma correspondência com as 72 potências de Deus.

Como cada cultura estuda sobre os anjos de um ponto de vista diferente, isso pode causar uma certa confusão para aquele que se propõe a estudá-los, pois mudam as hierarquias, os nomes e também os que são aceitos nessa ou naquela cultura.

Semelhante desencontro veremos entre o estudo de 72 potências ou nomes do Judaísmo e da Cabala, que foram considerados anjos por ocultistas e cabalistas cristãos como Lenain e Papus (Gérard Encausse).

Anjos na Torá e no Velho Testamento católico

Na Torá ou no Velho Testamento (Bíblia), podemos ver citações dos anjos que começam logo no Gênesis com a expulsão de Adão do Paraíso.

Abaixo, colocamos algumas das tantas citações de anjos na Torá (Pentateuco) e no Velho Testamento católico, que incluem outros textos anteriores a Cristo, de origem e cultura judaica.

Anjos no Gênesis

Gênesis 3:22

"Deus disse: 'O homem se tornou como um de nós, conhecedor do bem e do mal. Agora ele deve ser impedido de estender sua mão e também tomar da Árvore da Vida. Ele pode comê-la e viver para sempre! O Senhor Deus expulsou-o do Jardim do Éden para que ele cultivasse a terra de onde tinha sido tirado'.

Expulsou-o e colocou ao oriente do Jardim do Éden querubins armados de uma espada flamejante para guardar o caminho da Árvore da Vida."

Gênesis 5:24

"Enoch andou com Deus e desapareceu, porque Deus o levou."

Gênesis 6:2

"Os filhos de Deus viram que as filhas dos homens eram belas, e eles tomavam para si as mulheres a quem escolhiam. Deus disse: 'Meu espírito não continuará a julgar o homem para sempre, uma vez que ele não é mais que carne. Seus dias serão 120 anos'."

Os Nefilim (Titãs ou literalmente caídos, filhos de anjos caídos, ou que vieram a descer para se unir à mulher, são citados como gigantes) estavam na terra por esses dias e também depois.

Os filhos de Deus vieram às filhas do homem e os geraram. Os Nefilim (caídos, Titãs ou gigantes) foram os mais poderosos que jamais existiram, homens de renome.

Gênesis 16:7

"O anjo do Senhor apareceu para Agar, escrava de Sarai, esposa de Abraão, e revelou: 'Tu estás grávida e dará à luz um filho. Tu deves chamá-lo Ismael, pois Deus ouviu tua prece'."

Ismael significa Deus ouve.

Gênesis 22:11

"O anjo do Senhor, porém, gritou-lhe do céu: 'Abraão! Abraão! Eis-me aqui!'.
Não estendas a tua mão contra o menino, e não lhe faças nada..."

Gênesis 28:12

"Jacó teve uma visão em um sonho:
Uma escada estava apoiada no chão, e seu topo alcançava o céu. Anjos de Deus estavam subindo e descendo por ela. No alto, estava o Senhor Deus."

Gênesis 32:24

"Jacó luta com o anjo Fanuel (a face de Deus) e recebe o nome de Israel (aquele que luta com Deus):
'Teu nome não será mais Jacó, tornou ele, mas Israel, porque lutaste com Deus e com os homens e venceste'."

Gênesis 48:16

"Momentos antes da morte, Jacó diz a seus filhos: 'O anjo que me guardou de todo o mal, abençoe estes meninos'."

Anjos no Êxodo aparecem a Moisés

Êxodo 3:2

"O anjo do Senhor apareceu-lhe em uma chama que saía do meio de uma sarça."

Êxodo 14:19

"O anjo de Deus, que marchava à frente do exército dos israelitas, mudou de lugar e passou para trás."

Êxodo 23:20

"Vou enviar um anjo adiante de ti para te proteger no caminho e te conduzir ao lugar que te preparei. Está de sobreaviso, ouve o que ele diz. Não lhe resistas, pois ele não perdoaria tua falta, porque Meu nome está nele."

Êxodo 25:18

"Deus pede dois querubins na tampa da Arca da Aliança:
'Farás dois querubins de ouro e os farás de ouro batido, nas duas extremidades da tampa'."

Êxodo 33:14

"O Senhor respondeu:
'Minha face irá contigo, e serei teu guia'" – "minha face" é análogo a um anjo do Senhor.

Muitas vezes anjos aparecem a Moisés. Quando Moisés vê o Senhor, está vendo um anjo, ao ouvir o Senhor, está ouvindo um anjo, pois o Senhor, Adonai, tem um nome que não tem pronúncia, IHVH, está acima do entendimento humano e não pode ser visto.

Essa afirmação pode ser observada em Êxodo 33:20, quando, após Moisés pedir ao Senhor que se mostre a ele: "Por favor, deixa-me ter uma visão da Tua glória", o Senhor responde: "Tu não podes ter uma visão da Minha presença (Minha face). Um homem não pode ter uma visão de Mim e continuar a existir (viver)".

Sendo assim, as visões e audições de Deus ou divinas se dão por meio dos anjos de Deus.

Em Levítico, se encontram as leis passadas por Deus a Moisés. Em Números, Balaão (Bil'am em hebraico) vê o anjo do Senhor.

Êxodo 22:31

"Deus então deu a Balaão a habilidade de ver, e ele percebeu o anjo parado na estrada, com a espada desembainhada em sua mão. Balaão ajoelhou-se e prostrou-se sobre a sua face."

Em Josué, um anjo aparece a ele.

Êxodo 5:13

"Josué encontrava-se nas proximidades de Jericó. Levantando os olhos, viu diante de si um homem de pé, com uma espada desembainhada na mão. Josué foi contra ele: 'És dos nossos', disse ele, 'ou dos nossos inimigos?' Ele respondeu: 'Não, venho como chefe do exército do Senhor'. Josué prostrou-se..."

Primeiro Livro de Reis 22:19

"Eu vi o Senhor sentado no Seu trono e todo o exército dos céus ao redor dele, à direita e à esquerda."

II Macabeus 15:23

"Enviai, pois, ainda agora, ó Soberano dos Céus, um bom anjo que nos preceda, infundindo temor e espanto."

Podemos notar que, no Velho Testamento, desde Adão, passando por Abraão e Moisés, já se veem manifestações de anjos que aparecem de muitas formas aos profetas e personagens bíblicos.

É interessante notar ainda a riqueza de detalhes com que aparece Rafael em Tobias, em que Sara tinha sido dada sucessivamente a sete maridos. Mas, logo que eles se aproximavam dela, um demônio chamado Asmodeu (nome de origem hebraica – chamad – perder, aquele que faz perder) os matava.

É dito que Sara ficou três dias completos sem comer nem beber, orando com fervor e suplicando a Deus, chorando, que a livrasse dessa humilhação:

"Deus de nossos pais, que Vosso nome seja bendito. Vós, que, depois de Vos irardes, usais de misericórdia e, no meio da tribulação, perdoais os pecados aos que Vos invocam. Volto-me para Vós, ó Senhor, para Vós levando os meus olhos. Rogo-Vos, Senhor, que me livreis dos laços deste opróbrio, ou então que me tireis de sobre a Terra!

Vós sabeis que eu nunca desejei homem algum e que guardei minha alma pura de todo o mal desejo. Nunca frequentei lugares de prazer nem tive comércio com pessoas levianas. E, se consenti em casar-me, foi por temer-Vos e não por paixão. Foi, sem dúvida, porque eu não era digna deles; ou talvez não fossem eles dignos de mim; ou então me destinastes outro homem.

Não está nas mãos do homem penetrar Vossos desígnios. Mas todo aquele que Vos honra tem a certeza de que sua vida, se for provada, será coroada; que, depois da tribulação, haverá a libertação e que, se houver castigo, haverá também acesso à Vossa misericórdia. Porque Vós não Vos comprazeis em nossa perda: após a tempestade, mandais a bonança; depois das lágrimas e dos gemidos, derramais a alegria. Ó Deus de Israel, que o Vosso nome seja eternamente bendito!".

Nesse mesmo momento, em um outro local, Tobit, que se encontrava cego, também estava orando entre lágrimas e suspiros:

"Vós sois justo, Senhor! Vossos juízos são cheios de equidade, e Vossa conduta é cheia de misericórdia, verdade e justiça. Lembrai-Vos, pois, de mim, Senhor! Não me castigueis por meus pecados e não guardeis a memória de minhas ofensas, nem de meus antepassados. Se fomos entregues à pilhagem, ao cativeiro e à morte e se nos temos tornado objeto de mofa e de riso para os pagãos entre os quais nos dispersastes, é porque não obedecemos às Vossas leis. Agora Vossos castigos são grandes, porque não procedemos segundo Vossos preceitos e não temos sido leais Convosco. Tratai-me, pois, ó Senhor, como Vos aprouver; mas recebei a minha alma em paz, porque me é melhor morrer que viver".

Essas duas orações foram ouvidas ao mesmo tempo, diante da glória do Deus Altíssimo; e um santo anjo do Senhor, Rafael, foi enviado para curar Tobit e Sara, cujas preces tinham sido simultaneamente dirigidas ao Senhor.

O filho de Tobit, Tobias, encontrou Rafael, assim descrito:

Tobias 5:5

"Tobias encontrou um jovem de belo aspecto, equipado para uma viagem."

Nessa viagem, o anjo da cura (Rafael) passou ensinamentos a Tobias, aconselhando-o com relação a um peixe:

"Abre-o, guarda o coração, o fel e o fígado, que servirão para remédios mui eficazes.

Se puseres um pedaço do coração sobre brasas, sua fumaça expulsará toda espécie de mal espírito, tanto do homem como da mulher, e impedirá que ele volte de novo a eles. Quanto ao fel, pode-se fazer com ele um unguento para os olhos que têm uma belida, porque ele tem a propriedade de curar".

O mesmo anjo recomendou que procurasse Sara para desposá-la, tomou o demônio e o prendeu no deserto do Alto Egito. Com o fel, curou a cegueira de seu pai. O anjo Rafael assim se pronunciou:

"Bendizei o Deus do Céu, e dai-Lhe glória diante de todo ser vivente, porque Ele usou de misericórdia para convosco. Se é bom conservar escondido o segredo do rei, é coisa louvável revelar e publicar as obras de Deus. Boa coisa é a oração acompanhada de jejum, e a esmola é preferível aos tesouros de ouro escondidos, porque a esmola livra da morte: ela apaga os pecados e faz encontrar a misericórdia e a vida eterna; aqueles, porém, que praticam a injustiça e o pecado são seus próprios inimigos. Vou descobrir-vos a verdade, sem nada vos ocultar. Quando tu oravas com lágrimas e enterravas os mortos, quando deixavas a tua refeição e ias ocultar os mortos em tua casa durante o dia para sepultá-los quando viesse a noite, eu apresentava as tuas orações ao Senhor. Mas, porque eras agradável ao Senhor, foi preciso que a tentação te provasse. Agora o Senhor enviou-me para curar-te e livrar do demônio Sara, mulher de teu filho.

Eu sou o anjo Rafael, um dos sete que assistem na presença do Senhor". (Mais uma informação importante para nós, que temos a vontade de estudar sobre os anjos, pois aqui o anjo Rafael revela que é um dos sete anjos que assistem o Senhor.)

Assim, Sara conseguiu afastar Asmodeu de sua vida, o que parece poder ser repetido evocando Rafael nessas condições, contra o "adversário" aqui chamado de demônio.

Nos Salmos também vemos a presença dos anjos.

Salmo 8:5

5 Que é o homem, digo-me então, para pensardes nele?
  Que são os filhos de Adão, para que Vos ocupeis com eles?
6 Entretanto, Vós o fizestes quase igual aos anjos,
  de glória e honra o coroastes.
7 Destes-lhe poder sobre as obras de Vossas mãos,
  Vós lhe submetestes todo o Universo...

Salmo 33:8

"O anjo do Senhor acampa em redor dos que o temem, e os salva."

Salmo 34:5

"Sejam como a palha levada pelo vento, quando o anjo do Senhor vier acossá-los."

Salmo 90 (Heb. 91)

Confiança

1 Tu, que habitas sobre a proteção do Altíssimo,
  que moras à sombra do Onipotente,
2 dize ao Senhor: "Sois meu refúgio e minha cidadela,
  meu Deus, em quem eu confio".
3 É ele que te livrará do laço do caçador
  e da peste perniciosa.
4 Ele te cobrirá com suas plumas,
  sob suas asas encontrarás refúgio.
  Sua fidelidade te será um escudo de proteção.
5 Tu não temerás os terrores noturnos,
  nem a flecha que voa à luz do dia,
6 nem a peste que se propaga nas trevas,
  nem o mal que grassa ao meio-dia.
7 Caiam mil homens à tua esquerda e 10 mil à tua direita:
  tu não serás atingido.
8 Porém, veras com teus próprios olhos,
  contemplarás o castigo dos pecadores,
9 porque o Senhor é teu refúgio.
  Escolheste, por asilo, o Altíssimo.
10 Nenhum mal te atingirá,
  nenhum flagelo chegará à tua tenda,
11 porque aos seus anjos ele mandou
  que te guardem em todos os teus caminhos.

*12 Eles te sustentarão em suas mãos,
  para que não tropeces em alguma pedra.
13 Sobre serpente e víbora andarás,
  calcarás aos pés o leão e o dragão.
14 "Pois quem se uniu a Mim, Eu livrarei
  e protegerei, pois conhece o Meu nome.
15 Quando Me invocar, Eu o atenderei;
  na tribulação, estarei com ele.
  Hei de livrá-lo e o cobrirei de glória.
16 Será favorecido de longos dias,
  e mostrar-lhe-ei a Minha salvação."*

Salmo 148

Louvor Universal

*1 Aleluia.
  Nos céus, louvai o Senhor,
  louvai-O nas alturas do firmamento.
2 Louvai-O, todos os seus anjos.
  Louvai-O, todos os seus exércitos...*

Ainda mais surpreendidos podemos ficar em Ezequiel com a Visão do Carro Divino:

Ezequiel 1:4

Visão do Carro Divino

"Tive então uma visão: soprava do lado norte um vento impetuoso, uma espessa nuvem com um feixe de fogo resplandecente, e, no centro, saído do meio do fogo, algo que possuía um brilho vermelho. Distinguia-se no centro a imagem de quatro seres que aparentavam possuir forma humana. Cada um tinha quatro faces e quatro asas. Suas pernas eram direitas, e as plantas de seus pés se assemelhavam às do touro e cintilavam como bronze polido. De seus quatro lados, mãos humanas saíam por debaixo das suas asas. Os quatro possuíam rostos e asas. Suas asas tocavam uma na outra. Quando se locomoviam, não se voltavam: cada um andava para a frente. Quanto ao aspecto de seus rostos, tinham todos eles figura humana, uma face de leão pela direita, uma face de touro pela esquerda e uma face de águia. Eis o que havia no tocante às suas faces. Suas asas estendiam-se para o alto; cada qual tinha duas asas que tocavam as dos outros e duas que lhe cobriam o corpo. Cada qual caminhava para a frente: iam para o lado aonde os impelia o espírito; não se voltavam quando estavam andando. No meio desses seres, divisava-se algo parecido com brasas incandescentes, como tochas que circulavam entre eles; e desse fogo que projetava uma luz deslumbrante saíam relâmpagos. Os seres ziguezagueavam como o raio.

Ora, enquanto contemplava esses seres vivos, divisei uma roda sobre a terra ao lado de cada um dos quatro. O aspecto e a estrutura dessas rodas eram os de uma gema de Társis. As quatro se assemelhavam e pareciam construídas uma dentro da outra. Podiam deslocar-se em quatro direções, sem retornar em seus movimentos. Seus aros eram de uma altura assombrosa, guarnecidos de olhos em toda a circunferência. Quando os seres vivos se deslocavam ou se erguiam da terra, locomoviam-se as rodas e se elevavam com eles. Para onde os impulsionava o espírito, iam eles, e as rodas com eles se erguiam, pois o espírito do ser vivo (de igual modo) animava as rodas. Quando caminhavam, elas se moviam; ao parar, elas interrompiam o curso; se se erguiam da terra, as rodas do mesmo modo se suspendiam, pois o espírito desses seres vivos estava (também) nas rodas.

Pairando acima desses seres, havia algo que se assemelhava a uma abóbada, límpida como cristal, estendida sobre suas cabeças. Sob essa abóbada, alongavam-se as suas asas até se tocarem, tendo cada um (sempre) duas que lhe cobriam o corpo. Eu escutava, quando eles caminhavam, o ruído de suas asas, semelhante ao barulho das grandes águas, à voz do Onipotente, um vozerio igual ao de um campo (de batalha). Quando paravam, abaixavam as asas, e fazia-se um ruído acima da abóbada que ficava sobre as cabeças. Acima dessa abóbada, havia uma espécie de trono, semelhante a uma pedra de safira e, bem no alto dessa espécie de trono, uma silhueta humana. Vi que ela possuía um fulgor vermelho, como se houvesse sido banhada no fogo, desde o que parecia ser a sua cintura, para cima; enquanto que, para baixo, vi algo como fogo que esparzia clarões por todos os lados. Como o arco-íris que aparece nas nuvens em dias de chuva, assim era o resplendor que a envolvia. Era esta visão a imagem de glória do Senhor."

Daniel 7:9

"Continuei a olhar, até o momento em que foram colocados os tronos e um ancião chegou e se sentou. Brancas como a neve eram suas vestes, e tal como a pura lã era sua cabeleira; seu trono era feito de chamas, com rodas de fogo ardente. Saído de sua frente, corria um rio de fogo.

Milhares e milhares lhe serviam, dezenas de milhares o assistiam! O tribunal deu audiência, e os livros foram abertos."

Daniel 14:32

Ora, o profeta Habacuc vivia naquele tempo na Judeia. Acabava de cozinhar um caldo e picava pão dentro dele em uma panela, para levá-lo aos ceifadores no campo. Mas um anjo do Senhor disse-lhe: "Leva esta refeição à Babilônia, a Daniel, que se encontra na cova dos leões".

"Senhor", disse Habacuc, "nunca vi a Babilônia, e não conheço esta cova."

Então, o anjo, segurando-o pelo alto da cabeça, transportou-o pelos cabelos, num fôlego, até a Babilônia em cima da cova. "Daniel, Daniel", chamou, "toma a refeição que Deus te envia".

Anjos na Cabala hebraica

Moisés reapresentou os diferentes nomes pelo qual o Deus Único poderia ser chamado, reconheceu os anjos de Deus e, acredita-se, trouxe também um estudo místico conhecido como Cabala hebraica, que teria sido estudada por Abraão, como uma ciência espiritual acessível apenas a alguns escolhidos, como homens casados com mais de 40 anos e que tivessem equilíbrio e sensatez para lidar diretamente com as potências da criação.

Pode-se dizer Cabala, Cabalah, Kabbalah ou Quabbalah; a palavra Cabala já foi introduzida na língua portuguesa.

A Mística Judaica ou Cabala hebraica é o estudo do que está oculto; além dos olhos do ser humano comum, é um estudo esotérico da cultura judaica.

Existem algumas teorias acerca da origem da Cabala e muitas controvérsias.

Uma das teorias diz que o Criador "pessoalmente" teria passado o conhecimento da Cabala aos anjos, que por sua vez passaram a Adão e este a seus descendentes até os dias de hoje.

Existe a crença de que ela teria sido desenvolvida por Abraão, onde possivelmente estaria a origem do *Sefer Ietsirá* e do *Zohar*.

Outra teoria diz que Moisés a trouxe, combinando o conhecimento egípcio com os ensinamentos etíopes de Jetro (sogro de Moisés) e adaptando-os à cultura semita, teria passado de mestre a discípulo até os dias de hoje.

Há ainda os que creem que esse conhecimento místico teria surgido no século XIII, com a divulgação do *Zohar* pelo rabi Moisés de Leon; talvez o manuscrito original seja de rabi Shimon Ben Yochai (o mestre presente nos textos do *Zohar*) ou de um de seus alunos, rabi Abba, e sendo assim o manuscrito original teria origem mil anos antes desta publicação.

Ancestral, milenar, antiga ou recente, a Cabala é um estudo vasto e muito bem estruturado. Além dos místicos judeus, a maioria dos estudantes de ocultismo e esoterismo tem dedicado boa parte de seu tempo aos ensinamentos da Cabala.

A Cabala é ao mesmo tempo arte, ciência, filosofia, mística religiosa e magia na teoria e na prática.

O estudante de Cabala não tem limites, pois seu limite é o ilimitado, seu campo de trabalho é o universo externo e interno, e a eternidade é o tempo que se tem para estudá-la.

Helena Petrovna Blavatsky em seu *Glossário Teosófico* diz:

"Cabala ou Kabala (Kabalah) (hebraico) – A sabedoria oculta dos rabinos judeus da Idade Média, derivada de doutrinas secretas mais antigas relativas à cosmogonia e a coisas divinas, que se combinaram para constituir uma teologia, após a época do cativeiro dos judeus na Babilônia. Todas as obras pertencentes à categoria esotérica são denominadas cabalísticas".

Segundo Knorr von Rosenroth, no livro *A Kabbalah Revelada* (Madras Editora):

"A Kabbalah deve ser definida como uma doutrina esotérica judia. Em hebreu, é chamada QBLH, Qabalah, que é uma derivação da raiz QBL, que significa 'receber'. A denominação desse conceito vem do costume de transmitir-se os conhecimentos esotéricos oralmente. Essa transmissão está estreitamente ligada à 'tradição'".

William Wynn Westcott, no livro *Uma Introdução ao Estudo da Cabala* (Madras Editora), cita:

"A Cabala dogmática ou teórica traz as concepções filosóficas que dizem respeito à deidade, aos anjos e aos seres mais espirituais que os homens; à alma humana e aos seus diversos aspectos ou partes; sobre a preexistência, a reencarnação e os diversos mundos ou planos da existência".

"A Cabala prática apresenta uma interpretação mística e alegórica do Velho Testamento, estudando cada frase, palavra e letra; ensina a conexão entre as letras e os números e os modos de sua inter-relação; os princípios da Guematria, Notaricon e Temura; a formação e o uso dos nomes divinos; a formação dos Quadrados Mágicos..."

Na Cabala prática também são estudados símbolos e signos mágicos, com ou sem as letras hebraicas, talismãs e rituais. Invoca-se a presença de anjos entre outras forças e potências. É importante ressaltar que há o que é chamado de Cabala não escrita, ou que não há como expressar em "palavras".

A Cabala é muito conhecida pelo estudo das dez *sephiroth*; os leigos pouco sabem que a Cabala também se ocupa do estudo dos anjos, que vem desde Abraão, Moisés e os patriarcas.

Na Cabala existe todo um campo de estudo dos nomes de Deus e anjos, suas funções, atributos e atribuições.

Além da Torá e o Talmude, há na Mística Judaica dois importantes livros, o *Sefer Ietsirá* e o *Sefer ha-Zohar*, além de uma infinidade de outros textos cabalísticos.

Acerca da Torá (Bíblia judaica ou Pentateuco católico), é dito que é muito mais que um livro de relatos históricos, filosóficos e religiosos, pois não revela códigos e passagens ocultas que só são desvendadas com a "chave" interpretativa da Cabala. Ou seja: é possível ao cabalista ver o que está oculto ao não cabalista nos textos sagrados, alguns até criptografados.

O *Sefer Ietsira* é uma obra tão antiga que é considerada de autoria do próprio patriarca Abraão; o *Sefer ha-Zohar* é considerado de autoria de rabi Shimon Ben Yochai.

O *Zohar* mostra o rabi Shimon revelando mistérios da Cabala a seus discípulos, e, no início das narrações, é mostrada a hesitação do mestre em passar esses conhecimentos, em que ele afirma:

"Ai de mim se vos revelo os mistérios e ai de mim se não os vos revelo!".

Existe uma teoria em que é afirmado que o *Zohar* foi trazido à Terra por anjos para ajudar o ser humano. Uma outra teoria é de que foi ensinado por Deus a Adão e deste passou para os patriarcas, de Abraão a Moisés, e deste aos nossos dias.

A Editora Polar publicou uma edição em português, *Zohar – O Livro do Esplendor*, com passagens selecionadas pelo rabino Ariel Bension, no qual podemos observar a presença marcante dos anjos.

Abaixo, faço uma breve citação, com minhas palavras, sobre algumas passagens dessa edição, em que a presença dos anjos é marcante:

- Anjos, almas e seres imateriais; comparados a Adonai, são como corpos materiais.
- O anjo Quemoel afirmou a Moisés: "Feliz és tu, Moisés, pois Deus te revelou mistérios nunca revelados nem aos mais altos anjos".
- Existem três anjos presentes no dia de nossa morte: um anota nossos dias, outro, nossas ações boas e ruins e um terceiro, que é nosso anjo da guarda, nos acompanha desde o ventre materno.
- Além do arcanjo Miguel, protetor de Israel, mais três legiões de anjos se unem na sinagoga durante a oração:

1. Os anjos que louvam Deus todos os dias.
2. Os anjos que louvam Deus junto com a oração de Israel.
3. As "virgens celestiais" que servem a Shekinah, uma manifestação feminina do Ser Supremo.

Nesse momento de oração, está sempre presente o anjo Metatron.

- Os anjos também são associados a animais:

Miguel ao leão;
Ariel à águia;
Gabriel ao boi;
Rafael ao homem.

• Muitos nomes de anjos são citados no *Zohar* como:

Gazardia, Pasgania, Patia, Zabouliel, Ada, Adaneus (líder dos serafins), Tahariel, Shadiel, Rahmiel, o anjo da misericórdia, Jofiel (um animal santo que representa a beleza de Deus e domina quatro animais angélicos: Haniel, Quarshiel, Ezriel e Aniel), Malkhiel, Gazriel, Quaftsiel, Zacut-El, Hariel, Gadhiel, Siniguria, Arael, Machniel (o homem velho, chefe de 600 mil legiões), Gadria, Shma Shiel (rodeado por 365 legiões, uma para cada dia do ano), Sandalfon, entre tantos outros nomes de anjos que poucos de nós já ouviu falar.

A Madras Editora publicou um livro chamado *A Kabbalah Revelada – Filosofia Oculta e Ciência*, de Knorr von Rosenroth; que trás três dos principais livros que compõem o *Zohar*:

• *Sefer Há Dziminuta* (*O Livro do Mistério Oculto*);
• *Há Idra Rabba Kadisha* (*A Grande Assembleia Sagrada*);
• *Zuta Kadisha* (*A Assembleia Sagrada Menor*).

Nesse livro, há uma citação interessante quanto ao anjo Metatron: Mttrvn, Metatron ou Methraton, é a inteligência particular da primeira *sephira* e é chamado "príncipe dos rostos"; também foi conhecido como a "régua de Moisés". Methraton tem o mesmo valor numérico que ShDI, Shaddai, o Onipotente.

Para aqueles que quiserem se aprofundar no estudo da Cabala, recomendo a leitura de *Uma Introdução ao Estudo da Cabala*, de William Wynn Westcott, e *A Kabbalah da Alma*, de Leonora Leet, ambos da Madras Editora.

Anjos no Cristianismo

Quando falamos em Cristianismo, estamos falando sobre a fé em Jesus Cristo.

Jesus é o nome grego para Yashua em aramaico ou Yeshua em hebraico, nome que quer dizer "Deus Cura" ou "Deus Salva". Yeshua (Yeshua bem Yosef – Jesus, filho de José) era um judeu e, portanto, por mais que se especule ou ainda que ele tenha verdadeiramente bebido do conhecimento de outras culturas como a indiana ou a egípcia, sempre parte do princípio e do ponto de vista de um judeu, para pregar ao povo e instruir a Seus discípulos. É dito ainda que Jesus se uniu e caminhou com os essênios e estes também são judeus, que tinham uma visão mística em relação à religião, se aproximam mais do que hoje chamamos de Cabala. Pode-se dizer ainda que Jesus havia assumido o voto de Nazir (daí Nazareno, o que não tem relação com a cidade de Nazaré), que é dado àqueles que dedicavam sua vida de forma integral ao serviço de Deus, os que tinham esse compromisso viviam sob um regime especial em relação à sua alimentação e postura, incluindo voto de pobreza, de não desposar e não cortar o cabelo. Outro personagem bíblico que também tinha o voto de Nazir era Sansão e por isso acredita-se que teria perdido a força ao ter o cabelo cortado, pois teria quebrado o voto.

O Cristianismo se espalha por todos os cantos do mundo por meio de seus discípulos. Podemos citar, por exemplo, a Igreja Etíope Cristã, que precede e é independente de Roma. Essa Igreja tem uma visão bem particular do Cristianismo, que se manifesta de forma mais pura ou primitiva, sem a influência romana.

Como exemplo de Cristianismo primitivo, há também os textos gnósticos e os considerados apócrifos pela Igreja Católica: os textos do Mar Morto, *A Biblioteca de Nag Hammadi*, *O Pergaminho de Cobre de Qumran* e o recém-descoberto Evangelho de Judas.

Em todos os textos, Jesus se mostra como Aquele que veio cumprir a lei mosaica, e, no que diz respeito aos anjos, vemos um grande número de citações do próprio Jesus e de Seus discípulos, enfatizando as qualidades e a presença dos anjos.

Anjos no Catolicismo

O Catolicismo é a primeira religião cristã; surgiu em Roma sob autorização do imperador Constantino, respeitando alguns dos interesses políticos romanos e até usando de sincretismo para os valores dessas duas culturas.

Dessa forma, a maneira católica de entender os anjos difere da judaica e também do culto às divindades gregas.

A principal diferença entre anjos no Judaísmo e no Catolicismo é que neste os anjos têm livre-arbítrio de ação e de pensar, o que não ocorre no Judaísmo.

No Judaísmo, anjo é mensageiro de Deus, não pensa, apenas cumpre a vontade de Deus.

No Catolicismo, anjo de certa forma também é visto como um mensageiro, mas pensa, tem livre-arbítrio e vontades próprias. O anjo católico tem tanta liberdade que pode até se rebelar contra Deus, o que é observado no mito de Lúcifer, o anjo caído, que só se apresenta dessa forma dentro do Catolicismo.

No início, o Catolicismo aceitava muitos anjos com nomes diferentes, como é no Judaísmo. Hoje, aceita apenas três, mais o anjo da guarda, que não tem nome.

Os anjos não podem ser adorados, apenas venerados, por isso a Igreja procura ter muito cuidado na forma como os apresenta, pois há o risco de os fiéis passarem a adorá-los, o que contribuiu para limitar seu culto.

A Igreja Católica reconhece o Antigo Testamento e também os relatos angélicos contidos nele, embora sejam mais relevantes os acontecimentos e o direcionamento dado pela vida e obra de Jesus e Seus discípulos.

Encontraremos no Novo Testamento a confirmação na crença e na presença dos anjos, antes, durante e após a vinda de Jesus. Esses relatos do Novo Testamento serão a base da crença e devoção da Igreja Católica nos anjos de Deus.

Anjos no Novo Testamento

A presença dos anjos no Novo Testamento, em ordem cronológica, surge com a anunciação do nascimento de João Batista a seu pai, Zacarias, feita pelo anjo Gabriel.

Zacarias era sacerdote e esposo de Isabel, descendente de Aarão. Ambos de idade avançada, e ela estéril.

Lucas 1:11

"Certo dia, quando oferecia perfume dentro do Santuário do Senhor, apareceu-lhe um anjo ao lado direito do altar, que lhe disse:

'Não temas, Zacarias, porque foi ouvida a tua oração. Isabel, tua mulher, te dará um filho, e irá chamá-lo João. Ele será para ti motivo de gozo e alegria, muitos se alegrarão com o seu nascimento; porque será grande diante do Senhor, não beberá vinho nem cerveja e desde o ventre de sua mãe será cheio do Espírito Santo; ele converterá muitos dos filhos de Israel ao Senhor, seu Deus, e irá adiante de Deus com o espírito e o poder de Elias para reconduzir o coração dos pais aos filhos e os rebeldes à sabedoria dos justos, para preparar ao Senhor um povo bem-disposto. Eu sou Gabriel, que assisto diante de Deus...'."

Lucas 1:26

"Seis meses depois, o anjo Gabriel foi enviado por Deus a uma cidade da Galileia chamada Nazaré, a uma virgem chamada Maria desposada com José, da casa de Davi.

Disse-lhe o anjo Gabriel: 'Ave, cheia de graça, o Senhor é convosco. Não temas, Maria, pois encontraste graça diante de Deus. Eis que conceberás, darás à luz um filho e Lhe porás o nome de Jesus. Ele será grande, chamar-se-á Filho do Altíssimo, e o Senhor Deus Lhe dará o trono de seu pai, Davi; e reinará eternamente na casa de Jacó, e o Seu reino não terá fim'."

Lucas 2:8

"Aos arredores de onde nascia Jesus havia pastores, que vigiavam e guardavam seu rebanho nos campos durante as vigílias da noite.

Um anjo do Senhor apareceu-lhes, a glória do Senhor refulgiu ao redor deles, e tiveram grande temor. O anjo disse-lhes: 'Não temas, eis que anuncio uma boa nova que será alegria para todo o povo: hoje nasceu na cidade de Davi um Salvador, que é o Cristo Senhor...' E subitamente ao anjo se juntou uma multidão do exército celeste, que louvava Deus e dizia: 'Glória a Deus nas alturas e paz na terra aos homens de boa vontade'."

Lucas 24:4

Maria Madalena, Joana e Maria, mãe de Thiago, ao se dirigirem ao sepulcro de Jesus o encontraram vazio.

"Não sabiam elas o que pensar, quando apareceram em frente delas dois personagens com vestes resplandecentes..."

Em Atos dos Apóstolos, também vemos muitas passagens de anjos. Logo no início, com a ascensão de Jesus aos Céus, aparecem ao lado dos apóstolos dois homens vestidos de branco a questionar.

Mateus 1:18

"Um anjo do Senhor também aparece a José em sonho antes do nascimento de Jesus e lhe diz: 'José, filho de Davi, não tema receber Maria como esposa, pois o que nela foi concebido vem do Espírito Santo. Ela dará à luz um filho, a Quem porás o nome de Jesus, porque Ele salvará o seu povo de seus pecados'. Tudo isso aconteceu para que se cumprisse o que o Senhor falou pelo profeta: 'Eis que a Virgem conceberá e dará à luz um filho, que se chamará Emanuel (Deus conosco)'."

Mateus 2:1

"Os magos vieram do Oriente seguindo uma estrela, para adorar Jesus."

É de se pensar qual é a estrela ou quem é a estrela e o que realmente representaria para esses magos, talvez a estrela fosse o que os anjos eram para os semitas.

Mateus 2:13

"Após a partida dos magos, um anjo aparece em sonho a José e diz: 'Levanta-te, toma o menino e sua mãe e foge para o Egito; fica lá até que eu te avise, porque Herodes vai procurar o menino para o matar'."

Mateus 4:11

Após Jesus ser tentado no deserto, cita:

"Em seguida, o Demônio O deixou, e os anjos aproximaram-se d'Ele para servi-Lhe".

Mateus 13:39

O próprio Jesus cita os anjos na explicação da parábola do Joio:
"O que semeia a boa semente é o Filho do Homem. O campo é o mundo. A boa semente são os filhos do Reino. O joio são os filhos do maligno. O inimigo, que o semeia, é o Demônio. A colheita é o fim do mundo. Os ceifadores são os anjos. E assim como se recolhe o joio para jogá-lo no fogo será no fim do mundo. O Filho do Homem enviará Seus anjos, que retirarão de Seu Reino todos os escândalos..."

Mateus 26:52

No momento em que chegam os guardas para prender Jesus, Pedro desembainha a espada e decepa a orelha de um guarda; Jesus o recrimina:
"Embainha tua espada, porque todos aqueles que usarem da espada, pela espada morrerão. Crês tu que não posso invocar meu Pai e Ele não Me enviaria imediatamente mais de 12 legiões de anjos?".

Atos dos Apóstolos 1:9

"Homens da Galileia, porque ficais aí a contemplar o Céu? Esse Jesus que vos foi arrebatado virá do mesmo modo que para o Céu vistes partir."

Atos dos Apóstolos 10:1

"Um anjo aparece para o centurião Cornélio (o primeiro estrangeiro convertido) e lhe dá ordens para enviar homens a Jope, a fim de trazer Pedro para lhe falar. Pedro, por sua vez, recebeu a mensagem de que eles vinham para lhe levar a Cornélio, onde foi para pregar."

Atos dos Apóstolos 12:7

Um anjo do Senhor liberta Pedro da prisão:
"De repente, apresentou-se um anjo do Senhor, e uma luz brilhou no recinto. Tocando no lado de Pedro, o anjo despertou-o: 'Levanta-te depressa', disse ele. Caíram-lhe as cadeias das mãos. O anjo ordenou: 'Cinge-te e calça as suas sandálias'. Ele assim o fez. O anjo acrescentou: 'Cobre-te com tua capa e segue-me'. Pedro saiu e seguiu-o, sem saber se era real o que estava fazendo por meio do anjo. Julgava estar sonhando. Passaram o primeiro e

o segundo postos da guarda. Chegaram ao portão de ferro, que dá para a cidade, o qual se lhes abriu por si mesmo. Saíram e tomaram juntos uma rua. Em seguida, de súbito, o anjo desapareceu..."

Epístolas de São Paulo

São Paulo também se mostra muito ligado aos anjos e não perde oportunidade de citá-los.

Aos Romanos (8:38)

"Pois estou persuadido de que nem a morte, nem a vida, nem os anjos, nem os principados, nem o presente, nem o futuro, nem as potestades, nem as alturas, nem os abismos, nem outra criatura qualquer nos poderá apartar do amor que Deus nos testemunha em Cristo Jesus, nosso Senhor."

Aos Gálatas (1:8)

"Mas, ainda que alguém – nós ou um anjo baixado do céu – vos anunciasse um Evangelho diferente do que vos temos anunciado, que ele seja anátema."

Aos Colossenses (1:15)

"Ele é a imagem (o reflexo perfeito) de Deus invisível, o Primogênito de toda a criação. Nele foram criadas todas as coisas nos céus e na terra, as criaturas visíveis e invisíveis. Tronos, dominações, principados, potestades: tudo foi criado por Ele e para Ele..."

Aos Hebreus (1:1)

Aqui São Paulo enfatiza a superioridade de Jesus sobre os anjos:
"Muitas vezes e de diversos modos outrora falou Deus aos nossos pais pelos profetas. Ultimamente nos falou por Seu Filho, que constituiu herdeiro universal, pelo qual criou todas as coisas. Esplendor da glória de Deus e imagem do Seu Ser, sustenta o Universo com o poder da Sua palavra. Depois de ter realizado a purificação dos pecados, está sentado à direita da Majestade no mais alto dos céus, tão superior aos anjos quanto excede o deles o nome que herdou".

Aos Coríntios

Na Primeira Epístola aos Coríntios, 13, encontramos um verdadeiro hino de amor:

"Ainda que eu falasse a língua dos homens e dos anjos, se não tiver amor, serei como o bronze que soa, ou como o címbalo que retine.

Ainda que eu tenha o dom de profetizar e conheça todos os mistérios e toda a ciência, ainda que eu tenha tamanha fé, a ponto de transportar montanhas, se não tiver amor, nada serei. E, ainda que eu distribua todos os meus bens entre os pobres e entregue meu próprio corpo para ser queimado, se não tiver amor, nada disso se aproveitará.

O amor é paciente, é benigno. O amor não tem inveja, não arde em ciúmes, não é orgulhoso. Não é arrogante. Nem escandaloso. Não procura seus interesses, não se exaspera, não se ressente do mal; não se alegra com a injustiça, mas regozija-se com a verdade. Tudo sofre, tudo crê, tudo espera, tudo suporta.

O amor jamais acaba. Mas, havendo profecias, desaparecerão; havendo línguas, cessarão; havendo ciência, passará. Porque em parte conhecemos e em parte profetizamos. Quando, porém, vier o que é perfeito, o que então é em parte será aniquilado.

Quando eu era menino, falava como um menino, sentia como menino. Quando cheguei a ser homem, desisti das coisas próprias de menino.

Porque agora vemos como um espelho, obscuramente, e então veremos face a face; agora conheço em parte, e então conhecerei como sou conhecido.

Agora, pois, permanecem a fé, a esperança e o amor. Esses três. Porém o maior deles é o amor".

Assim, podemos dizer que são muitas as citações de anjos no Novo Testamento.

Para finalizar as citações do Novo Testamento, vamos a algumas do Apocalipse de João, um texto extremamente simbólico e que oculta muitos mistérios. O Apocalipse mostra o quanto os apóstolos eram versados nos mistérios ocultos.

Apocalipse de João

"...vem da parte dos Sete Espíritos que estão diante do Seu trono..."

"...vi sete candelabros de ouro e, no meio dos candelabros, alguém semelhante ao Filho do Homem, vestindo longa túnica até os pés, cingido o peito por um cinto de ouro. Tinha Ele cabeça e cabelos brancos como lã cor de neve. Seus olhos eram como chamas de fogo. Seus pés pareciam ao bronze fino incandescido na fornalha. Sua voz era como o ruído de muitas águas. Segurava na mão direita sete estrelas. De Sua boca, saía uma espada afiada, de dois gumes. Seu rosto se assemelhava ao Sol, quando brilha com toda a força... As sete estrelas são os anjos."

João escreve aos anjos das Igrejas de Éfeso, Esmirna, Pérgamo, Tiatira, Sardes, Filadélfia e Laodiceia. Sete Igrejas e sete anjos.

"Imediatamente, fui arrebatado em espírito; no céu havia um trono, e nesse trono estava sentado um ser. E quem estava sentado assemelhava-se pelo aspecto a uma pedra de jaspe e de sardônica. Um halo semelhante à esmeralda nimbava o trono. Ao redor, havia 24 tronos, e neles sentados 24 anciãos, com vestes brancas e coroas de ouro na cabeça. Deles saíam relâmpagos, vozes e trovões. Diante do trono ardiam sete tochas de fogo, que são os Sete Espíritos de Deus. Havia ainda diante do trono um mar límpido como o cristal. Diante do trono e ao redor, quatro animais vivos cheios de olhos na frente e atrás. O primeiro animal vivo assemelhava-se a um leão; o segundo, a um touro; o terceiro tinha o rosto como o de um homem e o quarto era semelhante a uma águia em pleno voo. Esses animais tinham cada um seis asas cobertas de olhos por dentro e por fora."

"Eu vi no meio do trono dos quatro animais e no meio dos anciãos um cordeiro de pé, como que imolado. Tinha ele sete chifres e sete olhos, que são os Sete Espíritos de Deus."

"Na minha visão, ouvi também, ao redor do trono dos animais e dos anciãos a voz de muitos anjos, em número de miríades de miríades e de milhares de milhares..."

"Depois disso, vi quatro anjos que se conservavam em pé nos quatro cantos da terra..."

"...vi ainda outro anjo subir do Oriente, trazia o selo de Deus vivo..."

"Eu vi os sete anjos que assistem diante de Deus."

"Solta os quatro anjos que estão acorrentados à beira do grande Rio Eufrates."

"Vi então outro anjo vigoroso descer do céu, revestido com uma nuvem e com o arco-íris em torno da cabeça. Seu rosto era como o Sol, e suas pernas, como colunas de fogo. Segurava na mão um pequeno livro aberto."

"Houve uma batalha no céu. Miguel e seus anjos tiveram de combater o dragão."

Recomendo a leitura do Apocalipse para que se tenha uma visão completa da presença dos anjos nesse capítulo ímpar do Novo Testamento.

Os coros angélicos

"Costuma-se dividir os anjos em nove coros. Esse número de nove coros angélicos apareceu no século IV no Oriente, mencionado por S. Cirilo de Jerusalém e por S. João Crisóstomo.

No Ocidente, Santo Ambrósio também se referiu a nove coros. Essa doutrina tornou-se comum desde o tempo de S. Gregório Magno, muito ligado aos anjos.

Foi, entretanto, Dionísio, o Areopagita ou Pseudo-Dionísio, quem, no tratado 'A Hierarquia Celeste', apresentou uma classificação dos espíritos celestes subdividindo-os em nove coros pertencentes a três hierarquias ou ordens. A tradução da obra de Dionísio foi feita por Scoto Eurigena no século IX.

A forma admirável como foi elaborada a classificação mereceu a aceitação por parte de S. Gregório Magno e constituiu, para muitos, tema interessante de especulação.

Santo Tomás, na *Suma Teológica,* no Tratado do Governo do Mundo, Questão CVIII, art. I e III, refere-se à classificação de Dionísio. São Boaventura, baseado na mesma, desenvolve considerações sobre as funções de cada coro.

Santo Tomás, na questão CVIII, trata amplamente da 'ordenação dos anjos por hierarquias e ordens', desenvolvendo e explicando as razões pelas quais Dionísio estabelecera sua classificação."

Archibald Joseph Macintyre

Pseudo-Dionísio tinha uma concepção trinitária sobre a hierarquia angélica. Deve-se a ele a divisão da hierarquia celeste em três ordens ou hierarquias, composta cada uma de três coros, como vemos abaixo:

1ª Ordem
   1º Coro – Serafins
   2º Coro – Querubins
   3º Coro – Tronos

2ª Ordem
   1º Coro – Dominações ou soberanias
   2º Coro – Virtudes
   3º Coro – Postestades

3ª Ordem
   1º Coro – Principados ou autoridades
   2º Coro – Arcanjos
   3º Coro – Anjos

Maria e os anjos

Segundo São João, "Maria é mais santa que os anjos, mais bela que os arcanjos, mais venerável que os Tronos, mais poderosa que as dominações, mais pura que os poderes, mais radiosa que os querubins, mais digna de respeito que os serafins".

A elevação de Maria, mãe de Deus, acima dos espíritos celestes de nenhum modo reduz ou rebaixa a dignidade e a glória dos mesmos. Entenderam bem os teólogos que a maternidade divina conferia a Maria uma prerrogativa singular, especialíssima, credenciando-a a um nível de homenagens, inferior apenas a que se deve a Deus.

Anjos proibidos

A Igreja Católica proibiu a devoção a outros anjos que não fossem Miguel, Gabriel e Rafael, declarando que os outros anjos, identificados por outros nomes, eram na realidade "demônios".

Durante o império de Carlos Magno, tal determinação vigorou. A inobservância, ou seja, a invocação de personagens criados pela imaginação, como "O Grande Uriel", eram punidos com excomunhão.

Quatro anjos

Na Bíblia, em Apocalipse 7:1, João cita:
"Depois disso, vi quatro anjos que se conservavam em pé nos quatro cantos da terra..."
Na cultura judaica, existe uma oração que diz:
"Tenho à minha frente o anjo Rafael, atrás de mim, o anjo Gavriel (Gabriel), à minha direita, o anjo Mikael (Miguel) e à minha esquerda, o anjo Uriel".
Esses são "os quatro anjos"; no entanto, é possível encontrar listas diferentes.
No Apócrifo de João encontrado em Nag Hammadi, *A Biblioteca de Nag Hammadi*, Madras Editora, 2006, existe um texto interessante:

"Da luz, que é o Cristo e a indestrutibilidade, por meio da dádiva do Espírito, brotaram quatro luzes do divino autógeno. Ele esperou que elas o atendessem. Representam a vontade, o pensamento e a vida. E os quatro poderes são a compreensão, a graça, a percepção e a prudência. Sendo que a graça pertence à luz-*aeon* Armozel, que é o primeiro anjo. E há outros três *aeons* com este *aeon*: graça, verdade e forma. E a segunda luz é Oriel, que foi posicionado sobre o segundo *aeon*. E há outros três *aeons* com este *aeon* com ele: concepção, percepção e memória. E a terceira luz é Daveithai, que foi posicionado sobre o terceiro *aeon*. E há outros três *aeons* com este *aeon* com ele: compreensão, amor e ideia. E o quarto *aeon* foi posicionado sobre a quarta luz, Eleleth".

Sete anjos

Existem na Bíblia muitas citações sobre os sete anjos, como vemos no Apocalipse, por exemplo. Na própria Bíblia não são citados os nomes dos sete anjos e sendo assim existem muitas listas e especulações de quem seriam os sete. A própria Igreja Católica tinha uma lista dos sete, que foi com o tempo abolida e colocado como dogma que apenas três seriam os anjos, conhecidos pelos nomes Miguel, Gabriel e Rafael. Há listas oficiais como a da Igreja Ortodoxa e muitas outras usadas na cultura cristã (Cabala cristã) e fora dela, como na cultura judaica, muçulmana e também no Ocultismo.

Abaixo uma antiga lista da Igreja Católica, que já não é mais aceita nos dias de hoje por ela:

1. Miguel
2. Gabriel
3. Rafael
4. Baracael
5. Yeadiel
6. Sealtiel
7. Gamael

A lista abaixo é de autoria de São Gregório Magno, um destacado estudioso e conhecedor do assunto:

1. Mikael
2. Rafael
3. Gabriel
4. Uriel
5. Simiel
6. Orifiel
7. Zakhariel

A lista da Igreja Ortodoxa (Greco-Antioquina) reverencia os sete anjos do trono de Deus, e seus nomes são:

1. Mikael
2. Gabriel
3. Rephael
4. Salaphiel
5. Iegudiel
6. Varahiel
7. Uriel

Lista de Enoch, extraída do famoso *Livro de Enoch*:

1. Miguel
2. Gabriel
3. Rafael
4. Uriel
5. Raguel
6. Saraquael
7. Remiel

Lista de Pseudo-Dionísio:

1. Miguel
2. Gabriel
3. Rafael
4. Uriel

5. **Chamuel**
6. **Jofiel**

Lista de Francis Barret, no livro *Magus*:

1. **Michael**
2. **Gabriel**
3. **Rafael**
4. **Zafkiel**
5. **Zadkiel**
6. **Camael**
7. **Haniel**

Existem muitas outras listas de sete anjos; acredito que estas são as mais conhecidas e citadas para o estudo do assunto.

No texto abaixo, o professor de Teologia Edmundo Pelizari nos apresenta uma forma pela qual eram conhecidos os sete anjos de Deus na Igreja Católica:

Os sete grandes arcanjos e suas poderosas orações

Por Edmundo Pelizari

"Na tradição judaico-cristã, há o culto aos sete grandes arcanjos que estão diante do trono de Deus. Conhecidos na Idade Média, com o tempo, foram esquecidos, e hoje somente lembramos de três deles: Miguel, Rafael e Gabriel.

Quando visitamos algumas antigas igrejas e velhos conventos da Europa, ainda os vemos retratados ou esculpidos, mas sem seus verdadeiros e mágicos nomes. Isso se deve a uma preocupação da Igreja Católica da época, pois o culto dos sete foi associado com algumas práticas de magia, nem sempre toleradas pelo clero.

Aqui apresentamos seus nomes, características e orações, retiradas dos misteriosos Benedicionais da Igreja, autênticos manuais de magia religiosa e iniciática.

1. São Miguel Arcanjo:

Características: Vitorioso Príncipe dos Exércitos Celestes, que terá vencido os anjos rebeldes no princípio dos tempos. Defensor contra os poderes das trevas e maus espíritos.

Atributos: velas brancas ou amarelas.

Perfumes: olíbano (incenso usado em Igrejas Católicas ou Ortodoxas) ou rosa.

Imagem: apresenta-se armado, com lança ou espada. Tem nas mãos uma balança, na qual pesa as almas, avaliando se são dignas ou não. Figura, por norma, de pé ou sobre um cavalo branco.

Oração: para escolher São Miguel como protetor especial:

Grande Príncipe do Céu, fidelíssimo guardião da humanidade. São Miguel Arcanjo, eu .... (nome da pessoa), embora pequeno, apresento-me perante vós, confiando na vossa especial bondade, comovido pela excelência de vossa admirável intercessão e riqueza de vossos benefícios. Estou diante de vós, acompanhado por meu anjo guardião e em presença de todos os anjos do Céu, que tomo como testemunhas da minha devoção para convosco. Escolho-vos hoje para meu protetor e meu advogado particular e proponho firmemente vos honrar sempre com todas as minhas forças e o meu amor. Assisti-me durante toda a minha vida, defendei-me contra as dificuldades visíveis ou invisíveis e tranquilizai minha alma com paz e serenidade celestiais.

2. São Rafael Arcanjo:

Características: Médico Divino, é invocado contra toda a espécie de doenças.
Atributo: vela azul-celeste.
Perfumes: hortelã ou menta.
Imagem: usa indumentária de peregrino e bordão, cabaça e bolsa. Segura um peixe e um vaso com remédio de ervas como atributos.
Oração a São Rafael:
São Rafael Arcanjo, Médico de Deus, vós que fostes encarregado de acompanhar o jovem Tobias ao país dos Medas e que, ao voltar, curastes o pai de Tobias. Nós vos imploramos vossa assistência. Sede nosso protetor diante de Deus. São Rafael, curai-nos e protegei-nos.

3. São Gabriel Arcanjo:

Características: o Arcanjo da Anunciação e o Grande Mensageiro de Deus. Veste túnica branca ou ricas vestes litúrgicas e usa um bastão com um pomo arredondado (uma romã).
Atributo: vela verde.
Perfumes: mirra ou lótus.
Imagem: usa uma lanterna acesa e um espelho de jaspe verde. Usa também um cetro, uma flor-de-lis ou um ramo de oliveira.
Oração a São Gabriel:
Grande Mensageiro de Deus, trazei até mim o amor de meus semelhantes e a admiração de meus irmãos. Fortalecei-me e sustentai-me no caminho. Levai sempre à minha frente a vossa Santa Lanterna e colocai em fuga todas as trevas e a escuridão da noite da alma.

4. São Baracael Arcanjo:

Características: o arcanjo que precedia Moisés e todo o povo hebreu no deserto, sob a forma de Coluna de Fogo. O arcanjo condutor, aquele que indica o caminho na hora das dificuldades.
Atributo: vela vermelha.
Perfumes: narciso ou alfazema.
Imagem: aparece com rosas brancas que surgem das pregas de seu manto e é acompanhado de uma Coluna de Fogo.
Oração a São Baracael:
Bondoso São Baracael, condutor dos que andam pelo deserto. Conduz-me com cuidado e, mesmo na escuridão da noite, sempre mostra-me a luz da direção. Perfuma-me com o suave aroma de tuas rosas e eleva a minha alma com os mistérios do amor.

5. São Yeadiel Arcanjo:

Características: o Arcanjo da Recompensa e da Punição. Uma espécie de juiz divino, balança invisível da harmonia do Universo. Aliado dos que necessitam da verdadeira justiça. Foi o mestre de Sem, filho do patriarca Noé.
Atributo: vela marrom.
Perfumes: âmbar ou lírio.
Imagem: usa uma coroa de ouro na mão (a recompensa) e um chicote (a punição) na outra.
Oração a São Yeadiel:
Sábio Yeadiel, senhor da coroa dourada e do chicote de chumbo. Ajuda-me a discernir todas as situações de minha vida. Guarda-me da maldade dos falsos juízes, das línguas afiadas dos caluniadores e do veneno dos invejosos. Cuida de meu corpo e de minha alma, para que eu possa usar, com direito, a Coroa de Luz e de Ouro Celestial.

6. São Sealtiel Arcanjo:

Características: o Arcanjo Intercessor. Expressão da misericórdia e do socorro divinos. Como uma zelosa e carinhosa mãe, ele está sempre disposto a interceder pelos seres humanos. Foi ele quem apareceu ao patriarca Abraão e interrompeu o sacrifício de seu filho Isaac.
Atributo: vela violeta.
Perfumes: cedro ou eucalipto.
Imagem: aparece sempre com as mãos juntas em oração (símbolo da intercessão).
Oração a São Sealtiel:

Bom São Sealtiel, misericordioso ser alado, habitante do Mundo da Luz. Envolve-me com teu carinho e poder amoroso. Cobre-me com tua intercessão sem limites, caminha sempre comigo e jamais deixa de olhar onde eu estiver.

7. São Gamael Arcanjo:

Características: o arcanjo que consolou Jesus no Monte das Oliveiras. Símbolo da consolação de todos os aflitos e dos que passam momentos difíceis ou situações constrangedoras.
Atributo: vela amarela.
Perfumes: camélia ou jasmim.
Imagem: aparece com um ramo de oliveira na mão, e suas asas são maiores do que as de outros arcanjos.
Oração a São Gamael:
Consolador Celeste, São Gamael, trazei a paz para a minha vida. Paz, que é serenidade, tranquilidade e bem-estar. Paz durante o dia e nas horas escuras da noite. Bendizei-me com vosso ramo de oliveira e consolai-me afetuosamente."

Anjo da guarda

O anjo da guarda é um anjo pessoal que tem por função nos velar, proteger, inspirar e acompanhar.

Archibald Joseph Macintyre em seu livro *Os Anjos, Uma Realidade Admirável*, Editora Louva-a-deus, apresenta de forma resumida as condições da questão CXIII da *Suma Teológica*, de São Tomás de Aquino, o maior teólogo da Igreja Católica e considerado "doutor angélico", desencarnado em 1274.

1. Os homens são custodiados pelos anjos. Isso porque, como o conhecimento e as aflições dos homens podem variar muito, vindo a desencaminhá-los do bem, foi necessário que Deus destinasse anjos para a guarda dos homens, de modo que, por eles, fossem homens orientados, aconselhados e movidos para o bem.

Pelo afeto ao pecado, os homens se afastam do instinto do bem natural e do cumprimento dos preceitos da lei positiva e podem também desobedecer às inspirações que os anjos bons lhes dão invisivelmente, iluminando-os para que pratiquem o bem. Por isso, se um homem vem a perder-se, isso se deve atribuir à malícia do homem e não à negligência ou à incapacidade do anjo da guarda.

2. A cada homem custodiado corresponde um anjo custódio distinto. Todo anjo tem sob sua responsabilidade uma alma que lhe compete procurar salvar.

3. O anjo da guarda livra constantemente seu protegido de inumeráveis males e perigos tanto da alma quanto do corpo, dos quais o homem não se dá conta. Vimos como Jacob se dirigiu a José (Gênesis 48:10):

Que o anjo que me livrou de todos os males abençoe essas crianças.

4. O anjo da guarda impede que o Demônio nos faça o mal que desejaria fazer-nos. Lembremo-nos da história de Tobias mencionada.

5. O anjo da guarda suscita continuamente em nossa alma pensamentos santos e conselhos saudáveis (conforme se lê em Gênesis 16:18; At. At. 5, 8, 10).

6. O anjo da guarda leva a Deus nossas orações e pedidos, não porque Deus, onisciente, necessite disso para conhecê-los, mas para que ouça benignamente. Implora por iniciativa própria os auxílios divinos de que iremos necessitar, sem que disso nos demos conta e sem que, muitas vezes, venhamos a saber que recebemos esses auxílios (ver Tobias 3 e 12; Atos 10).

7. O anjo da guarda ilumina nosso entendimento, proporcionando-nos as verdades, de um modo mais fácil e compreensível, mediante o influxo que pode exercer em nossos sentidos interiores.

8. O anjo da guarda nos assistirá particularmente na hora da morte, quando mais dele iremos necessitar.

9. Os anjos da guarda, segundo opinião piedosa de grandes teólogos, acompanham as almas de seus protegidos ao purgatório e ao céu depois da morte, como acompanhavam as almas dos antigos patriarcas ao "seio de Abraão", expressão que simboliza a união com o pai.

De fato, a Igreja apoia e confirma essa crença na cerimônia da encomendação da alma a Deus, ao descer o corpo à sepultura, como última oração, e reza:

"Ide a seu encontro, anjos do Senhor; recebei sua alma e conduzi-a à presença do Altíssimo... que os anjos vos conduzam ao seio de Abraão."

10. O anjo da guarda ainda, segundo a opinião de muitos teólogos, atende às orações dirigidas pelos fiéis à alma de seu custodiado quando esta se encontra no purgatório, "em estado não de socorrer, mas de ser socorrida" (2-2 Q.83 a. 11. ad 3). Por isso, as súplicas dirigidas às almas do purgatório são das mais eficazes, pois são impetradas pelo anjo da guarda da alma a quem se recorre.

11. O anjo da guarda acompanhará eternamente no Céu seu custodiado que alcançou a salvação, "não mais para protegê-lo, mas para reinar com ele" (1.Q.113 a.4) e "para exercer sobre ele algum mistério de iluminação" (1 Q, 108 a. 7 ad 3).

12. O anjo da guarda não pode nos livrar das penas e cruzes dessa vida, enquanto Deus em sua infinita bondade no-las tiver mandado ou permitido, para nossa provação, santificação e purificação. Mas nos ajudará a suportar pacientemente, resignadamente e até mesmo alegremente as provações, encaradas como nossa modesta participação de solidariedade no mistério da redenção da humanidade, o qual se realizou plenamente no Sacrifício do Calvário, com a morte de Jesus.

13. O anjo da guarda nos protege contra a malícia humana, a injustiça, a hipocrisia, a falsidade, a mentira, a injustiça e os ciúmes daqueles que nos querem prejudicar. Sua veneração e invocação sempre nos hão de valer.

Segue uma curta oração da manhã ao anjo da guarda (extraída do *Livro de Orações Russo*):

"Anjo de Deus, meu santo protetor, que me foi enviado por Deus para a minha proteção, fervorosamente eu lhe imploro: me ilumine e me preserve de todo o mal, me oriente nas boas ações e me direcione no caminho da salvação. Amém".

Na Umbanda, há o costume de se acender uma vela branca ao anjo da guarda, oferecendo água e mel, o que pode ser feito de forma simples e como prática espiritual de proteção na presença do anjo da guarda, fortalecendo o vínculo entre ele e nós. Bastam para isso uma vela branca, um pires, um copo de água e mel.

Acenda a vela branca e segure-a com a mão direita à frente e acima da cabeça, fazendo esta evocação:

Eu evoco Deus, Sua lei maior e Sua justiça divina! Evoco meu anjo da guarda, ofereço a vós esta vela e peço que a imante, cruze e consagre em vosso poder se fazendo presente por meio dela em minha vida, em meu coração, palavras e mente!

Encoste a vela em cima de sua cabeça e imagine sua luz alcançando o infinito, no alto, onde seu anjo da guarda se encontra com o Altíssimo. A luz sobe como um facho e, quando alcança o anjo, sua luz desce por este facho, iluminando-o ainda mais até alcançar o alto de sua cabeça, entrando por seu corpo de dentro para fora e de fora para dentro, envolvendo-o todo em sua luz; neste momento, dê sete voltas em sentido horário com a vela acima de sua cabeça. Feito isso, fixe a vela no pires, tomando cuidado para não queimar cortinas nem tapetes e evitando estar ao lado de bujão de gás. Este pires pode estar em um altar, acima de uma mesa ou no chão, pois o que importa é que no ato de acender e evocar, neste momento, a vela estava acima de sua cabeça. Agora basta firmá-la em um local seguro. Coloque um pouco de mel em torno da vela e o copo de água ao lado dizendo: meu anjo da guarda, vos ofereço esta água e este mel, para que me proteja e envolva o meu corpo material, astral e espiritual em vossos eflúvios e irradiações. Inspire-me bons pensamentos e ações, afastando o mal de minha vida. Amém.

Caso ache necessário, faça outros pedidos.

Anjos no Ocultismo e na Cabala cristã

Lenain, Papus, Levi e outros ocultistas também estudaram os anjos sob uma ótica de "Alta Magia" com conceitos diferentes, somando valores judaicos e cristãos com estudos de outras culturas, como a egípcia, a sumeriana, a fenícia, a acadiana, a babilônica, a indiana e outras.

São ainda estudadas as 72 potências de Deus que têm origem na Cabala hebraica.

Decompondo-se o nome IHVH e somando as partes, em seus valores numéricos correspondentes, chega-se ao número 72. Entendem-se como 72 atributos de Deus e 72 anjos que cercam Seu trono.

Os nomes dos 72 anjos formam-se a partir dos três versículos do capítulo 14 do Êxodo (19, 20 e 21). Cada um possui 72 letras hebraicas.

As potências são constituídas da seguinte forma: pega-se a primeira letra dos versículos 19 e 21, em seguida, a primeira do versículo 20; essas três letras juntas, nessa ordem, geram o atributo do gênio (anjo). Acrescenta-se a essa qualidade um dos dois grandes nomes divinos, Iah ou El, e pronto. Muitas outras potências ou nomes divinos hebraicos são formados dessa maneira.

Assim se formam as 72 potências conhecidas na Cabala hebraica, também estudadas no Ocultismo como "72 atributos de Deus", "72 anjos" ou "72 gênios". São nomes divinos, cada um contendo em si o nome de Deus.

O objetivo aqui não é instruir um culto a esses "anjos" da Cabala cristã ou Ocultismo e muito menos dar receitas ou tabelas para evocá-los e/ou associá-los ao seu dia de nascimento, mesmo porque muitos que assim procedem não têm a menor ideia da origem e da estrutura desses nomes. Outros ainda confundem essas potências com o anjo da guarda, que não tem e nem precisa de um nome para ser chamado, evocado ou firmado.

Aqui, apenas apresentamos os "72 nomes" como material de estudo e recomendamos a quem queira se aprofundar a obra de Lenain, *A Ciência Cabalística*, Editora Martins Fontes, talvez a primeira a apresentar os "72 anjos" dessa forma. Também recomendo Papus em seu livro *A Cabala* (Sociedade das Ciências Antigas – 1983), pois este apresenta a mesma lista citando que teve como fonte o próprio Lenain.

Vejamos agora os "72 nomes", "72 gênios" ou "72 anjos":

1. **Vehuiah** – "Deus elevado e exaltado acima de todas as coisas"
2. **Jeliel** – "Deus caritativo"
3. **Sitael** – "Deus, a esperança de todas as criaturas"
4. **Elemiah** – "Deus oculto"
5. **Mahasiah** – "Deus salvador"
6. **Lelahel** – "Deus louvável"
7. **Achaiah** – "Deus bom e paciente"
8. **Cahetel** – "Deus adorável"
9. **Haziel** – "Deus de misericórdia"
10. **Aladiah** – "Deus propício"
11. **Lauviah** – "Deus louvado e exaltado"

12. **Hahaiah** – "Deus refúgio"
13. **Iezalel** – "Deus glorificado sobre todas as coisas"
14. **Mebahel** – "Deus conservador"
15. **Hariel** – "Deus criador"
16. **Hakamiah** – "Deus que constrói o Universo"
17. **Lauviah** – "Deus admirável"
18. **Caliel** – "Deus pronto a acolher"
19. **Leuviah** – "Deus que acolhe os pecadores"
20. **Pahaliah** – "Deus redentor"
21. **Nelchael** – "Deus só e único"
22. **Ieiaiel** – "A justiça de Deus"
23. **Melahel** – "Deus que livra dos males"
24. **Hahiuiah** – "Deus bom por si mesmo"
25. **Nith-haiah** – "Deus que dá a sabedoria"
26. **Haaiah** – "Deus oculto"
27. **Ierathel** – "Deus punidor dos maus"
28. **Séheiah** – "Deus que cura os doentes"
29. **Reiiel** – "Deus pronto a socorrer"
30. **Omael** – "Deus paciente"
31. **Lecabel** – "Deus que inspira"
32. **Vasariah** – "Deus justo"
33. **Iehuiah** – "Deus conhecedor de todas as coisas"
34. **Lehahiah** – "Deus clemente"
35. **Chavakiah** – "Deus que dá alegria"
36. **Menadel** – "Deus adorável"
37. **Aniel** – "Deus nas virtudes"
38. **Haamiah** – "Deus, a esperança de todos os filhos da terra"
39. **Rehael** – "Deus que acolhe os pecadores"
40. **Ieiazel** – "Deus que dá alegria"
41. **Hahahel** – "Deus em três pessoas"
42. **Mikael** – "Virtude de Deus" ou "semelhante a Deus"
43. **Veualiah** – "Rei dominador"
44. **Ielehiah** – "Deus eterno"
45. **Sealiah** – "Motor de todas as coisas"
46. **Ariel** – "Deus revelador"
47. **Asaliah** – "Deus justo que indica a verdade"
48. **Mihael** – "Deus, pai que socorre"
49. **Vehuel** – "Deus grande e elevado"
50. **Daniel** – "Símbolo da misericórdia" ou "anjo das confissões"
51. **Hahasiah** – "Deus oculto"
52. **Imamiah** – "Deus acima de todas as coisas"
53. **Nanael** – "Deus que humilha os orgulhosos"

54. **Nithel** – "Rei dos céus"
55. **Mebahiah** – "Deus eterno"
56. **Poiel** – "Deus que sustenta o Universo"
57. **Nemamiah** – "Deus louvável"
58. **Ieialel** – "Deus que acolhe as gerações"
59. **Harahel** – "Deus conhecedor de todas as coisas"
60. **Mitzrael** – "Deus que conforta os oprimidos"
61. **Umabel** – "Deus acima de todas as coisas"
62. **Iah Hel** – "Ser Supremo"
63. **Anauel** – "Deus infinitamente bom"
64. **Mehiel** – "Deus vivificador"
65. **Damabiah** – "Deus fonte de sabedoria"
66. **Manakel** – "Deus que secunda e mantém todas as coisas"
67. **Eiael** – "Deus, delícia das crianças"
68. **Habuhiah** – "Deus generoso"
69. **Rochel** – "Deus que tudo vê"
70. **Jabamiah** – "Verbo que produz todas as coisas"
71. **Haiael** – "Deus, Senhor do Universo"
72. **Mumiah** – Seu atributo é representado por "ômega"

A partir dos atributos que cada nome lhes confere, é possível a cada um encontrá-los como regentes de nível entre os Tronos de Deus com qualidades análogas.

Anjos no Islamismo

Criamos o homem de argila, de barro modelável.
Antes dele, havíamos criado os gênios de fogo puríssimo.

Alcorão

Maomé (Mohamed) recebeu o Corão (Alcorão) direto do arcanjo Jibril (Gabriel), ele viu e ouviu o anjo, que também se manifestava por meio de Mohamed.

O Corão é a base do Islã, e Mohamed é o profeta; assim, temos uma fé (religião) profundamente ligada na crença aos anjos.

Além dos anjos no Islã, assim como no Judaísmo, se crê nos djins (gênios). No Corão, os anjos são muito citados e respeitados.

2:30

"Quando Deus disse aos anjos: 'Designarei um califa na terra'..."

2:34

"E quando dissemos aos anjos: 'Prostrai-vos diante de Adão'.
Todos se prostraram, exceto Satanás. Rebelou-se, ensoberbeceu-se e tornou-se um dos descrentes."

2:97

"Quem for inimigo de Deus, de Seus anjos, de Seus mensageiros, de Gabriel e de Miguel terá Deus por inimigo: Deus é o inimigo dos descrentes."

2:102

"Descrentes foram os demônios que ensinaram aos homens a magia e o que havia sido revelado na Babilônia aos dois anjos Harut e Marut."

2:285

"Todo crente verdadeiro tem fé em Deus, nos Seus anjos, nos Seus livros, nos Seus mensageiros."

3:125

"Sim! Se sois perseverantes e temeis a Deus, quando vos agredirem, Deus vos socorrerá com 5 mil anjos adestrados."

8:9

"E, quando implorastes o socorro de vosso Senhor, Ele vos disse: 'Reforçar-vos-ei com mil anjos que vos seguirão'."

13:12

"É Ele quem provoca o relâmpago, que vedes com temor e esperança, enquanto junta as nuvens saturadas de chuva. O trovão canta-Lhe os louvores, os anjos têm medo d'Ele e O glorificam."

14:26

"E criamos o homem de argila seca, de barro modelável. E os djins, havíamo-los criado de fogo sem fumaça.
E quando Deus disse aos anjos: 'Vou criar um homem de argila seca, de barro maleável; e, quando o tiver modelado e nele soprado de Meu espírito, prostrai-vos diante dele'."
Todos os anjos se prostraram, exceto Satanás. Recusou-se a ser um dos prostrados.

Disse Deus: 'Satanás, por que não estás entre os prostrados?'.
Respondeu: 'Não sou daqueles que se prostram ante um mortal que criaste de argila seca, de barro maleável'."

No Islã, são reconhecidos quatro anjos:

Anjo Jibril (anjo Gabriel)
Anjo Miguel
Anjo Azrael – Anjo da morte.
Anjo Israfil – Anjo que soará as trombetas no dia do Juízo Final.

Segundo o Corão, cada homem tem dois anjos da guarda, um que anota as boas ações, e outro, as más ações.

Anjos no Zoroastrismo

O Zoroastrismo ou Masdeísmo é a fé que se deu na região Persa, muito conhecida por seus sacerdotes, os Magui.

Alguns creem que existiram muitos Zoroastros, como se o nome fosse antes de tudo um grau ou uma condição.

Entre outras traduções, Zoro-Astro é o Astro Zero, aquele que representa o Todo, o começo e o fim. O Zero e o Infinito.

O Masdeísmo é dualista no sentido de crer em um Deus bom (Ahura Mazda) em oposição ao Deus mau (Arimã), forças que controlam o Universo.

Seu fundador, Zoroastro (628 – 551 a.C.), aos 30 anos, teve a visão do arcanjo do pensamento certo, que se apresentou como um ser nove vezes maior que um ser humano normal. Após a visão, Zoroastro foi levado à presença de Deus, o Senhor da Luz (Ahura Mazda), com quem aprendeu tudo o que precisava para dar início a uma nova fé (religião).

Tempos depois, tomou conhecimento do "senhor das trevas" e seu "exército de demônios". Tanto os conceitos de dualidade (bem e mal) quanto a sua maneira de entender os anjos influenciariam o Judaísmo, o Catolicismo e o Islã.

Zoroastro contou com a presença, amparo e ensinamentos de seis anjos.

Richard Webster, em seu livro *Comunicando-se com o Arcanjo Uriel* (Madras Editora), cita os "seis arcanjos" e levanta a hipótese de o próprio Ahura Mazda (sábio senhor) ser o "sétimo arcanjo"; vejamos abaixo como ele apresenta esses seis arcanjos:

"1.   **Vohu Manah**, ou '**Mente Perfeita**', dá iluminação e também recebe as almas dos justos quando eles chegam aos céus.

2.   **Asha**, ou '**Justíssimo**', é o anjo curador. Ele também ensina valores espirituais.

3. **Khshthra Vairya**, ou '**Sonhos Realizados**', está encarregado da prosperidade de quaisquer questões concernentes ao mundo material.

4. **Spenta Armaiti**, ou '**Devoção Sagrada**', é um arcanjo feminino. Ela é o espírito da terra que fornece alimento, amor e perdão.

5. **Haurvatat**, ou '**Perfeição**', fornece proteção. Ele trabalha de perto com Ameretat.

6. **Ameretat**, ou '**Imortalidade**', assegura que os merecedores vão para o próximo nível depois dessa encarnação".

A palavra é "verbo", o "verbo" é ação, ação tem uma função, a função se qualifica em atributos e atribuições; no caso, divinos e facilmente identificados como "potências do Criador".

Anjos no Kardecismo

"Cocriação em plano maior"

"Nessa substância original, ao influxo do próprio Senhor Supremo, operam as inteligências divinas a Ele agregadas em processo de comunhão indescritível, os grandes Devas da Teologia hindu ou os arcanjos da interpretação de variados templos religiosos, extraindo desse hálito espiritual os celeiros da energia com que constroem os sistemas da imensidade, em serviço de cocriação em plano maior, em conformidade com os desígnios do Todo-Misericordioso, que faz deles agentes orientadores da criação excelsa. Essas inteligências gloriosas tomam o plasma divino e o convertem em habitações cósmicas, de múltiplas expressões, radiantes ou obscuras, gaseificadas ou sólidas, obedecendo à lei predeterminada, quais moradias que perduram por milênios e milênios, mas que se desgastam e se transformam, com o intuito de que o espírito criado pode formar ou cocriar, mas só Deus é o Criador de toda a eternidade."

Evolução em Dois Mundos, página 21
Chico Xavier/André Luiz

"O Céu e o Inferno" ou a justiça divina segundo o Espiritismo

O texto a seguir é do livro *O Céu e o Inferno*, de Allan Kardec, traduzido por Guillon Ribeiro, Editora FEB.

Os anjos segundo a Igreja

1. Todas as religiões têm tido anjos com vários nomes, isto é, seres superiores à humanidade, intermediários entre Deus e os homens.

Negando toda a existência espiritual fora da vida orgânica, o materialismo naturalmente classificou os anjos entre as ficções e as alegorias. A crença nos anjos é parte essencial dos dogmas da Igreja, que assim os define:

2. "Acreditamos firmemente", diz um concílio geral e ecumênico (Concílio de Latrão), "que só há um Deus verdadeiro, eterno e infinito, que no começo dos tempos tirou conjuntamente do nada as duas criaturas – espiritual e corpórea, angélica e mundana –, tendo formado depois, como elo entre as duas, a natureza humana, composta de corpo e espírito".

"Tal é, segundo a fé, o plano divino na obra da criação, plano majestoso e completo como convinha à eterna sabedoria. Assim concebido, ele oferece aos nossos pensamentos o ser em todos os seus graus e condições."

"Na esfera mais elevada, aparecem a existência e a vida puramente espirituais; na última ordem, uma e outra puramente materiais e, intermediariamente, uma união maravilhosa das duas substâncias, uma vida ao mesmo tempo comum ao espírito inteligente e ao corpo organizado."

"Nossa alma é de natureza simples e indivisível, porém limitada em suas faculdades. A ideia que temos da perfeição faz-nos compreender que pode haver outros seres tão simples quanto ela e superiores por suas qualidades e privilégios."

"A alma é grande e nobre, porém está associada à matéria, servida por órgãos frágeis e limitada no poder e na ação. Por que não haver outras ainda mais pobres, libertas dessa escravidão, dessas peias e dotadas de uma força e atividade maiores e incomparáveis? Antes que Deus houvesse colocado o homem na Terra, para conhecê-Lo, servi-Lhe, e amá-Lo, não teria já chamado outras criaturas, a fim de compor a corte celeste e adorá-Lo no auge da glória? Deus, enfim, recebe das mãos do homem os tributos de honra e homenagem desse Universo: é, portanto, de admirar que receba das mãos dos anjos o incenso e as orações do homem? Se, pois, os anjos não existissem, a grande obra do Criador não patentearia o acabamento e a perfeição que lhe são peculiares; esse mundo, que atesta Sua onipotência, não fora mais a obra-prima da sabedoria; nesse caso, nossa razão, posto que fraca, poderia conceber um Deus mais completo e consumado. Em cada página dos sagrados livros, tanto do Velho como do Novo Testamentos, se fez menção dessas inteligências sublimes, já em piedosas invocações, em referências históricas. Sua intervenção aparece manifestamente na vida dos patriarcas e dos profetas. Serve-se Deus de tal ministério, ora para transmitir a Sua vontade, ora para anunciar futuros acontecimentos, e os anjos são também quase sempre órgãos de Sua justiça e misericórdia. Sua presença ressalta das circunstâncias que acompanham o nascimento, a vida e a paixão do Salvador; sua lembrança é inseparável da dos grandes homens, como dos fatos mais grandiosos da Antiguidade religiosa. A crença nos anjos existe no seio mesmo do politeísmo e nas fábulas da mitologia, porque essa crença é tão universal e antiga quanto o mundo. O culto que os pagãos prestavam aos bons e maus gênios não era mais que falsa aplicação da verdade, um resto degenerado do primitivo dogma. As palavras do santo Concílio de Latrão contêm fundamental distinção entre os anjos e os homens – ensinam-nos que os primeiros são puros espíritos, enquanto que os segundos se compõem de um corpo e de uma alma, isto é, que a natureza angélica subsiste por si mesma não só sem mistura como dissociada da matéria, por mais vaporosa e sutil que se suponha, ao passo que nossa alma, igualmente espiritual, associa-se ao corpo de modo a formar com ele uma só pessoa, sendo tal e essencialmente seu destino."

"Enquanto perdura tão íntima ligação de alma e corpo, as duas substâncias têm vida comum e exercem recíproca influência; daí o não poder a alma libertar-se completamente das imperfeições de tal condição: as ideias chegam-lhe pelos sentidos na comparação dos objetos externos e sempre debaixo de imagens mais ou menos aparentes. Eis por que a alma não pode contemplar-se a si mesma, nem conceber Deus e os anjos sem atribuir-lhes forma visível e palpável. O mesmo se dá quanto aos anjos, que, para se manifestarem aos santos e profetas, hão de revestir formas tangíveis e palpáveis. Essas formas, no entanto, não passavam de corpos aéreos que faziam se mover e se identificar com eles, ou de atributos simbólicos de acordo com a missão a seu cargo."

"Seu ser e movimentos não são localizados nem circunscritos a limitado e fixo ponto do espaço. Desligados integralmente do corpo, não ocupam nenhum espaço no vácuo; mas assim como nossa alma existe integral no corpo e em cada uma de suas partes, assim também os anjos estão, e quase que simultaneamente, em todos os pontos e partes do mundo. Mais rápidos que o pensamento, podem agir em toda parte em um dado momento, operando por si mesmos sem outros obstáculos, senão os da vontade do Criador e os da liberdade humana. Enquanto somos condenados a ver lenta e limitadamente as coisas externas, enquanto as verdades sobrenaturais se nos afiguram enigmas num espelho, na frase de S. Paulo, eles, os anjos, veem sem esforço o que lhes importa saber e estão sempre em relação imediata com o objeto de seus pensamentos. Seus conhecimentos são resultantes não da indução e do raciocínio, mas dessa intuição clara e profunda que abrange de uma só vez o gênero e as espécies deles derivadas, os princípios e as consequências que deles decorrem. A distância das épocas, a diferença de lugares, como a multiplicidade de objetos, confusão alguma podem produzir em seus espíritos."

"Infinita, a essência divina é incompreensível; tem mistérios e profundezas que se não podem penetrar; mas em lhes serem defesos os desígnios particulares da Providência, ela lhos desvenda quando em certas circunstâncias são encarregados de os anunciarem aos homens. As comunicações de Deus com os anjos e destes entre si não se fazem como entre nós por meio de sons articulados e de sinais sensíveis. As puras inteligências não têm necessidade nem de olhos para ver, nem de ouvidos para ouvir; tampouco possuem órgão vocal para manifestar seus pensamentos. Este instrumento usual de nossas relações é-lhes desnecessário, pois comunicam seus sentimentos de modo só a eles peculiar, isto é, todo espiritual. Basta-lhes querer para se compreenderem. Unicamente Deus conhece o número dos anjos. Esse número não é, sem dúvida, infinito, nem pudera sê-lo; porém, segundo os autores sagrados e os santos doutores, é assaz considerável, verdadeiramente prodigioso. Se se pode proporcionar o número de habitantes de uma cidade à sua grandeza e extensão, e, sendo a Terra apenas um átomo comparada ao firmamento e às imensas regiões do espaço, força é concluir que o número dos habitantes do ar e do céu é muito superior ao dos homens.

E, se a majestade dos reis se ostenta pelo brilhantismo e número dos vassalos, dos oficiais e dos súditos, que haverá de mais próprio a dar-nos ideia da majestade do Rei dos reis do que essa multidão inumerável de anjos que povoam céus e Terra, mar e abismos, a dignidade dos que permanecem continuamente prostrados ou de pé ante Seu trono?"

"Os padres da Igreja e os teólogos ensinam geralmente que os anjos se dividem em três grandes hierarquias ou principados, e cada hierarquia em três companhias ou coros."

"Os da primeira e mais alta hierarquia designam-se conformemente às funções que exercem no céu: os serafins são assim designados por serem como que abrasados perante Deus pelos ardores da caridade; outros, os querubins, por isso que refletem luminosamente a divina sabedoria; e finalmente Tronos os que proclamam a grandeza do Criador, cujo brilho fazem resplandecer."

"Os anjos da segunda hierarquia recebem nomes consentâneos com as operações que se lhes atribui no governo geral do Universo, e são as dominações que determinam aos anjos de classes inferiores suas missões e deveres; as virtudes que promovem os prodígios reclamados pelos grandes interesses da Igreja e do gênero humano e as potências que protegem por sua força e vigilância as leis que regem o mundo físico e moral."

"Os da terceira hierarquia têm por missão a direção das sociedades e das pessoas e são: os principados, encarregados de reinos, províncias e dioceses; os arcanjos, que transmitem as mensagens de alta importância; e os anjos da guarda, que acompanham as criaturas a fim de velar pela sua segurança e santificação."

Extraímos esse resumo da pastoral do monsenhor Gousset, cardeal-arcebispo de Reims, para a Quaresma de 1864. Por ele podemos, pois, considerar os anjos, assim como os demônios, cujo resumo tiramos da mesma origem e citamos como última expressão do dogma da Igreja nesse sentido.

Refutação

3. O princípio geral resultante dessa doutrina é que os anjos são seres puramente espirituais, anteriores e superiores à humanidade, criaturas privilegiadas e votadas à felicidade suprema e eterna desde a sua formação, dotadas, por sua própria natureza, de todas as virtudes e conhecimentos, nada tendo feito, aliás, para adquiri-los. Estão, por assim dizer, no primeiro plano da criação, contrastando com o último em que a vida é puramente material; e, entre os dois, medianamente existe a humanidade, isto é, as almas, seres inferiores aos anjos e ligados a corpos materiais.

De tal sistema, decorrem várias dificuldades capitais: em primeiro lugar, que vida é essa puramente material? Será a da matéria bruta? Mas a matéria bruta é inanimada e não tem vida por si mesma. Acaso referir-se-á aos animais e às plantas?

Neste suposto seria uma quarta ordem na criação, pois não se pode negar que no animal inteligente algo há de mais que em uma planta e nesta, que em uma simples pedra.

Quanto à alma humana, que estabelece a transição, essa fica diretamente unida a um corpo, matéria bruta; aliás, porque sem alma o corpo tem tanta vida como qualquer bloco de terra.

Evidentemente, essa divisão é obscura e não se compadece com a observação; assemelha-se à teoria dos quatro elementos, anulada pelos progressos da Ciência.

Admitamos, entretanto, esses três termos: a criatura espiritual, a humana e a corpórea, pois que tal é, dizem, o plano divino, majestoso e completo como convém à Eterna Sabedoria. Notemos antes de tudo que não há ligação alguma necessária entre esses três termos e que são três criações distintas e formadas sucessivamente, ao passo que na natureza tudo se encadeia, mostrando-nos uma lei de unidade admirável, cujos elementos, não passando de transformações entre si, têm, contudo, seus laços de união.

Mas essa teoria, embora incompleta, é, até certo ponto, verdadeira, quanto à existência dos três termos; faltam-lhe os pontos de contato desses termos, como é fácil demonstrar.

4. Diz a Igreja que esses três pontos culminantes da criação são necessários à harmonia do conjunto. Desde que lhe falte um só que seja, a obra incompleta não mais se compadece com a Sabedoria Eterna. Entretanto, um dos dogmas fundamentais diz que a Terra, os animais, as plantas, o Sol, as estrelas e até a luz foram criados do nada, há 6 mil anos. Antes dessa época,

não havia, portanto, criatura humana nem corpórea – o que importa dizer é que, no decurso da eternidade, a obra divina jazia imperfeita. É artigo de fé capital a criação do Universo há 6 mil anos, tanto que há pouco ainda era a Ciência anatematizada por destruir a cronologia bíblica, provando maior ancianidade da Terra e de seus habitantes.

Apesar disso, o Concílio de Latrão, concílio ecumênico que faz lei em matéria ortodoxa, diz:

"Acreditamos firmemente em um Deus único e verdadeiro, eterno e infinito, que, no começo dos tempos, tirou conjuntamente do nada as duas criaturas – espiritual e corpórea. Por começo dos tempos, só podemos inferir a eternidade transcorrida, visto ser o tempo infinito como o espaço, sem começo nem fim. Esta expressão, começo dos tempos, é antes uma figura que implica a ideia de uma anterioridade ilimitada. O Concílio de Latrão acredita, pois, firmemente, que as criaturas espirituais como as corpóreas foram simultaneamente formadas e tiradas em conjunto do nada, numa época indeterminada, no passado. A que fica reduzido, assim, o texto bíblico que data a criação de 6 mil dos nossos anos? E, ainda que se admita seja tal o começo do Universo visível, esse não é seguramente o começo dos tempos. Em qual crer: no concílio ou na Bíblia?".

5. O concílio formula, além disso, uma estranha proposição: "Nossa alma", diz, "igualmente espiritual, é associada ao corpo de maneira a não formar com ele mais que uma pessoa, e tal é, essencialmente, o seu destino". Ora, se o destino essencial da alma é estar unida ao corpo, esta união constitui o estado normal, o desígnio, o fim, por isso que é o seu destino. Entretanto, a alma é imortal, e o corpo não; a união daquela com este só se realiza uma vez, segundo a Igreja, e, ainda que durasse um século, nada seria em relação à eternidade. E, sendo apenas de algumas horas para muitos, que utilidade teria para a alma união tão efêmera? Mas que se prolongue essa união tanto quanto se pode prolongar uma existência terrena e, ainda assim, poder-se-á afirmar que seu destino é estar essencialmente integrada? Não, essa união não é na realidade mais do que um incidente, um estádio da alma, nunca o seu estado essencial.

Se o destino essencial da alma é estar ligada ao corpo humano; se por sua natureza e segundo o fim providencial da criação, essa união é necessária às manifestações das suas faculdades, forçoso é concluir que, sem corpo, a alma humana é um ser incompleto. Ora, para que a alma preencha seus desígnios, deixando um corpo preciso se faz que tome um outro – o que nos conduz à pluralidade forçada das existências, ou, por outra, à reencarnação, à perpetuidade.

É verdadeiramente estranhável que um concílio, havido por uma das luzes da Igreja, tenha a tal ponto identificado os seres espiritual e material, de modo a não subsistirem por si mesmos, pois que a condição essencial da sua criação é estarem unidos.

6. O quadro hierárquico dos anjos nos mostra que várias ordens têm, nas suas atribuições, o governo do mundo físico e da humanidade, para cujo fim foram criados. Mas, segundo o Gênese, o mundo físico e a humanidade não existem senão há 6 mil anos; e o que faziam, pois, tais anjos, anteriormente a essa era, durante a eternidade, quando não existia o objetivo das suas ocupações? E teriam eles sido criados de toda a eternidade? Assim deve ser, uma vez que servem à glorificação do Todo-Poderoso. Mas, criando-os em uma época qualquer determinada, Deus ficaria até então, isto é, durante uma eternidade, sem adoradores.

7. Diz ainda o concílio: "Enquanto dura essa união tão íntima da alma com o corpo". Há, por conseguinte, um momento em que a união se desfaz? Esta proposição contradita a que sustenta a essencialidade dessa união. E diz mais o concílio: "As ideias lhes chegam pelos sentidos, na comparação dos objetos exteriores". Eis aí uma doutrina filosófica em parte verdadeira, que não em sentido absoluto.

Receber as ideias pelos sentidos é, segundo o eminente teólogo, uma condição inerente à natureza humana; mas ele esquece as ideias inatas, as faculdades por vezes tão transcendentes, a intuição das coisas que a criança traz do berço, não por causa de quaisquer ensinos. Por meio de quais sentidos jovens pastores, naturais calculistas, admiração dos sábios, adquirem ideias necessárias à resolução quase instantânea dos mais complicados problemas? Outro tanto pode dizer-se de músicos, pintores e filólogos precoces.

"Os conhecimentos dos anjos não resultam da indução e do raciocínio"; têm-nos porque são anjos, sem necessidade de aprendê-los, pois tais foram por Deus criados: quanto à alma, essa deve aprender. Mas, se a alma só recebe as ideias por meio dos órgãos corporais, que ideias pode ter a alma de uma criança morta ao fim de alguns dias, se admitirmos com a Igreja que essa alma não renasce?

8. Aqui reponta uma questão vital, qual a de saber-se se a alma pode adquirir conhecimentos após a morte do corpo. Se uma vez liberta do corpo, não pode adquirir novos conhecimentos, a alma da criança, do selvagem, do imbecil, do idiota ou do ignorante permanecerá tal qual era no momento da morte, condenada à nulidade por todo o sempre. Mas, se, ao contrário, ela adquire novos conhecimentos depois da vida atual, então, é que pode progredir.

Sem progresso ulterior para a alma, chega-se a conclusões absurdas, tanto quanto admitindo-o se conclui pela negação de todos os dogmas fundados sobre o estacionamento a sorte irrevogável, as penas eternas, etc. Progredindo a alma, qual o limite do progresso? Não há razão para não atingir por ele o grau dos anjos, ou puros espíritos. Ora, com tal possibilidade não se justificaria a criação de seres especiais e privilegiados, isentos de qualquer labor, gozando incondicionalmente de eterna felicidade, ao passo que outros seres menos favorecidos só obtêm essa felicidade a troco de longos e cruéis sofrimentos e de rudes provas. Sem dúvida que Deus poderia ter assim determinado, mas, admitindo-lhe o infinito de perfeição sem a qual não fora Deus, força é admitir que coisa alguma criaria inutilmente, desmentindo sua justiça e bondade soberanas.

9. "E se a majestade dos reis ostenta seu brilhantismo pelo número dos vassalos, oficiais e súditos, que haverá de mais próprio a dar-nos ideia da majestade do Rei dos reis do que essa inumerável multidão de anjos que povoam céu e terra, mar e abismos, a dignidade dos que permanecem continuamente prostrados ou de pé ante Seu trono?"
E não será rebaixar a divindade confrontá-la com o fausto dos soberanos da Terra? Essa ideia, inculcada no espírito das massas ignorantes, falseia a opinião de sua verdadeira grandeza. Sempre Deus reduzido às mesquinhas proporções da humanidade! Atribuir-lhe, como necessidade, milhões de adoradores, perenemente genuflexos, é emprestar-lhe vaidade e fraqueza próprias dos orgulhosos déspotas do Oriente! E que é que engrandece os soberanos verdadeiramente grandes? É o número e brilho dos cortesãos? Não, é a bondade, é a justiça, é o título merecido de pais do seu povo. Perguntareis se haverá algo de mais próprio a dar-nos a ideia da grandeza e majestade de Deus do que a multidão de anjos que lhe compõem a corte... Mas certamente que há, e essa coisa melhor é apresentar-se Deus às Suas criaturas soberanamente bom, justo e misericordioso, não colérico, invejoso, vingativo, exterminador e parcial, criando para a Sua própria glória esses seres privilegiados, cumulados de todos os dons e nascidos para a felicidade eterna, enquanto a outros impõe condições penosas na aquisição de bens, punindo erros momentâneos com eternos suplícios...

10. A respeito da união da alma com o corpo, o Espiritismo professa uma doutrina infinitamente mais espiritualista, para não dizer menos materialista, tendo a seu favor a conformidade com a observação e o destino da alma. Ele nos ensina que a alma é independente do corpo, não passando este de temporário invólucro: a espiritualidade é-lhe a essência, e a sua vida normal é a vida espiritual. O corpo é apenas instrumento da alma para exercício das suas faculdades nas relações com o mundo material; separada desse corpo, goza dessas faculdades mais livre e altamente.

11. A união da alma com o corpo, por ser necessária aos seus primeiros progressos, só se opera no período que poderemos classificar como da sua infância e adolescência; atingido, porém, que seja, um certo grau de perfeição e desmaterialização, essa união é prescindível, o progresso faz-se na sua vida de espírito. Além disso, por numerosas que sejam as existências corpóreas, elas são limitadas à existência do corpo, e sua soma total não compreende, em todos os casos, senão uma parte imperceptível da vida espiritual, que é ilimitada.

Os anjos segundo o Espiritismo

12. Que haja seres dotados de todas as qualidades atribuídas aos anjos, não restam dúvidas. A revelação espírita neste ponto confirma a crença de todos os povos, fazendo-nos conhecer ao mesmo tempo a origem e a natureza de tais seres.

As almas ou os espíritos são criados simples e ignorantes, isto é, sem conhecimentos nem consciência do bem e do mal, porém aptos para adquirir o que lhes falta. O trabalho é o meio de aquisição, e o fim – que é a perfeição – é para todos o mesmo. Conseguem-na mais ou menos prontamente em virtude do livre-arbítrio e na razão direta dos seus esforços; todos têm os mesmos degraus a franquear, o mesmo trabalho a concluir. Deus não aquinhoa melhor a uns do que a outros, porquanto é justo e, visto serem todos seus filhos, não tem predileções. Ele lhes diz: "Eis a lei que deve constituir vossa norma de conduta; ela só pode levar-vos ao fim; tudo que lhe for conforme é o bem; tudo que lhe for contrário é o mal. Tendes inteira liberdade de observar ou infringir essa lei, e assim sereis os árbitros da vossa própria sorte".

Conseguintemente, Deus não criou o mal; todas as suas leis são para o bem, e foi o homem que criou esse mal, divorciando-se dessas leis; se ele as observasse escrupulosamente, jamais se desviaria do bom caminho.

13. Entretanto, a alma, qual criança, é inexperiente nas primeiras fases da existência, e daí o ser falível. Não lhe dá Deus essa experiência, mas dá-lhe meios de adquiri-la. Assim, um passo em falso na senda do mal é um atraso para a alma, que, sofrendo-lhe as consequências, aprende à sua custa o que importa evitar. Desse modo, pouco a pouco, se desenvolve, aperfeiçoa e adianta na hierarquia espiritual até o estado de puro espírito ou anjo. Os anjos são, pois, as almas dos homens chegados ao grau de perfeição que a criatura comporta, fruindo em sua plenitude a prometida felicidade. Antes, porém, de atingir o grau supremo, gozam de felicidade relativa ao seu adiantamento, que consiste, não na ociosidade, mas nas funções que a Deus apraz confiar-lhes, e por cujo desempenho se sentem ditosas, tendo ainda nele um meio de progresso.

14. A humanidade não se limita à Terra; habita inúmeros mundos que no espaço circulam; já habitou os desaparecidos e habitará os que se formarem. Tendo-a criado de toda a eternidade, Deus jamais cessa de criá-la. Muito antes que a Terra existisse e por mais remota que a suponhamos, outros mundos havia, nos quais espíritos encarnados percorreram as mesmas fases que ora percorrem os de mais recente formação, atingindo seu fim antes mesmo que houvéramos saído das mãos do Criador.

De toda a eternidade, tem havido, pois, puros espíritos ou anjos; mas, como a sua existência humana se passou em um infinito passado, eis que os supomos como se tivessem sido sempre anjos de todos os tempos.

15. Realiza-se assim a grande lei de unidade da criação; Deus nunca esteve inativo e sempre teve puros espíritos, experimentados e esclarecidos, para a transmissão de suas ordens e direção do Universo, desde o governo dos mundos até os mais ínfimos detalhes. Tampouco teve Deus necessidade de criar seres privilegiados, isentos de obrigações; todos, antigos e novos, adquiriram suas posições na luta e por mérito próprio; todos, enfim, são filhos de suas obras.

E, desse modo, completa-se com igualdade a soberana justiça do Criador.

O Livro dos Espíritos

O texto abaixo é de *O Livro dos Espíritos,* de Allan Kardec, traduzido por Guillon Ribeiro, Editora FEB.

Anjos e demônios

128. *Os seres a que chamamos anjos, arcanjos, serafins formam uma categoria especial, de natureza diferente da dos outros espíritos?*

"Não, são espíritos puros: os que se acham no mais alto grau da escala e reúnem todas as perfeições."

A palavra *anjo* desperta geralmente a ideia de perfeição moral. Entretanto, ela se aplica muitas vezes à designação de todos os seres, bons e maus, que estão fora da humanidade. Diz-se: o anjo bom e o anjo mau; o anjo de luz e o anjo das trevas. Neste caso, o termo é sinônimo de *espírito* ou de *gênio*. Tomamo-lo aqui na sua melhor acepção.

129. *Os anjos hão percorridos todos os graus da escala?*

"Percorreram todos os graus, mas do modo que havemos dito: uns, aceitando sem murmurar suas missões, chegaram depressa; outros, gastaram mais ou menos tempo para chegar à perfeição."

130. *Sendo errônea a opinião dos que admitem a existência de seres criados perfeitos e superiores a todas as outras criaturas, como se explica que essa crença esteja na tradição de quase todos os povos?*

"Fica sabendo que o mundo onde te achas não existe de toda a eternidade e que, muito tempo antes que ele existisse, já havia espíritos que tinham atingido o grau supremo. Acreditaram os homens que eles eram assim desde todos os tempos."

131. *Há demônios, no sentido que se dá a essa palavra?*

"Se houvesse demônios, seriam obra de Deus. Mas, porventura, Deus seria justo e bom se houvesse criado seres destinados eternamente ao mal e a permanecer eternamente desgraçados? Se há demônios, eles se encontram no mundo inferior em que habitais e em outros semelhantes.

São esses homens hipócritas que fazem de um Deus justo um Deus mau e vingativo e que julgam agradar-Lhe por meio das abominações que praticam em Seu nome."

A palavra *demônio* não implica a ideia de espírito mau, senão na sua acepção moderna, porquanto o termo grego *daïmon*, do qual ela derivou, significa *gênio, inteligência* e se aplica aos seres incorpóreos, bons ou maus, indistintamente.

Por demônios, segundo a acepção vulgar da palavra, se entendem seres essencialmente malfazejos. Como todas as coisas, eles teriam sido criados por Deus. Ora, Deus, que é soberanamente justo e bom, não pode ter criado seres predispostos, por sua natureza, ao mal e condenados por toda a eternidade. Se não fossem obra de Deus, existiriam, como Ele, desde toda a eternidade, ou então haveria muitas potências soberanas.

A primeira condição de toda doutrina é ser lógica. Ora, para a dos demônios, no sentido absoluto, falta essa base essencial. Concebe-se que povos atrasados, os quais, por desconhecerem os atributos de Deus, admitam em suas crenças divindades maléficas e demônios; mas, é ilógico e contraditório que quem faz da bondade um dos atributos essenciais de Deus suponha haver Ele criado seres destinados ao mal e a praticá-lo perpetuamente, porque isso equivale a Lhe negar a bondade. Os partidários dos demônios se apoiam nas palavras do Cristo. Não seremos nós quem contestará a autoridade de Seus ensinos, que desejáramos ver mais no coração do que na boca dos homens; porém, estarão aqueles partidários certos do sentido que Ele dava a esse vocábulo? Não é sabido que a forma alegórica constitui um dos caracteres distintivos da Sua linguagem? Dever-se-á tomar ao pé da letra tudo o que o Evangelho contém? Não precisamos de outra prova além da que nos fornece esta passagem:

"Logo após esses dias de aflição, o Sol escurecerá, a Lua não mais dará a sua luz, as estrelas cairão do céu e as potências do céu se abalarão. Em verdade vos digo que esta geração não passará sem que todas essas coisas se tenham cumprido".

Não temos visto a Ciência contraditar a forma do texto bíblico, no tocante à criação e ao movimento da Terra? Não se dará o mesmo com algumas figuras de que se serviu o Cristo, que tinha de falar de acordo com os tempos e os lugares? Não é possível que ele haja dito conscientemente uma falsidade. Assim, pois, se nas suas palavras há coisas que parecem chocar a razão, é que não as compreendemos bem, ou as interpretamos mal.

Os homens fizeram com os demônios o que fizeram com os anjos. Como acreditaram na existência de seres perfeitos desde toda a eternidade, tomaram os espíritos inferiores por seres perpetuamente maus. Por demônios se devem entender os espíritos impuros, que muitas vezes não valem mais do que as entidades designadas por esse nome, mas com a diferença de ser transitório seu estado. São espíritos imperfeitos que se rebelam contra as provas que lhes tocam e que, por isso, as sofrem mais longamente, porém que, a seu turno, chegarão a sair daquele estado, quando o quiserem.

Poder-se-ia, pois, aceitar o termo *demônio* com essa restrição. Como o entendem atualmente, dando-se-lhe um sentido exclusivo, ele induziria em erro, com o fazer crer na existência de seres especiais criados para o mal.

Satanás é evidentemente a personificação do mal sob forma alegórica, visto não se poder admitir que exista um ser mau a lutar, como de potência a potência, com a divindade e cuja única preocupação consistisse em lhe contrariar os desígnios. Como precisa de figuras e imagens que lhe impressionem a imaginação, o homem pintou os seres incorpóreos sob uma forma material, com atributos que lembram as qualidades ou os defeitos humanos. É assim que os antigos, querendo personificar o tempo, o pintaram como a figura de um velho munido de uma foice e uma ampulheta. Representá-lo pela figura de um mancebo fora contrassenso. O mesmo se verifica com as alegorias da fortuna, da verdade, etc. Os modernos representaram os anjos, os puros espíritos, por uma figura radiosa, de asas brancas, emblema da pureza; e Satanás com chifres, garras e os atributos da animalidade, emblema das paixões vis. O vulgo, que toma as coisas ao pé da letra, viu nesses emblemas individualidades reais, como vira outrora Saturno na alegoria do tempo.

Ainda em o O Livro dos Espíritos

Anjos da guarda. Espíritos protetores, familiares ou simpáticos
489. *Há espíritos que se liguem particularmente a um indivíduo para protegê-lo?*
"Há o *irmão espiritual*, o que chamais *o bom espírito* ou *o bom gênio*."

490. *Que se deve entender por anjo da guarda ou anjo guardião?*
"O espírito protetor, pertencente a uma ordem elevada."

491. *Qual a missão do espírito protetor?*
"A de um pai com relação aos filhos; a de guiar o seu protegido pela senda do bem, auxiliá-lo com seus conselhos, consolá-lo nas suas aflições, levantar-lhe o ânimo nas provas da vida."

492. *O espírito protetor se dedica ao indivíduo desde o seu nascimento?*
"Desde o nascimento até a morte e muitas vezes o acompanha na vida espiritual, depois da morte, e mesmo por meio de muitas existências corpóreas, que mais não são do que fases curtíssimas da vida do espírito."

493. *É voluntária ou obrigatória a missão do espírito protetor?*
"O espírito fica obrigado a vos assistir, uma vez que aceitou esse encargo. Cabe-lhe, porém, o direito de escolher seres que lhe sejam simpáticos. Para alguns, é um prazer; para outros, missão ou dever."

a) *Dedicando-se a uma pessoa, renuncia o espírito a proteger outros indivíduos?*
"Não, mas protege-os menos exclusivamente."

494. *O espírito protetor fica fatalmente preso à criatura confiada à sua guarda?*
"Frequentemente sucede que alguns espíritos deixam suas posições de protetores para desempenhar diversas missões. Mas, nesse caso, outros os substituem."

495. *Poderá dar-se que o espírito protetor abandone o seu protegido, por se lhe mostrar este rebelde aos conselhos?*
"Afasta-se, quando vê que seus conselhos são inúteis e que mais forte é, no seu protegido, a decisão de submeter-se à influência dos espíritos inferiores. Mas não o abandona completamente e sempre se faz ouvir. É então o homem quem tapa os ouvidos. O protetor volta desde que este o chame."

"É uma doutrina, esta dos anjos guardiães, que, pelo seu encanto e doçura, devera converter os mais incrédulos.

Não vos parece grandemente consoladora a ideia de terdes sempre junto de vós seres que vos são superiores, prontos sempre a vos aconselhar e amparar, a vos ajudar na ascensão da abrupta montanha do bem; mais sinceros e dedicados amigos do que todos os que mais intimamente se vos liguem na Terra? Eles se acham ao vosso lado por ordem de Deus. Foi Deus quem aí os colocou e, aí permanecendo por amor de Deus, desempenham bela, porém penosa missão. Sim, onde quer que estejais, estarão convosco. Nem nos cárceres, nem nos hospitais, nem nos lugares de devassidão, nem na solidão, estais separados desses amigos a quem não podeis ver, mas cujo brando influxo vossa alma sente, ao mesmo tempo que lhes ouve os ponderados conselhos."

"Ah! se conhecêsseis bem essa verdade! Quanto vos ajudaria nos momentos de crise! Quanto vos livraria dos maus espíritos! Mas, oh! Quantas vezes, no dia solene, não se verá esse anjo constrangido a vos observar: 'Não te aconselhei isso? Entretanto, não o fizeste. Não te mostrei o abismo? Contudo, nele te precipitaste! Não fiz ecoar na tua consciência a voz da verdade? Preferiste, no entanto, seguir os conselhos da mentira!' Oh! Interrogai os vossos anjos guardiães; estabelecei entre eles e vós essa terna intimidade que reina entre os melhores amigos. Não penseis em lhes ocultar nada, pois que eles têm o olhar de Deus e não podeis enganá-los. Pensai no futuro; procurai adiantar-vos na vida presente.

Assim fazendo, encurtareis vossas provas e mais felizes tornareis nossas existências.

Vamos, homens, coragem! De uma vez por todas, lançai para longe todos os preconceitos e ideias preconcebidas. Entrai na nova senda que diante dos passos se vos abre. Caminhai!

Tendes guias, segui-los, que a meta não vos pode faltar, porquanto essa meta é o próprio Deus."

"Aos que considerem impossível que espíritos verdadeiramente elevados se consagrem à tarefa tão laboriosa e de todos os instantes, diremos que nós vos influenciamos as almas, estando embora muitos milhões de léguas distantes de vós. O espaço, para nós, nada é, e não obstante viverem noutro mundo, os nossos espíritos conservam suas ligações com os vossos.

Gozamos de qualidades que não podeis compreender, mas ficai certos de que Deus não nos impôs tarefa superior às nossas forças e de que não vos deixou sós na Terra, sem amigos e sem amparo. Cada anjo da guarda tem o seu protegido, pelo qual vela, como o pai pelo filho. Alegra-se, quando o vê no bom caminho; sofre, quando ele despreza os conselhos."

"Não receeis fatigar-nos com as vossas perguntas. Ao contrário, procurai estar sempre em relação conosco. Sereis assim mais fortes e mais felizes. São essas comunicações de cada um com o seu espírito familiar que fazem com que sejam médiuns todos os homens, médiuns ignorados hoje, mas que se manifestarão mais tarde e se espalharão qual oceano sem margens, levando de roldão a incredulidade e a ignorância. Homens doutos, instruí os vossos semelhantes; homens de talento, educai os vossos irmãos. Não imaginais que obra fazeis desse modo: a do Cristo, a que Deus vos impõe. Para que vos outorgou Deus a inteligência e o saber, senão para o repartirdes com os vossos irmãos, senão para fazerdes que se adiantem pela senda que conduz à bem-aventurança, à felicidade eterna?"

São Luís, Santo Agostinho

Nada tem de surpreendente a doutrina dos anjos guardiães a velar pelos seus protegidos, malgrado a distância que medeia entre os mundos. É, ao contrário, grandiosa e sublime. Não vemos na Terra o pai velar pelo filho, ainda que de muito longe, e auxiliá-lo com seus conselhos correspondendo-se com ele? Que motivo de espanto haverá, então, em que os espíritos possam, de um outro mundo, guiar os que, habitantes da Terra, eles tomaram sob sua proteção, uma vez que, para eles, a distância que vai de um mundo a outro é menor do que a que, nesse planeta, separa os continentes? Não dispõem, além disso, do fluido universal, que entrelaça todos os mundos, tornando-os solidários; veículo imenso da transmissão dos pensamentos, como o ar é, para nós, o da transmissão do som?

496. *O espírito, que abandona o seu protegido, que deixa de lhe fazer bem, pode fazer-lhe mal?*

"Os bons espíritos nunca fazem mal. Deixam que o façam aqueles que lhes tomam o lugar. Costumais então lançar à conta da sorte as desgraças que vos acabrunham, quando só as sofreis por culpa vossa."

497. *Pode um espírito protetor deixar o seu protegido à mercê de outro espírito que lhe queira fazer mal?*
"Os maus espíritos se unem para neutralizar a ação dos bons. Mas, se o quiser, o protegido dará toda a força ao seu protetor. Pode acontecer que o bom espírito encontre alhures uma boa vontade a ser auxiliada. Aplica-se então em auxiliá-la, aguardando que seu protegido lhe volte."

498. *Será por não poder lutar contra espíritos maléficos que um espírito protetor deixa que seu protegido se transvie na vida?*
"Não é porque não possa, mas porque não quer. E não quer, porque das provas sai o seu protegido mais instruído e perfeito. Assiste-o sempre com seus conselhos, dando-os por meio dos bons pensamentos que lhe inspira, porém que quase nunca são atendidos. A fraqueza, o descuido ou o orgulho do homem são exclusivamente o que empresta força aos maus espíritos, cujo poder todo advém do fato de lhes não opordes resistência."

499. *O espírito protetor está constantemente com o seu protegido? Não haverá alguma circunstância em que, sem abandoná-lo, ele o perca de vista?*
"Há circunstâncias em que não é necessário que esteja o espírito protetor junto do seu protegido."

500. *Momentos haverá em que o espírito deixe de precisar, de então por diante, do seu protetor?*
"Sim, quando ele atinge o ponto de poder guiar-se a si mesmo, como sucede ao estudante, para o qual um momento chega em que não mais precisa de mestre. Isso, porém, não se dá na Terra."

501. *Por que é oculta a ação dos espíritos sobre a nossa existência e por que, quando nos protegem, não o fazem de modo ostensivo?*
"Se vos fosse dado contar sempre com a ação deles, não obraríeis por vós mesmos e o vosso espírito não progrediria. Para que este possa adiantar-se, precisa de experiência, adquirindo-a frequentemente à sua custa. É necessário que exercite suas forças, sem o que seria como a criança a quem não consentem que ande sozinha. A ação dos espíritos que vos querem bem é sempre regulada de maneira que não vos tolha o livre-arbítrio, porquanto, se não tivésseis responsabilidade, não avançaríeis na senda que vos há de conduzir a Deus.

Não vendo quem o ampara, o homem se confia às suas próprias forças. Sobre ele, entretanto, vela o seu guia e, de tempos a tempos, lhe brada, advertindo-o do perigo."

502. *O espírito protetor, que consegue trazer ao bom caminho o seu protegido, lucra algum bem para si?*
"Constitui isso um mérito que lhe é levado em conta, seja para o seu progresso, seja para a sua felicidade. Sente-se ditoso quando vê bem-sucedidos

seus esforços, o que representa, para ele, um triunfo, como triunfo é, para um preceptor, os bons êxitos do seu educando."
a) *É responsável pelo mau resultado de seus esforços?*
"Não, pois fez o que de si dependia."

503. *Sofre o espírito protetor quando vê que seu protegido segue mau caminho, não obstante os avisos que dele recebe? Não há aí uma causa de turbação da sua felicidade?*
"Compungem-no os erros do seu protegido, a quem lastima. Tal aflição, porém, não tem analogia com as angústias da paternidade terrena, porque ele sabe que há remédio para o mal e que o que não se faz hoje, amanhã se fará."

504. *Poderemos sempre saber o nome do espírito nosso protetor, ou anjo da guarda?*
"Como quereis saber nomes para vós inexistentes? Supondes que espíritos só há os que conheceis?"
a) *Como então o podemos invocar, se não o conhecemos?*
"Dai-lhe o nome que quiser, o de um espírito superior que vos inspire simpatia ou veneração. O vosso protetor acudirá ao apelo que com esse nome lhe dirigirdes, visto que todos os bons espíritos são irmãos e se assistem mutuamente."

Anjos de uma asa

Existe uma linda história de simplicidade que gostaria de contar. Uma lenda, um acalento dito antes do sonho tocar os olhos de qualquer pessoa.

"Há muito tempo, depois de o mundo ser criado e de a vida completá-lo, em uma tarde com calor ameno, houve um encontro entre Deus e um de seus incontáveis querubins.

Deus estava sentado, calado, sob a sombra de um pé de jabuticaba. Saboreava Sua criação negra e adocicada. Fechava os olhos e pensava. Permitia-se um sorriso piedoso. Mantinha Seu olhar complacente. Foi então que, das nuvens, um de Seus muitos querubins desceu e veio em Sua direção. Ele tinha asas lindas, brancas como a neve. Ajoelhou-se aos pés de Deus e falou:
– Senhor, visitei Sua criação como pediu. Fui a todos os cantos. Estive no Sul, no Norte, no Leste e no Oeste. Vi e fiz parte de todas as coisas. Observei cada uma de Suas criações humanas. E, por ter visto, vim até o Senhor para tentar entender o porquê.

Por que cada uma das pessoas sobre a terra tem apenas uma asa? Nós, querubins e serafins, temos duas, podemos ir até o amor que o Senhor representa sempre que desejarmos e voar para a liberdade sempre que quisermos. Mas os humanos, com sua única asa, não podem voar!

Deus, na brandura dos gestos, respondeu pacientemente ao Seu querubim:

– Sim... sei disso. Sei que fiz os humanos com apenas uma asa. Intrigado, o querubim queria entender e perguntou:

– Mas por que o Senhor deu aos homens apenas uma asa quando são necessárias duas para voar e ser livre?

Conhecedor que é de todas as respostas, Deus não teve pressa para falar. Comeu outra jabuticaba, escura e suave. Então respondeu:

– Eles podem voar, sim, Meu querubim. Dei aos humanos apenas uma asa para que eles pudessem voar mais e melhor que vocês, Meus querubins e serafins... Para voar, vocês precisam de suas duas asas... Embora livres, às vezes, estão sozinhos. Mas os humanos... os humanos, com sua única asa, precisarão sempre dar as mãos para alguém, a fim de ter suas duas asas. Cada um deles tem, na verdade, um par de asas... uma outra asa em algum lugar do mundo que completa o par. Assim, eles aprenderão a respeitar-se, pois, ao quebrar a única asa de outra pessoa, podem estar acabando com suas próprias chances de voar. Assim, Meu querubim, eles aprenderão a amar verdadeiramente outra pessoa... aprenderão somente se permitindo amar, poderão voar. Tocando a mão de outra pessoa em um braço correto e afetuoso, poderão encontrar a asa que lhes falta... e finalmente voar. Somente por meio do amor irão chegar até onde estou... assim como você, Meu querubim. E eles nunca... nunca estarão sozinhos quando forem voar.

Deus silenciou em seu sorriso. O querubim compreendeu o que não precisava ser dito."

Autor desconhecido

Orixás são anjos!!!

Teologicamente anjos são mensageiros de Deus e Orixás são divindades de Deus. Qual a diferença entre um mensageiro e uma divindade?

Ambos foram criados pelo Senhor Supremo, estão entre o homem e o Criador, o que muda entre um e outro é o conceito. Anjos de forma ortodoxa estão inseridos na cultura judaica, católica e islâmica, que não aceitam a existência de outra divindade além do Deus Único. Orixás vêm da cultura africana nagô–iorubá, em que são divindades criadas a partir de Olorum (Senhor do Céu), que é o Deus Supremo acima de tudo e de todos.

Orixás são adorados em sua cultura; anjos são venerados, são chamados e não adorados.

Orixás têm vontade própria; anjos não a têm no Judaísmo e passam a tê-la no Catolicismo.

Assim como os Orixás, cada anjo têm sua qualidade, veja:

Rafael é o anjo da cura;
Obaluaiê é o Orixá da cura;
Miguel é o arcanjo chefe das milícias celestes;
Ogum é o Orixá chefe dos exércitos de Aruanda;
Gabriel é o herói de Deus e o anjo da piedade e anunciação;
Oxalá também é Orixá da piedade e traz a mensagem do Alto.

A Igreja Católica só aceita estes três anjos – Rafael, Miguel e Gabriel –, mas no Judaísmo podemos continuar encontrando mais anjos que têm qualidades análogas aos Orixás, ainda, como:
Tsadkiel, o anjo que é mensageiro da justiça de Deus;
Xangô é o Orixá da justiça divina;
Samael é o anjo que traz a punição ou a morte;
Orixá Omolu também é o senhor da morte;
Haniel é a graça de Deus como anjo;
Oxum é o Orixá que manifesta a graça, a pureza e o amor.

Assim, poderíamos continuar esse estudo nos estendendo por muitos outros anjos e Orixás; no entanto, nosso objetivo é mostrar que Orixás são como anjos; para Deus e para nós, as diferenças são poucas, pois ambos são manifestadores do sagrado e do divino.

As diferenças são muito mais culturais, pois, quando pensamos em anjo, imaginamos aquele anjinho loiro de olhos claros e, ao pensar em Orixás, imaginamos um negro forte ou uma negra sensual. Mas não haverá anjo de pele negra ou Orixá de pele branca, como a imagem de Iemanjá consagrada pela Umbanda.

A questão é que tanto anjos quanto Orixás estão muito acima da cor de pele, raça ou cultura.

Anjos e Orixás estão acima de nós, e, se cada um se mostra dentro de uma teologia específica, no entanto Orixás são como anjos para quem não os conhece, e anjos são como Orixás para quem não os conhece.

Para quem conhece, ambos foram criados em Deus, no seu âmago, e a Ele estão ligados e intercedem como intermediários da criação.

Basta nos permitirmos conhecer de cabeça aberta, não para misturar, e sim para entender que os valores de uma cultura não diminuem os valores de outra e o que é sagrado sempre o será, pois o sagrado está em Deus.

Que os anjos e os Orixás nos abençoem aqui, agora e sempre por Deus, Olorum, Zambi, Tupã, Adonai, Ya-Yê e outros nomes mais que possam identificar Aquele que é o Ser Supremo dos "mil" nomes.

Magia

Magia Divina

"O que está embaixo é como o que está em cima!"

Hermes Trismegisto em *Tábua de Esmeralda*

"É verdadeiro, completo, claro e certo. O que está embaixo é como o que está em cima, e o que está em cima é igual ao que está embaixo, para realizar os milagres de uma única coisa.

Ao mesmo tempo, as coisas foram e vieram do Um; desse modo, as coisas nasceram dessa coisa única por adoção.

O Sol é o pai, a Lua é a mãe, o vento o embalou em seu ventre, a Terra é sua ama; o Telesma do mundo está aqui. Seu poder não tem limites na Terra.

Separarás a Terra do fogo, o sutil do espesso, docemente, com grande indústria.

Sobe da Terra para o céu, desce novamente à Terra e recolhe a força das coisas superiores e inferiores. Desse modo, obterás a glória do mundo, e as trevas se afastarão.

É a força de toda força, pois vencerá a coisa sutil e penetrará na coisa espessa. Assim o mundo foi criado."

Essa é a fonte das admiráveis adaptações aqui indicadas. Por essa razão fui chamado Hermes Trismegisto, pois possuo as três partes da filosofia universal. O que eu disse da obra solar é completo.

Hermes Trismegisto, *Tábua de Esmeralda*

Estamos rodeados de magia,* viver é um ato mágico, todos os reinos e dimensões da natureza estão impregnados de magia, como uma ciência divina velada no oculto, na qual quem tem olhos para ver são seus beneficiários diretos.

Somos imagem e semelhança de Deus, pois temos em nós as qualidades que buscamos n'Ele, enquanto partes do Todo. E, se o Grande Arquiteto

---

* N.E.: Sugerimos a leitura de *Fundamentos de Magia – Teoria e Prática*, de Sérgio Bronze, Madras Editora.

do Universo, é amor, fé, lei, no entanto, Ele também é magia divina, e nós, enquanto filhos de Deus, possuímos magia divina, dentro de nós, a ser despertada. Um bom ponto de partida é enxergar a vida que pulsa em tudo e as divindades que a rege: nas pedras, nas plantas, no fogo, no ar, na água, na terra, etc. Começaremos a entender que não somos isolados, fazemos parte do todo, e assim vamos adentrando nesse universo de magia divina.

Agora vejamos algumas definições de magia:

"A magia existe a partir do momento que se entra, em estado alfa, em contato com os espíritos coletivos da natureza, pois somos espíritos individuais."

Maly Caran

"A magia consiste no culto dos deuses e é adquirida mediante este culto."

Platão

"A magia é a ciência tradicional dos segredos da natureza, que provém dos magos".

Eliphas Levi

"Magia é a ciência e a arte de causar mudanças de acordo com a vontade."

Aleister Crowley

"A magia é a sabedoria espiritual, a natureza é a aliada espiritual, a pupila e a servidora do mago."
"Magia é a ciência e a arte de invocar os poderes do alto e evocar os poderes de baixo, conscientemente."
"Magia é a ciência e a arte de usar os poderes invisíveis para produzir fenômenos visíveis."

H. P. Blavatsky

"A magia era o exercício de propriedades psíquicas adquiridas nos diversos graus de iniciação."

Papus

"A magia natural é um conhecimento que compreende toda a natureza, por meio da qual desvendamos os segredos e os processos ocultos de todo o seu imenso e amplo organismo."

Francis Barrett

"A magia é uma arte que tem grande poder, cheia de mistérios muito elevados e que abarca um conhecimento profundíssimo das coisas, seus efeitos, sua diferença e sua relação."

Cornélio Agrippa (1486 – 1535) – *Filosofia Oculta*

"Magia é a aplicação da vontade humana, dinamizada, à evolução rápida das forças vivas da natureza."

Papus – *Tratado Elementar de Magia Prática*

"Magia é o estudo de todo curso da natureza, pois, enquanto consideramos o céu, as estrelas, os elementos, como se movimentam e modificam, descobrimos por esse meio os segredos ocultos das criaturas vivas, das plantas, dos metais e de sua geração e corrupção; de sorte que toda essa ciência parece depender apenas do ponto de vista da natureza."

Giambattista Della Porta (1535 – 1615) – *Magia Naturalis*

"Magia é a ciência exata e absoluta da natureza e de suas leis."

Eliphas Levi (1810 – 1875) – *História da Magia*

"Dizer uma palavra é evocar um pensamento e torná-lo presente. Nomear Deus, por exemplo, é manifestar Deus.

A palavra age sobre as almas, e as almas reagem sobre o corpo; é possível, portanto, assustar, consolar, deixar doente, curar, matar e ressucitar com palavras.

Proferir um nome é recriar ou chamar um ser. No nome está contida a doutrina verbal ou espiritual do próprio ser.

Quando a alma evoca um pensamento, o signo desse pensamento se inscreve na luz.

Invocar é adjurar, ou seja, jurar por um nome: é fazer ato de fé nesse nome e comungar com a virtude que ele representa.

As palavras são, portanto, por si mesmas, boas ou más, venenosas ou salutares."

Eliphas Levi

"Magia é a ciência do controle das forças secretas da natureza."

Macgregor Mathers

Com essas definições, é possível se ter uma ideia do que pode ser magia, no entanto, para mim ou para a magia que pratico, magia divina, de todas as definições, prefiro esta:

"Magia é o ato de evocar poderes e mistérios divinos e colocá-los em ação, beneficiando-nos ou aos nossos semelhantes."

Rubens Saraceni

Esta é uma definição de magia que está diretamente ligada a Deus e às suas divindades, Tronos de Deus, o que coloca a magia como ferramenta de acesso aos mistérios da criação e do Criador. Dessa forma, a magia também é campo de estudo para entendermos melhor Deus e suas divindades.

A quem se interessar por esse estudo, recomendo os livros *A Magia Divina das Velas – O Livro das Sete Chamas Sagradas* e *Iniciação à Escrita Mágica*, ambos de Rubens Saraceni e da Madras Editora; também é possível iniciar-se nessa magia divina com Rubens Saraceni ou um de seus discípulos que tenha a outorga para ministrar tal conhecimento. Eu mesmo tenho a permissão para iniciar as pessoas nos mistérios da Magia do Fogo, conforme me foi transmitido pelo mestre Rubens Saraceni. Abaixo coloco mais dois trechos do livro *A Magia Divina das Velas* – O Livro das Sete Chamas Sagradas:

Magia

"Muitas são as magias já reveladas e abertas ao plano material da vida. Há magias astrológicas, lunares, solares, elementais, espirituais, telúricas, aquáticas, ígneas, eólicas, minerais, etc.

Ninguém sabe ao certo quem as recebeu e as iniciou no plano material. Mas grandes iniciados, cujos nomes se imortalizaram na história religiosa, iniciática, esotérica e ocultista da humanidade, com certeza, foram os responsáveis por elas e foram seus doadores, pois todo o grande iniciado é o mensageiro divino e traz em si atributos e atribuições divinas não encontradas nas outras pessoas, às quais beneficiam com suas revelações. Todo grande iniciado já encarna preparado, em espírito, e tudo para ele é tão natural que, dispensando os procedimentos religiosos, mágicos, ocultistas ou iniciáticos existentes, dá início aos 'seus' próprios procedimentos, pois trás em si uma outorga divina e é 'iniciador' natural das pessoas que têm afinidade com ele e o adotam como tal.

Só ativa ou desativa magias quem já tiver sido iniciado magisticamente, porque as divindades só reconhecem como aptos para esse mistério quem cumpriu as etapas iniciáticas estabelecidas pelo seu iniciador.

- Magia é o ato de ativar ou desativar mistérios de Deus.
- Magia é a 'manipulação' mental, energética, elemental e natural de um mistério e seus poderes divinos.
- Magia é o ato de, a partir de um ritual evocatório específico, ativar energias e mistérios que, só assim, são colocadas em ação.
- Magia é o procedimento paralelo aos religiosos ou mesmo parte deles.

Por ser magia tudo isso, aqui só ensinamos o uso religioso das velas, que se fundamenta nos Tronos de Deus, que são a classe de divindades responsáveis pela evolução do ser.

Caso venham a acender velas e consagrá-las a Deus e aos seus divinos Tronos com fé e reverência, tenham certeza de que elas realizarão uma ação mágico-religiosa que os beneficiará.

As Velas

As velas em si são um mistério religioso disseminado por todas as religiões do mundo, e só algumas não as adotam. Mas, se soubessem que elas têm uma utilidade importantíssima, com certeza, também adotariam seu uso durante seus rituais.

As velas são um substituto muito prático às piras ardentes da Antiguidade, nos remotíssimos cultos às divindades do fogo, saudadas com tochas ardentes ou fogueiras.

Ninguém pode afirmar ao certo quando começou o uso das velas, pois, com certeza, quem as inventou tinha outros objetivos em mente.

O fato é que as velas são um mistério em si e, quando acesas magística ou religiosamente, são um poderoso elemento religioso mágico, energético e vibratório que atua no espírito de quem receber sua irradiação ígnea. O uso religioso das velas justifica-se porque, quando as acendemos, elas tanto consomem energias do prana quanto o energizam, e seus halos luminosos interpenetram as sete dimensões básicas da vida, enviando a elas suas irradiações ígneas.

É essa capacidade das velas que as tornam elementos mágicos por excelência, pois, por meio de suas irradiações e vibrações incandescentes, é possível todo um intercâmbio energético com os seres que vivem nas outras dimensões e com os espíritos estacionados nas esferas ou níveis vibratórios positivos e negativos.

Essa sua capacidade justifica seu uso até quando são acesas para o espírito de alguém que desencarnou, pois ele irá receber um fluxo luminoso, curador de seu corpo energético, fortalecedor mental e terá seu emocional reequilibrado, caso tenha sido atraído pelo magnetismo de uma esfera ou nível vibratório negativo. Mas, caso esteja em alguma esfera positiva e luminosa, também receberá o fluxo da vela do mesmo jeito, incorporando-o ao seu corpo energético e fortalecendo seu magnetismo mental.

Saibam que o fluxo irradiante de uma vela, se for ativado por sentimentos virtuosos, é muito positivo e gratificante a quem o receber.

Agora, se os sentimentos de quem a ativar magicamente forem negativos, o fluxo será desenergizador, desmagnetizador, emotivo e poderá romper a aura da pessoa à qual for direcionado, assim como também 'queimar' o corpo energético dos espíritos alvos de suas irradiações ígneas.

Só que, no caso de quem ativa negativamente uma vela contra alguma pessoa ou espírito, acontece uma reação imediata e fulminante da Lei Maior e da justiça divina, pois quem a ativou perdeu sua própria luz, e, com o tempo, a dor de quem foi atingido retornará e o atingirá com o rigor da lei.

Portanto, uma vela só deve ser acesa por um bom motivo e por sentimentos virtuosos, pois, na mesma proporção, a Lei Maior retribuirá com luz divina quem deu luz a alguém necessitado ou merecedor de suas irradiações.

O ato de acender velas brancas ao anjo da guarda é muito positivo e funciona mesmo. Ele tanto a usará para atuar em favor da pessoa guardada por ele quanto para energizar-se com uma irradiação ígnea poderosíssima, capaz de acelerar imediatamente suas vibrações e expandir suas irradiações mentais, pois, como já comentamos, a mente será fortalecida.

As velas usadas nos templos têm o poder de consumir as energias negativas e os miasmas que são descarregados pelos seus frequentadores dentro do seu campo eletromagnético, assim como, em um intercâmbio energético, recebem da divindade à qual foram consagradas um fluxo de energia divina que se espalha pelo altar e irradia-se pelo espaço interno, alcançando quem se encontrar dentro dele.

Magisticamente, as velas criam passagens ou comunicações com outras dimensões da vida e tanto podem enviar-lhes suas energias como podem retirar delas as que estão sendo necessárias a alguém.

Por isso, toda oferenda, ritual ou solicitação de auxílio às divindades e aos guias e protetores espirituais deve ser precedida do ato de acender uma ou várias velas, pois suas ondas serão usadas no retorno e trarão a quem oferendou ou solicitou auxílio um fluxo energético natural (de elemento), ou divino (de divindade), ou espiritual (do espírito guia).

Em magia, o uso de velas é indispensável, porque são elas que projetam ou captam as energias mais sutis, assim como abrem campos eletromagnéticos limitados ao campo ativo delas, mas que interpenetram outras dimensões, esferas ou níveis vibratórios.

Quando um desses campos eletromagnéticos é aberto magisticamente, ele permanecerá ativo até que seja fechado ou redirecionado contra quem o ativou. Isso caso seja uma magia negativa, pois, caso ela seja positiva, não há por que fechá-lo, certo?

O fato é que a Umbanda e outras religiões recorrem intensamente ao uso das velas e as usam:

- Para iluminar seus altares e suas casas das almas ou cruzeiros;
- Quando oferendam as divindades ou os guias protetores;
- Para magias positivas ativadas para cortar demandas, magias negras, feitiços, encantamentos, etc.

Os resultados são ótimos e, na maioria das vezes, benéficos, pois só se beneficia realmente quem é merecedor, já que o uso das velas atende às necessidades religiosas regidas pela Lei Maior e pela justiça divina em seus recursos mágicos".

Vale também, a quem se interesa por magia, ler este texto a seguir, uma advertência de Francis Barret:

Irmão:

"É necessário informar-te que as intenções que te levam a enveredar nessa arte a qual chamamos de magia determinam qual será o teu contato e a resposta. Se for por vingança, é adequado saberes que, em qualquer uma dessas experiências aqui descritas, atrairás um demônio vingativo, ou um espírito infernal furioso, que serve ao princípio da ira de Deus. Se for por riquezas terrenas e engrandecimento, terás um espírito terreno ou ígneo, que te iludirá com as riquezas do mundo central. Se for por fama ou pelo brilho da glória, ser-te-ão destinados os espíritos do orgulho, que gratificarão teu desejo desenfreado de glória vã. Para todas essas funções, existem espíritos designados, ávidos a misturar-se com o teu espírito. Atrair-te-ão à sua própria natureza e te servirão em todos os propósitos até onde Deus permitir. Como teus desejos pertencem ao princípio de onde procedem, receberás a resposta correspondente. Se, no entanto, nada quiseres saber, a não ser para a honra e a glória de Deus e para ajudar teu próximo, e, se em profunda atitude de humildade, preencheres teu coração com o amor de Deus, terás então um espírito puro que, com a permissão do Senhor, te concederá teus desejos. Busca aquilo que é bom, evita todo o mal no pensamento, na palavra e na ação, pede a Deus que te preencha de sabedoria e então farás uma colheita farta. Há dois caminhos mágicos à tua frente. Aquele que escolheres certamente trará a recompensa correspondente.

Adeus".

Londres, 1800
Francis Barrett
(em *Magus,* ou *A Milícia Celeste* – editado em 1801)
(livro reeditado pela Editora Mercuryo – 1994, páginas 307 e 308)

Existem muitas outras formas de magia, como a Teurgia, que trata dos anjos (Magia Positiva), a Goécia, que trata com os "demônios" (Magia Negativa), Alta Magia,* que faz parte do Ocultismo europeu, combinando letras, números, planetas, cores, horários, etc., e a Magia Natural praticada por índios e xamãs de todas as culturas. Pode-se ainda se especificar como Magia Celta, Magia Afro, Magia Grega, Magia Italiana (Stregueria), Magia Egípcia,* Magia Maia, Magia Persa, Magia Semita e outras, pois todos os povos sem exceção possuem suas práticas de magia.

Está aí mais um estudo que não tem fim, o estudo de magia, e, se praticada com ética e bom senso, também nos conduz ao Ser Supremo, seus Tronos e potências.

---

* N.E.: Sugerimos a leitura de *Dogma e Ritual de Alta Magia,* de Eliphas Levi, e de *A Magia Egípcia – Pedras, Amuletos, Fórmulas, Nomes e Cerimônias Mágicas,* de E. A. Wallis Budge, ambos da Madras Editora.

O Revelado e o Oculto

Podemos fazer uma comparação entre Física e magia. A magia é a mãe da Física. Os grandes magos e alquimistas do passado estudaram profundamente as leis naturais. Todas aquelas leis que independem de um estado superior de consciência ou da iniciação para ser compreendidas tornaram-se parte da ciência oficial. O que depende da iniciação e de um estado superior de consciência passou a fazer parte do Ocultismo, que é oculto a quem não tem "olhos para ver", oculto ao profano, ao não iniciado nos mistérios.

Mesmo em uma simples leitura, como neste livro, muita coisa está oculta, fica subentendida. Quando lemos outra vez, após passarmos por novas experiências, conseguimos ver o que antes estava oculto. Assim, podemos ler um mesmo livro muitas vezes durante a vida e em cada período entenderemos de formas diferentes o que está por trás das mesmas frases. O livro não mudou, continua o mesmo. O que mudou foi a pessoa que o leu.

Esse é um dos fundamentos dos livros considerados sagrados como a Bíblia, a Torá, o Alcorão, o *Bhagavad-Gita* e o *Zend-Avesta*, entre outros. Conforme o ser evolui e ascende, passa a enxergar o que antes era oculto. Quanto mais o livro tiver ensinamentos superiores, mais sagrado ele será e, portanto, mais verdades ocultas conterá em si. Nossa vida é como um livro: temos de despertar os mistérios de Deus dentro de nós mesmos para podermos interpretá-los.

O Caibalion – Hermetismo

"Os lábios da sabedoria estão fechados, exceto aos ouvidos do entendimento."

"Em qualquer lugar onde estejam os vestígios do Mestre, os ouvidos daquele que estiver preparado para receber o Seu ensinamento se abrirão completamente."

"O Todo é mente, o Universo é Mental."

"O que está em cima é como o que está embaixo, e o que está embaixo é como o que está em cima."

"Nada está parado, tudo se move, tudo vibra."

"Tudo é duplo; tudo tem polos; tudo tem o seu oposto; o igual e o desigual são a mesma coisa; os opostos são idênticos em natureza, mas diferentes em grau; os extremos se tocam; todas as verdades são meias- verdades; todos os paradoxos podem ser reconciliados."

"Tudo tem fluxo e refluxo; tudo tem suas marés; tudo sobe e desce; tudo se manifesta por oscilações compensadas; a medida do movimento à direita é a medida do movimento à esquerda; o ritmo é compensação."

"Toda causa tem seu efeito, todo efeito tem sua causa; tudo acontece de acordo com a lei; o acaso é simplesmente um nome dado a uma lei não reconhecida; há muitos planos de causalidade, porém nada escapa à lei."

"O gênero está em tudo; tudo tem o seu princípio masculino e o seu princípio feminino; o gênero se manifesta em todos os planos."

"A mente (tão bem como os metais e os elementos) pode ser transmutada de estado em estado, de grau em grau, de condição em condição, de polo em polo, de vibração em vibração. A verdadeira transmutação hermética é uma arte mental."

"Aquele que é a Verdade Fundamental, a Realidade Substancial, está fora de uma verdadeira denominação, mas o sábio chama-o o Todo."

"Na sua Essência, o Todo é incognoscível."

"Enquanto tudo está no Todo, é também verdade que o Todo está em tudo. Aquele que compreende realmente esta verdade alcançou o grande conhecimento."

Extraído do excelente livro O *Caibalion*, de Hermes Trismegisto, interpretado por "Três Iniciados", Editora Pensamento.

Esotérico e Exotérico

Essas duas palavras são empregadas para mostrar o que é o revelado e o que é o oculto (velado), o fechado e o aberto, o acessível e o inacessível.

São conceitos que vêm de uma época na qual os grandes sacerdotes e magos realizavam suas iniciações secretas no ambiente dos grandes templos, como nas sociedades egípcias, hindus, gregas, maias, astecas, incas, etc., e ali no ambiente interno eram revelados os mistérios da criação apenas para os iniciados, que os compreendiam em sua profundidade, mas passavam o conhecimento ao povo de forma simbólica, alegórica e mitológica.

Ou seja: o conhecimento tornava-se velado por trás dos símbolos e mitos criados, nos quais apenas os que tinham as "chaves" de sua interpretação, "os que têm olhos para ver", podiam entender o real significado de toda a mitologia. Assim foi com as culturas citadas, nas quais até hoje o leigo que ouve as histórias dos deuses e deusas das divindades de forma profana acha um absurdo, pois lhe falta a correta interpretação, já que nada deve ser interpretado ao pé da letra.

Encontra-se, neste pequeno volume, muitas dessas "chaves" de interpretação, pois hoje mudaram os conceitos, nada mais é velado ou tido por oculto, debaixo de juramentos que já foram quase todos quebrados, o que era segredo virou notícia, a partir do momento em que dois sabiam da mesma informação, enquanto conhecimento verbal.

Vivemos uma época em que a frase "muitos chamados e poucos escolhidos" é substituída por outra: "Todos são chamados, e são escolhidos os que se dedicam", o conhecimento tornou-se acessível a todos.

A tradição oral que passava de pai para filho se tornou escrita, os anciãos, "detentores do conhecimento ancestral", perderam seu valor nessa nossa sociedade antinatural e abstracionista, pois, em vez de se valorizar a memória de toda uma vida, são ressaltados os erros e as falhas dessa mesma memória comparada com o que está registrado na escrita, esquece-se do valor da maturidade e da experiência de vida. Nas sociedades que ainda mantêm algum tipo de tradição oral, os mais velhos continuam tendo um valor maior, como deveria ser em todas elas.

O esotérico não existe mais como informação, mas apenas como iniciação ritualística, muitas vezes já descrita passo a passo, na qual o que realmente vale é a presença da divindade, pois sem ela, no momento da iniciação, o grau não tem valor, não foi alcançado. Logo, a divindade só se faz presente se houver a pureza de princípios. Um verdadeiro grau só é alcançado quando o mesmo torna-se "o meio" para se atingir um "objetivo", se não há objetivos, também não há necessidade do grau, e a divindade não se faz presente.

Concluímos que, no nível de informação, tudo está aberto, não mais velado, não mais oculto, não mais esotérico, cabe a cada um se dedicar e se mostrar digno de receber seu grau.

Todos os grandes sacerdotes sempre souberam que Deus é um e suas divindades são unigênitas, únicas criadas por Deus; no entanto, sempre permitiram que o povo acreditasse que apenas "seu Deus" era o "bom Deus", apenas o "seu Deus" era o verdadeiro, assim poderiam mais facilmente manipular e ter a dependência religiosa dos não iniciados para com os iniciados, eleitos e escolhidos pelo Criador como aqueles que são em si as "pontes" (pontífices) entre Deus e os simples mortais.

Por outro lado, entende-se que o povo não estava preparado para absorver todo esse conhecimento sem invertê-lo; logo, torna-se uma forma de preservá-lo da profanação, pois é o sagrado. Assim como não se deve "jogar pérolas aos porcos", "não abrir o sagrado para o profano".

A religião, o religar-se a Deus e à filosofia que envolve todos os processos de iniciação e autoiniciação são extremamente poéticos, divinos e encantadores, pois aquele que se encanta pelo canto da sereia tem dois caminhos: morrer ao mar ou tornar-se um encantado, vivendo ao lado dela. Aquele que "se encanta", no segundo caminho, torna-se um encantador. Esse encanto, à primeira vista, exerce o fascínio, assim como a beleza física nos fascina, mas só a espiritual nos completa.

Nota do Editor

A Madras Editora não participa, endossa ou tem qualquer autoridade ou responsabilidade no que diz respeito a transações particulares de negócio entre o autor e o público.

Quaisquer referências de internet contidas neste trabalho são as atuais, no momento de sua publicação, mas o editor não pode garantir que a localização específica será mantida.

Bibliografia

ABHEDANANDA, Swami. *Como Tornar-se Yogue*. São Paulo: Editora Pensamento, s/d.
ABRAMELIN. *Santo Anjo Guardião – A Magia Sagrada de AbraMelin, o Mago, Atribuída a Abraão, o Judeu*. São Paulo: Madras Editora, 2007.
AGOSTINHO, Santo. *Confissões*. São Paulo: Editora Martin Claret, 2007.
AQUINO, Tomás de. *Suma Teológica*. São Paulo: Editora Loyola, 2005.
BAILEY, Alice A. *A Consciência do Átomo*. Rio de Janeiro: Fundação Cultural Avatar, 1985.
BARRET, Francis. *Magus: Tratado Completo de Alquimia e Filosofia Oculta*. São Paulo: Editora Mercuryo, 1994.
BLAY, Antonio. *Fundamento e Técnica do Hatha Yoga*. São Paulo: Editora Loyola, 1971.
BENEDITINOS, Monges. *Bíblia Sagrada*. São Paulo: Editora Ave-Maria, 2004.
BENSION, Ariel. *O Zohar – O Livro do Esplendor*. São Paulo: Editora Polar, 2006.
BERG, Rabi Yehuda. *O Poder da Cabala*. Rio de Janeiro: Editora Imago, 2001.
BIRINDA, Príncipe. *A Bíblia Secreta dos Negros – Doutrina Iniciática da África Equatorial*. São Paulo: Madras Editora, 2006.
BLAVATSKY, Helena P. *A Doutrina Mística*. São Paulo: Editora Hemus, S/d.
___. *A Doutrina Oculta*. São Paulo: Editora Hemus, 1977.
___. *A Doutrina Secreta*. São Paulo: Editora Pensamento, 1973.
___. *Glossário Teosófico*. São Paulo: Editora Ground, 2000.
___. *Ísis sem Véu*. São Paulo: Editora Pensamento, 2005. São Paulo: Madras Editora, 2005.
BLOOM, Harold. *Jesus e Javé – Os Nomes Divinos*. Rio de Janeiro: Editora Objetiva, 2006.
BOEHME, Jacob. *A Revelação do Grande Mistério Divino*. São Paulo: Editora Polar, 1998.

BOFF, Leonardo. *A Águia e a Galinha – Uma Metáfora da Condição Humana*. Petrópolis: Editora Vozes, 2003.
___. *O Despertar da Águia – O Dia-Bólico e o Sim-Bólico na Construção da Realidade*. Petrópolis: Editora Vozes, 2002.
BOLTON, Lesley. *O Livro Completo da Mitologia Clássica*. São Paulo: Madras Editora, 2004.
BRAZ, Albany. *O Número 7*. São Paulo: Madras Editora, 1998.
BUCKLES, Padre Luke. *O Guia Completo das Religiões do Mundo*. São Paulo: Madras Editora, 2006.
BUENO, Silveira. *Vocabulário: Tupi-Guarani/Português*. São Paulo: Éfeta Editora, 1998.
BURL, Aubrey. *Hereges de Deus – A Cruzada das Cátaros e Albegenses*. São Paulo: Madras Editora, 2003.
CAMPBELL, Joseph. *Mitos de Luz – Metáforas Orientais do Eterno*. São Paulo: Madras Editora, 2006.
___. *As Máscaras de Deus - Mitologia Ocidental*. São Paulo: Editora Palas Athena, 2004.
___. *As Máscaras de Deus – Mitologia Oriental*. São Paulo: Editora Palas Athena, 2002.
___. *As Máscaras de Deus – Mitologia Primitiva*. São Paulo: Editora Palas Athena, 2005.
___. *Tu És Isso – Transformando a Metáfora Religiosa*. São Paulo: Madras Editora, 2003.
CAPRA, Fritjof. *O Tao da Física*. São Paulo: Editora. Cultrix, 1995.
CASCUDO, Luis da Câmara. *Dicionário do Folclore Brasileiro*. Belo Horizonte: Editora Itatiaia, 1984.
CATTIAUX, Louis. *A Mensagem Reencontrada – Ou o Relógio da Niote e do Dia de Deus*. São Paulo: Madras Editora, 2005.
CHALLITA, Mansour. *O Alcorão*. Rio de Janeiro: Editora Associação Cultural Internacional Gibran, s/d.
COELHO, Paulo. *Maktub*. Rio de Janeiro: Editora Rocco, 1994.
CONNOLLY, David. *Os Anjos – Nossos Protetores Celestes*. São Paulo: Editora Cultrix, 1999.
COSTA, Wagner Veneziani. *Maçonaria – Escola de Mistérios – A Antiga Tradição e Seus Símbolos*. São Paulo: Madras Editora, 2006.
___. *O Diário Abracadabra*. São Paulo: Madras Editora, 2006.
CUMINO, Alexandre. *Deus, "Deuses" e Divindades*. São Paulo: Madras Editora, 2004.
CUMONT, Franz. *Os Mistérios de Mitra*. São Paulo: Madras Editora, 2004.
CURT, Nimuendaju Unkel. *As Lendas da Criação e Destruição do Mundo*. São Paulo: Editora Hucitec/Edusp, 1987.
D'ALVEYDRE, Saint-Yves. *O Arqueômetro*. São Paulo: Madras Editora, 2004.
DAVIDSON, H.R. Ellis. *Deuses e Mitos do Norte da Europa*. São Paulo:

Madras Editora, 2004.
DEE, John. *A Mônada Hieroglífica*. São Paulo: Madras Editora, 2004.
DESCARTES, René. *Discurso do Método*. São Paulo: Editora Martin Claret, 2003.
DOUGLAS-KLOTS, Neil. *Orações do Cosmos*. São Paulo: Editora Trion, 2001.
DYER, Donald R. *Pensamentos de Jung sobre Deus – Profundezas Religiosas da Psique*. São Paulo: Madras Editora, 2003.
ELIADE, Mircea. *O Xamanismo e as Técnicas Arcaicas do Êxtase*. São Paulo: Editora Martins Fontes, 2002.
____. *Tratado de História das Religiões*. São Paulo: Editora Martins Fontes, 1998.
ELIADE, Mircea e COULIANO, Ioan P. *Dicionário das Religiões*. São Paulo: Editora Martins Fontes, 2003.
ENOCH. *O Livro de Enoch – O Profeta*. São Paulo: Madras Editora, 2004.
FAUR, Mirella. *O Anuário da Grande Mãe*. São Paulo: Editora Gaia, 2001.
FEATHER, Robert. *O Mistério do Pergaminho de Cobre de Qumran – O Registro dos Essênios do Tesouro de Akhenaton*. São Paulo: Madras Editora, 2006.
FERREIRA, Cláudio Roque Buono; PUGLIESI, Márcio; TORRIGO, Marcos e COSTA, Wagner Veneziani. *O Livro Completo dos Heróis, Mitos e Lendas*. São Paulo: Madras Editora, 2004.
FRANCHI, Maria Tereza. *Mundo Angelical*. São Paulo: Editora Berkana, 1994.
GAARDER, Jostein. *O Mundo de Sofia*. São Paulo: Editora Cia. Das Letras, 1999.
GADALLA, Moustafa. *Cosmologia Egípcia – O Universo Animado*. São Paulo: Madras Editora, 2003.
____. *Mística Egípcia – Buscadores do Caminho*. São Paulo: Madras Editora, 2004.
GESCHÉ, Adolphe. *Deus*. São Paulo: Editora Paulinas, 2004.
GUTTMAN, Ariel e JOHNSON, Kenneth. *Astrologia e Mitologia – Seus Arquétipos e a Linguagem dos Símbolos*. São Paulo: Madras Editora, 2005.
HAMILL, Sam e SEATON, J.P. *Chuang Tzu – Ensinamentos Essenciais*. São Paulo: Editora Cultrix, 2005.
HAMMURABI. *O Código de Hammurabi*. São Paulo: Madras Editora, 2004.
HEINDEL, Max. *Conceito Rosacruz do Cosmos*. São Paulo: Editora Fraternidade Rosacruciana, 1963.
HIGGINBOTHAM, Joyce e River. *Paganismo – Uma Introdução da Religião Centrada na Terra*. São Paulo: Madras Editora, 2003.
INICIADOS, Três. *O Caibalion – Estudo da Filosofia Hermética do Antigo Egito e da Grécia*. São Paulo: Editora Pensamento, 2005.
JOSTEIN, Gaarder; HELLERN, Victor e NOTAKER, Henry. *O Livro das*

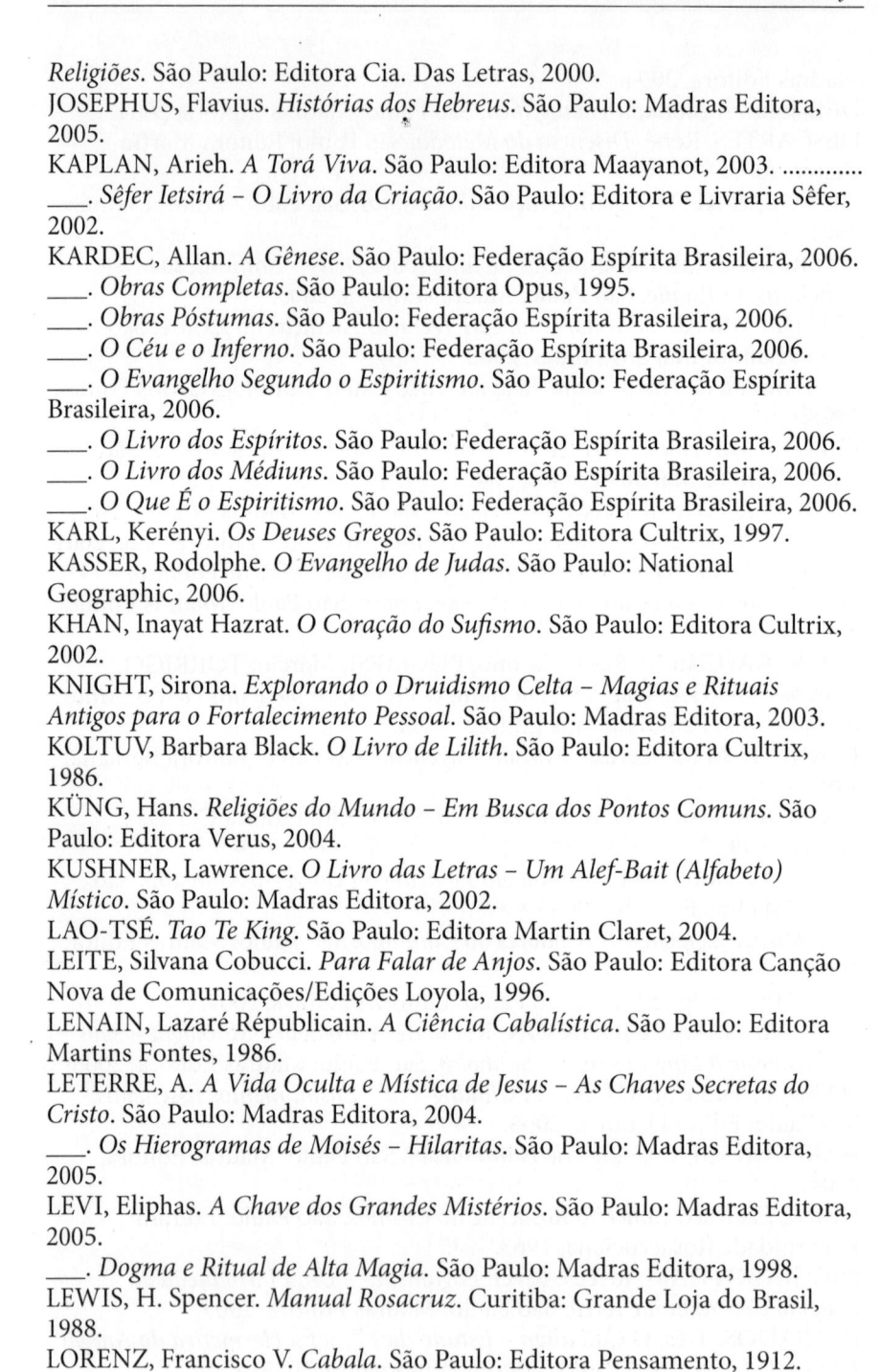

Religiões. São Paulo: Editora Cia. Das Letras, 2000.
JOSEPHUS, Flavius. *Histórias dos Hebreus*. São Paulo: Madras Editora, 2005.
KAPLAN, Arieh. *A Torá Viva*. São Paulo: Editora Maayanot, 2003. ....
___. *Sêfer Ietsirá – O Livro da Criação*. São Paulo: Editora e Livraria Sêfer, 2002.
KARDEC, Allan. *A Gênese*. São Paulo: Federação Espírita Brasileira, 2006.
___. *Obras Completas*. São Paulo: Editora Opus, 1995.
___. *Obras Póstumas*. São Paulo: Federação Espírita Brasileira, 2006.
___. *O Céu e o Inferno*. São Paulo: Federação Espírita Brasileira, 2006.
___. *O Evangelho Segundo o Espiritismo*. São Paulo: Federação Espírita Brasileira, 2006.
___. *O Livro dos Espíritos*. São Paulo: Federação Espírita Brasileira, 2006.
___. *O Livro dos Médiuns*. São Paulo: Federação Espírita Brasileira, 2006.
___. *O Que É o Espiritismo*. São Paulo: Federação Espírita Brasileira, 2006.
KARL, Kerényi. *Os Deuses Gregos*. São Paulo: Editora Cultrix, 1997.
KASSER, Rodolphe. *O Evangelho de Judas*. São Paulo: National Geographic, 2006.
KHAN, Inayat Hazrat. *O Coração do Sufismo*. São Paulo: Editora Cultrix, 2002.
KNIGHT, Sirona. *Explorando o Druidismo Celta – Magias e Rituais Antigos para o Fortalecimento Pessoal*. São Paulo: Madras Editora, 2003.
KOLTUV, Barbara Black. *O Livro de Lilith*. São Paulo: Editora Cultrix, 1986.
KÜNG, Hans. *Religiões do Mundo – Em Busca dos Pontos Comuns*. São Paulo: Editora Verus, 2004.
KUSHNER, Lawrence. *O Livro das Letras – Um Alef-Bait (Alfabeto) Místico*. São Paulo: Madras Editora, 2002.
LAO-TSÉ. *Tao Te King*. São Paulo: Editora Martin Claret, 2004.
LEITE, Silvana Cobucci. *Para Falar de Anjos*. São Paulo: Editora Canção Nova de Comunicações/Edições Loyola, 1996.
LENAIN, Lazaré Républicain. *A Ciência Cabalística*. São Paulo: Editora Martins Fontes, 1986.
LETERRE, A. *A Vida Oculta e Mística de Jesus – As Chaves Secretas do Cristo*. São Paulo: Madras Editora, 2004.
___. *Os Hierogramas de Moisés – Hilaritas*. São Paulo: Madras Editora, 2005.
LEVI, Eliphas. *A Chave dos Grandes Mistérios*. São Paulo: Madras Editora, 2005.
___. *Dogma e Ritual de Alta Magia*. São Paulo: Madras Editora, 1998.
LEWIS, H. Spencer. *Manual Rosacruz*. Curitiba: Grande Loja do Brasil, 1988.
LORENZ, Francisco V. *Cabala*. São Paulo: Editora Pensamento, 1912.

___. *Cabala – A Tradição Esotérica do Ocidente*. São Paulo: Editora Pensamento, 1993.
___. *Noções Elementares de Cabala*. São Paulo: Editora Pensamento, 1993.
LUNA, Mário Roso de. *O Simbolismo das Religiões*. São Paulo: Editora Siciliano, 1990.
MACINTYRE, Archibald Joseph. *Os Anjos – Uma Realidade Admirável*. Rio de Janeiro: Editora Louva-a-Deus, 1991.
Magia Indiana – Atharva-Veda, Fórmulas e Práticas. São Paulo: Madras Editora, 2005.
NETO, João Ângelo Oliva. *Falo no Jardim*. Campinas: Editora Unicamp, 2006.
NICHOLSON, Reynold A. *Os Místicos do Islã*. São Paulo: Madras Editora, 2003.
NORMANDI, Ellis. *Deusas e Deuses Egípcios – Festivais de Luzes*. São Paulo: Madras Editora, 2003.
OVÍDIO. *Metamorfoses*. São Paulo: Madras Editora, 2003.
PAPUS. *A Cabala*. São Paulo: Editora do Brasil, 1983.
PARESHANANDA, Swami. *Ramakrishna, Vivekananda, Vedanta*. São Paulo: Editora Palas Athenas, 1993.
PRAMAD, Veet. *Curso de Tarô – E Seu Uso Terapêutico*. São Paulo: Madras Editora, 2004.
QUINTINO, Cláudio Crow. *O Livro da Mitologia Celta*. São Paulo: Editora Hi-Brasil, 2002.
REGARDIE, Israel. *Magia Hermética – A Árvore da Vida, um Estudo sobre a Magia*. São Paulo: Madras Editora, 2003.
REGULA, detraci. *Os Mistérios de Ísis – Seu Culto e Magia*. São Paulo: Madras Editora, 2002.
ROBINSON, James M. *A Biblioteca de Nag Hammadi – A Tradução Completa das Escrituras Gnósticas*. São Paulo: Madras Editora, 2006.
ROHDEN, Huberto. *Deus*. São Paulo: Editora Martin Claret, 1997.
___. *O Quinto Evangelho – A Mensagem do Cristo – Apóstolo Tomé*. São Paulo: Editora Martin Claret, 2002.
ROSENROTH, Knorr von. *A Kabbalah Revelada – Filosofia Oculta e Ciência*. São Paulo: Madras Editora, 2005.
RUBIO, Concepción Gonzalo. *La Angelología en la Literatura Rabínica y Sefardí*. Barcelona: Editora Ameller, 1977.
SANTOS, Eduardo Natalino dos. *Deuses do México Indígena*. São Paulo: Editora Palas Athena, 2002.
SARACENI, Rubens. *As Sete Linhas de Umbanda – A Religião dos Mistérios*. São Paulo: Madras Editora, 2003.
___. *Código de Umbanda*. São Paulo: Madras Editora, 2004.
___. *Doutrina e Teologia de Umbanda Sagrada – A Religião dos Mistérios - Um Hino de Amor à Vida*. São Paulo: Madras Editora, 2001.
___. *Gênese Divina de Umbanda Sagrada – O Livro dos Tronos de Deus –*

A Ciência Divina Revelada. São Paulo: Madras Editora, 2000.
___. *Orixás Ancestrais – A Hereditariedade Divina dos Seres*. São Paulo: Madras Editora, 2001.
___. *Orixás – Teogonia de Umbanda*. São Paulo: Madras Editora, 2002.
___. *Umbanda Sagrada – Religião, Ciência, Magia e Mistérios*. São Paulo: Madras Editora, 2003.
SARASWATI, Aghorananda. *Mitologia Hindu*. São Paulo: Madras Editora, 2006.
SAUNDERS, Nicholas J. *Américas Antigas – As Grandes Civilizações*. São Paulo: Madras Editora, 2005.
SHANKARA. *A Jóia Suprema do Discernimento*. São Paulo: Editora Pensamento, 1997.
SCHURÉ, Édouard. *Os Grandes Iniciados*. São Paulo: Madras Editora, 2003.
SHARMAN, Burke e GREENSE, Liz. *O Tarô – Mitológico*. São Paulo: Editora Siciliano, 1988.
SPINOZA, Baruch. *Ética Demonstrada à Maneira dos Geômetras*. São Paulo: Editora Martin Claret, 2005.
SWAMI, Chandramukka. *Bhaja Govindam*. Pindamonhangaba: Editora Orn Tat Sat, 2001.
___. *Haridãs: O Servo Perfeito dos Santos Nomes*. Pindamonhangaba: Editora Orn Tat Sat, 1999.
TAD, Szulc. *Abraão: Pai de Três Fés*. National Geographic, 2001.
TAIMNI, I.K. *O Homen, Deus e o Universo*. São Paulo: Editora Pensamento, 1995.
TINOCO, Carlos Alberto. *As Upanishads*. São Paulo: Editora Ibrasa, 1996.
___. *As Upanishads do Yoga*. São Paulo: Madras Editora, 2005.
TOROPOV, Brandon e BUCLES, Padre Luke. *O Guia Completo das Religiões do Mundo*. São Paulo: Madras Editora, 2006.
TORRANO, Jaa. *Teogonia: A Origem dos Deuses*. São Paulo: Editora Iluminuras, 2003.
TRISMEGISTO, Hermes. *Corpus Hermeticum – Discurso de Iniciação – A Tábua de Esmeralda*. São Paulo: Editora Hemus, s/d.
TYSON, Donald. *Magia Enochiana para Iniciantes – O Sistema Original de Magia Angélica*. São Paulo: Madras Editora, 2005.
VIVEKANANDA, Swami. *Epopeias da Índia Antiga*. Rio de Janeiro: Editora Lorenz, 1997.
___. *O Que É Religião*. São Paulo: Editora Lótus do Saber, 2004.
___. *Raja Yoga*. São Paulo: Editora Carthago, 2002.
WEBSTER, Richard. *Comunicando-se com o Arcanjo Gabriel – Para Inspiração e Reconciliação*. São Paulo: Madras Editora, 2006.
___. *Comunicando-se com o Arcanjo Rafael – Para Cura e Criatividade* . São Paulo: Madras Editora, 2005.

___. *Comunicando-se com o Arcanjo Uriel – Para Transformação e Tranquilidade*. São Paulo: Madras Editora, 2006.
___. *Comunicando-se com São Miguel Arcanjo – Para Orientação e Proteção*. São Paulo: Madras Editora, 2006.
WESTCOTT, William Wynn. *Uma Introdução ao Estudo da Cabala*. São Paulo: Madras Editora, 2003.
WRIGHT, Dudley. *Os Ritos e Mistérios de Elêusis*. São Paulo: Madras Editora, 2004.
YOGANANDA, Paramhansa. *A Essência da Auto-Realização*. São Paulo: Editora Pensamento, 1999.

MADRAS® *Editora*

Para mais informações sobre a Madras Editora,
sua história no mercado editorial
e seu catálogo de títulos publicados:

Entre e cadastre-se no site:

www.madras.com.br

Para mensagens, parcerias, sugestões e dúvidas, mande-nos um e-mail:

marketing@madras.com.br

SAIBA MAIS

Saiba mais sobre nossos lançamentos,
autores e eventos seguindo-nos no facebook e twitter:

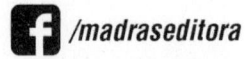

@madrased

/madraseditora